KB075028

말하지 않으면 인생은 바뀌지 않는다

TALKING ON EGGSHELLS by Sam Horn

First published in the United States of America by New World Library.

말하지 않으면 인생은 바뀌지 않는다

TALKING ON EGGSHELLS

세계 최고의
커뮤니케이션 코치,
샘 혼의

더 이상 물러서지 않는
단호한 대화법

샘 혼 지음 | 서은경 옮김

서삼독

미국의 역사가 헨리 애덤스(Henry Adams)가 말했듯이

“스승은 영원히 영향을 줍니다.

그 영향력이 어디에서 멈출지 전혀 알 수 없습니다.”

저를 비롯해 무수히 많은 사람에게 오랫동안 영향을 끼친

여러 스승께 진심으로 감사드립니다.

이 책이 사람들에게 서로 협력하며 공손하게 대하고

적극적으로 소통하는 데 도움이 되는 기술을 가르쳐서

그분들의 유산을 계속 이어가길 바랍니다.

들어가는 글

어렸을 때 부모님 사이는 냉랭했다. 아빠는 엄마를 쌀쌀맞게 대하셨고, 엄마는 마음에 상처를 입으셨다. 부모님은 소리를 지르거나 싸우지는 않으셨다. 오히려 정반대였다. 두 분은 자식들에게 옳은 일을 하도록 가르친 존경스러운 분들이셨다. 다만 오랫동안 상처받은 감정을 치유하고 잃어버린 친밀감을 회복하려면 무슨 말을 해야 할지 몰라 그저 대화가 없어진 것뿐이었다. 이미 눈치챘겠지만, 그렇게 서로를 대하는 방식은 자식들에게 '조금씩 영향을 줘서', 나와 오빠, 여동생도 불편한 대화를 피하곤 했다.

그리고 어른이 된 후 나는 사람들을 괴롭히는 남자와 사귀게 되었다. 그땐 남자친구가 그런 사람인 줄 전혀 몰랐다. 겉으로 보기에 그 남자는 다재다능한 사람 같았다. 데이트 때 어디서 뭘 할지 빈틈없이 계획할 때마다 나는 그저 대단하다고만 생각했다. 그건 그 남자의 통제 욕구를 알리는 경고 신호였으며, 나중에 질투와 인신공격으로 변하리라고는 꿈에도 생각하지 못했다. 나는 그 남자가 무슨 일로 버럭 화낼지 몰라 늘 눈치를 봐야 했다.

당시에는 몰랐지만, 내 인생의 중요한 두 가지 인간관계에서 '상대방의 눈치를 보며 조심조심 말하는' 법을 배웠다. 그래서 그게 어떤 기분인지 너무나 잘 안다. 기분이 썩 좋지 않다. 아니, 기분이 아주 나쁘다. 옳은 말을 하려 애쓰는데도 잘못된 말을 할까 봐 늘 신경이 곤두서 있고 힘이 쭉 빠진다.

그 두 가지 관계는 후회로 가득했기 때문에 나는 이 주제에 대해 사명감을 느낀다. 누군가 이 주제로 힘들어하는 게 느껴지면 당장 나서서 도와주고 싶어진다. 내 인간관계와 인생에 많은 영향을 주었고, 그게 얼마나 중요하고 어려운 문제인지 알기 때문이다.

어떤 문제를 보고 '누군가 이 문제를 해결하기 위해 뭔가 해야 해!'라고 생각한다면 우린 행동에 나서야 한다. 우리도 그 '누군가'에 해당하기 때문이다. 나는 좋을 때나 나쁠 때나 사람들과 소통할 더 좋은 방법이 있어야 한다고 생각했다. 다시 말해 다음과 같은 방법이 있어야 했다.

- 무슨 일이 일어나는지 무시하지 않고 솔직하게 대화하는 방법
- 그 자리에서 생각하고 그 순간 하고 싶은 말을 하는 방법
- 사람들이 우리를 존중하게 하는 방법

이 중에서 하나라도 공감한다면, 이 책은 당신을 위한 책이다.

당신도 상대방의 눈치를 보며 조심조심 말하는가?

"나의 침묵은 나를 보호하지 못했다.

당신의 침묵도 당신을 보호하지 않을 것이다."

_오드리 로드(Audre Lorde), 민권운동가

당신은 상대방의 눈치를 보며 조심조심 말하는 사람인가? 아래 질문에 답해 보자.

- 불평불만이 많고 상대방을 모욕하고 비난하는 사람을 상대하고 있는가?
- 괜히 당신에게 화풀이하는 사람들과 일하거나 같이 살고 있는가?
- 사고방식이 극과 극으로 다른 사람과 잘 지내지 못하는가?
- 다른 사람에게 괴롭힘을 당하는가? 통제당하는가? 조종당하는가?
- 무관심하거나 쌀쌀맞거나 연락이 어려운 사람과 사귀고 있는가?
- 불화로 인해 스트레스가 쌓이고 불안이 심해지며 번아웃이 자주 온다고 느끼는가?

만약 위 질문에 대부분 그렇다고 대답했다면, 당신만 그런 게 아니다.

맥킨지컨설팅이 2021년 발표한 보고서에 따르면 "교양 없는 사람들이 늘어나고 무례한 말과 행동 역시 점점 더 심해지고 있다." 아이러니하게도 우리는 사람들이 불공평하거나 불친절할 때 뭐라고 말해야 할지 배우지 않는다. 아예 입을 닫아버리거나 머릿속에 가장 먼저 떠오른 생각이 나도 모르게 튀어나와서 오히려 상황만 더 나빠지게 할 때가 많다.

완벽하게 대답할 방법을 고민하며 집에 가지 말고, 힘든 상황 바로 그 순간에 자신 있게 대처할 방법이 있다면 어떨까? 그건 불가능해 보이는 꿈이 아니다. 이 책에서 그 방법을 곧 배울 것이다.

불은 물로 끌 수 있다

"세상은 선한 사람들로 가득합니다.
선한 사람을 찾을 수 없다면 당신이 선한 사람이 되세요."

_ 마더 테레사(Mother Teresa), 사회운동가이자 수녀

27년 전 나는 '텅 후(Tongue Fu)!'라는 의사소통법을 개발했다. 그리고 이 내용을 담은 책 《적을 만들지 않는 대화법》을 출간한 뒤 홍보 투어를 떠날 기회가 있었다. 첫 번째 목적지를 향해 비행기를 타고 가던 중에 가방에서 책을 꺼내자 건너편에 앉은 한 여성이 표지를 힐끗 보더니 내 손에서 책을 홱 빼앗아갔다. "재밌겠네요. 무슨 내용인지 말해 줘요."

나는 "까다로운 사람들을 상대하는 방법에 관한 책이에요. 나 자신도 그런 사람이 되지 않고요"라고 대답했다.

그 여성이 답했다. "오오, 전에 비행기를 탔을 때 당신 책을 갖고 있었다면 좋았을 텐데. 정말 짜증 나는 남자 옆에 앉았거든요. 그럼 이

책으로 그 남자를 때려 줄 수 있었을 거예요."

《적을 만들지 않는 대화법》도 그리고 이 책도 그런 내용이 아니다. 어떤 사람이 내게 못되게 굴 때 맞받아치거나 화를 내거나 복수하는 내용이 아니다. 혼내 주자는 내용도 아니다. 무시하지 말고 공감하며 반응하도록 상대방의 입장이 되어 생각하자는 내용이다. 우리가 되고 싶은 훌륭한 사람이 되는 방법에 관한 내용이다. 비록 상대방은 훌륭한 사람이 아니더라도 말이다.

어떻게 하면 그렇게 할 수 있을까?

요즘 나는 러닝머신에서 달리며 가이 가와사키(Guy Kawasaki)의 팟캐스트 '대단히 멋진 사람들(Remarkable People)'을 듣는 중이다. 거기서 협상 전문가인 배리 네일버프(Barry Nalebuff)가 출연해 이렇게 말했다. "힘든 상황에서는 물로 불을 끄는 걸 목표로 해야 한다." 이 말을 듣는 순간 나는 러닝머신에서 곧장 내려와 그 내용을 따로 적어 두었다.

바로 그거다. 물로 불을 끈다는 그 말은 이 책의 목적을 요약한다. 즉 누가 우리에게 싸움을 걸면 우린 반격하지 않고 자연스럽게 받아넘긴다. 누가 고함치거나 펄펄 뛰며 화내거나 원망하거나 저항해도 우린 침착한 태도를 유지한다. 우리는 그 사람을 계속 존중하며, 긍정적이고 적극적으로 반응하여 친밀한 관계를 형성해서 상대방도 우리에게 같은 식으로 대하게 한다. 때론 통하지 않을 수도 있겠지만 대부분의 경우 그렇게 되는 것을 목표로 한다. 그렇지만 혹시라도 다루기 버거운 사람을 상대해야 한다면 전문 상담을 받거나 법률 조언을 따로 구해서 특정 상황에 맞는 제안을 받는 편이 가장 좋을 것이다.

이 책을 유용하게 활용하길 바라며

"당신이 하는 일은 변화를 가져옵니다.

그러니 어떤 변화를 만들 것인지 결정해야 합니다."

_제인 구달(Jane Goodall), 영장류 동물학자이자 인류학자

당신은 이 책을 통해 거의 매일 겪는 상황에서 무엇을 말하고, 또 말하지 않아야 하는지 배울 것이다. 수학과 과학, 역사에 덧붙여 우리 모두 학교에서 배웠더라면 좋았을 사회성 기술도 배울 것이다.

갈수록 분열이 더 심해지는 이 세상에서 누군가는 예의와 사회적 대처 기법의 모범을 보여야 한다. 그게 나와 당신, 우리라면 어떨까? 배우 베티 화이트(Betty White)는 이런 말을 남겼다. "재미있게 살고 싶어서 사람들과 잘 어울리는 걸 제 일로 삼았어요. 그렇게 간단한 일이에요."

아, 방금 '재미있게'라는 표현이 등장한 걸 눈치챘는가? 당신도 이 책을 '재미있게' 읽어서 가족과 동료들에게 알려 주고, 언제 어디서나 누구와도 더 잘 지낼 방법에 대해 의미 있는 토론을 시작할 계기가 되기를 바란다.

당신은 바쁜 사람이란 걸 나는 잘 안다. 그래서 이 책에는 실제 일어날 만한 일들을 담도록 최선을 다했다. 각 장에는 당신이 맞닥뜨릴 수 있는 민감한 상황에 대한 질문을 먼저 제시하고, 그 상황에서 반발하지 않고 건설적으로 대응하는 방법을 다양하게 소개한다. 매우 유익한 내용이길 바란다.

이 책을 순서대로 읽어도 좋고, 급하게 해결해야 할 문제가 있다면 해당 상황을 다룬 부분을 찾아 그 페이지로 바로 넘어가도 된다. 시간이 몇 분밖에 없어도 재빨리 읽고 원하는 걸 얻도록 장을 짧게 구성했다. 해당 주제를 더 자세히 알아보고 싶다면 각 장에서 언급한 팟캐스트와 각종 저서 등을 확인하자.

말 한마디가 당신의 하루, 당신의 인생을 바꿀 수 있다

"결정했어도 행동하지 않았다면 결정한 게 아닙니다."

_토니 로빈스(Tony Robbins, 자기계발 전문가이자 작가)

각 장의 마지막에는 해당 상황에서 하지 말아야 할 행동, 해야 할 행동을 정리한 핵심 요약표가 있다. 워크숍에서도 이 표를 카드로 만들어 나눠 주곤 하는데 휴대전화로 촬영하고 저장했다가 필요할 때마다 찾아보고 기억해 두려는 사람들이 많다.

몇 년 전 어느 병원 직원들을 대상으로 교육을 한 적이 있다. 그리고 얼마 전, 이번에는 환자가 되어 그 병원을 다시 방문했다. 걸어 들어오는 나를 접수원이 보더니 손짓해 불렀다. "샘, 저는 사람들에게 친절한데 왜 사람들은 저한테 무례하게 구는지 정말 이해 불가였어요. 그런데 샘이 진행한 워크숍에 참석해 보니 저는 샘이 말한 '적대적인 표현'을 쓰고 있었다는 걸 깨달았어요. 사람들이 제게 화를 낸

건 당연했죠. 그 사람들은 제가 마치 싸우자는 줄 알았을 거예요."

그리고 책상에 아직도 붙어 있는 핵심 요약 카드를 가리켰다. "이 카드를 활용하니 정말 큰 변화가 생겼어요. 어떤 말을 꺼낼 때 미리 알아차리고 바로잡는 데 도움이 돼요. 상대방에게 할 일을 명령하다가도 중간에 멈추고 그 명령을 정중한 요청으로 바꾸는 식으로요. 이 우호적인 표현 덕분에 분위기가 훨씬 더 좋아져서 이젠 출근길이 즐거워요."

이 책을 다 읽으면 다른 데 치우지 말고, 힘들 때 꺼내 보도록 가까운 곳에 두길 바란다. 어떤 페이지라도 좋으니 이 책을 펼쳐 보며 하루를 시작해도 된다. 좋은 사람이 되는 법을 알려 주는 인용문을 읽다 보면 압박감을 느끼는 중에도 다시 호의를 베푸는 데 필요한 통찰력을 찾아낼 수 있을 것이다.

준비되었는가? 페이지를 넘기고 이제 시작하자.

차 례

1부

말하지 않으면 인생은 바뀌지 않는다

"일이 잘 풀리지 않는다면 다른 방법을 찾으십시오."

_ 엘비스 프레슬리(Elvis Presley), 가수

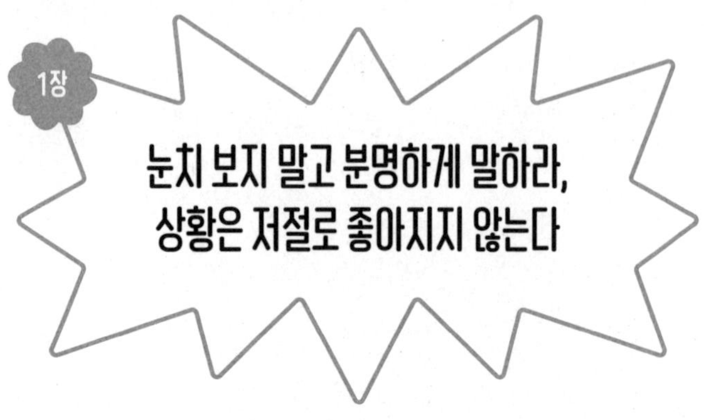

1장
눈치 보지 말고 분명하게 말하라,
상황은 저절로 좋아지지 않는다

"공손한 말씨는 선택할 수 있는 가치가 아닙니다.
문명사회에 이르는 핵심입니다."

_반 존스(Van Jones, 시사 문제 해설자)

"저는 갈등을 싫어해요. 제가 10대 때 부모님은 하루가 멀다고 싸우셨어요. 저는 방에 숨어 베개로 귀를 막고 그만 싸우시라고 마음속으로 애원하곤 했죠. 그 일은 지금도 제게 영향을 주고 있어요. 상대방이 무례하게 나오기 시작하면 전 곧장 자리를 피해요."

먼저 이 이야기가 바로 당신의 이야기인 듯하다면 이런 성향이 있다는 걸 인식한 당신을 칭찬해 주고 싶다. 당신은 지극히 정상이다. 어린 시절에 해결되지 않은 분노로 가득한 갈등을 겪었거나 과거에 불쾌한 대립 상황을 겪었다면, 지금 그 기억을 다시 떠올리기 꺼려질 것이다. 문제는, 무례한 말과 행동은 무시하려고 해도 사라지지 않고 오히려 더 심해진다는 점이다. 잠시 뒤 '갈등을 싫어하는' 꼬리표를 바꾸는 방법을 알려 주겠다. 그 꼬리표는 갈등이 벌어질지도 모른다는 두려움에 끝없이 시달리게 하기 때문이다. 심지어 유용하지도 않고, 건강에도 좋지 않은 두려움인데도 말이다.

우리가 평소에는 진지하게 행동하고 똑똑하며 능력 있는 성인인데도 불구하고 민감한 상황에서는 말하기 불편해하는 이유부터 몇 가지 알아보자.

얼마 전 나는 CNN 월드와이드의 파리사 코스라비(Parisa Khosravi) 전(前) 부사장에게 왜 사람들은 불편한 내용의 대화를 피하는 경향이 있다고 생각하는지 질문할 기회가 있었다. 그녀는 이렇게 답했다.

> 우리는 그렇게 하도록 배우기 때문이라고 생각해요. 우리 가족이 이란을 떠나 미국에 온 이유 중 하나는, 미국은 '언론의 자유'가 있는 나라이기 때문이에요. 그런데 요즘은 자가 검열하는 사람들이 너무 많아요. 삼촌이 하신 말씀이 기억나네요. "미국에서 이야기할 수 없는 건 딱 두 가지야. 돈을 얼마나 많이 버는지 절대 묻지 말아야 해. 그리고 몇 살인지는 묻지도 마."
> 삼촌의 말씀은 흥미로웠어요. 그 두 가지는 이란에선 자랑거리인데, 미국에서는 '금기 사항'이라고 하시니까요. 그런데 지금은 종교, 정치, 민주주의, 백신 접종처럼 금기 사항이 무척 많아졌지요.
> 가족하고도 그런 주제에 관해서는 이야기를 꺼내지 않아요. 그렇게 했다간 한바탕 싸우고 서로 말도 하지 않을 테니까요.

많이 들어 본 얘기인가? 어떤 사람과 대화할 때 그의 눈치를 보며 조심조심 말하거나, 불편한 '금기 사항' 화제를 피해야 할 때는 어떤 상황일까? 다음 이유 중에서 어떤 것이 '자가 검열'하게 하거나 당당하게 말하길 꺼리게 하는지 스스로에게 물어보자.

우리는 왜 당당하게 말하길 두려워할까?

"중요한 대화를 할 때 사람들이 흔히 저지르는 실수가 있습니다.
진실을 말하는 것과 우정을 지키는 것 중
하나를 선택해야 한다고 믿는 사람들이 많습니다."

_ 케리 패터슨(Kerry Patterson), 작가

- 나중에 후회할지도 모를 말을 하고 싶지 않아요.
- 상황을 악화시킬까 봐 걱정돼요.
- 누군가의 기분을 상하게 하고 싶지 않아요.
- 다른 사람을 짜증 나게 하거나 불쾌하게 혹은 화나게 만들고 싶지 않아요.
- 괜히 긁어 부스럼 만들고 싶지 않아요.
- 후폭풍을 일으킬까 두려워요.

위에 언급한 자가 검열 이유에 공감하는가? 진실을 말하면 인간관계가 틀어진다고 생각하는가? 이 모든 이유는 일이 잘못되면 어쩌나 하는 두려움에 근거한 예측이라는 걸 알아차렸는가?

최악의 시나리오 말고 최상의 시나리오를 예측하면 어떨까? 진실을 말하면 친구를 잃을까 미리부터 겁먹지 말고, 상대방을 배려하며 솔직하게 말하면 계속 친구로 남을 수 있다는 점을 염두에 두면 어떨까?

사람들이 짜증을 내거나 불쾌해하거나 화내지 않게끔, 우리의 감정과 요구 사항을 명확하고 공손하게 표현하는 방법을 배울 수 있다면? 감정이 격해질 때 상대방의 화를 돋우지 않고 내 뜻을 받아들이게 하는 단어와 표현을 활용하는 법을 알고 있다면 그건 어떻겠는가? 솔직하게 대화하는 능력을 발휘하여, 관련된 당사자 모두를 괴롭혔던 문제를 용감하게 꺼내서 해결하고 상대방이 우리에게 고마워한다면 어떨까?

그 모든 걸 해낼 수 있다면 우리는 눈치 보며 조심조심 말할 필요 없이 진심을 담아 확실하게 말할 수 있다. 당신은 이제부터 그 방법을 배울 것이다.

눈치 보며 조심조심 말하지 말고 확실하게 말하면 생기는 일

"상황에 얽매이지 말고 비전을 유지하세요."

_메리 모리세이(Mary Morrissey), 작가

상황에 휩쓸리지 않고 원하는 비전을 유지하면 어떤 일이 일어나는지 한 가지 예를 들겠다. 그다음에는 당신의 평소 의사소통 스타일을 파악한 후, 그것이 당신에게 도움이 되거나 해를 끼치는지 판단해 볼 것이다.

내 친구의 스무 살 된 손녀 브리타니는 항상 자기 자신을 수줍음이 많고 갈등을 싫어하는 사람이라 생각했지만, 직장에서 잘못된 일에 대해 상사에게 말할 용기를 냈다. 브리타니는 구세군 매장에서 일한다. 발달장애가 있으며 고객서비스 업무는 이번이 처음이다. 그 아이는 매장을 방문하는 고객 모두에게 최선을 다해 잘 응대한다는 자부심이 있다. 상사가 승진 후보에 올랐다고 알려 주자 브리타니는 뛸 듯이 기뻤다. 하지만 바로 다음 날, 상사는 브리타니를 해고할 생각이라는 청천벽력 같은 소식을 알렸다.

브리타니는 엄청난 충격을 받았다. 예전 같았다면 울음을 터뜨리고 집에 돌아가 우울해했겠지만 이번에는 치료사가 가르쳐 준 방식을 썼다.

그녀는 상사의 사무실에 가서 5분만 시간을 내 달라고 요청했다.

"어제는 제가 승진할 거라고 하셨는데 오늘은 왜 해고하겠다고 하시는지 제가 이해하도록 도와주세요."

그러자 매니저는 어떤 고객이 브리타니가 매우 무례하게 응대했다고 불만을 제기했으며, 서비스가 형편없었으니 질책해야겠다고 생각했다고 말했다. 브리타니는 매니저가 말하는 그 사건을 기억해 냈다. 그 고객은 이미 사용한 매트리스를 환불해 달라고 억지로 요구했다. 하지만 매장 정책상 보호 비닐을 벗겨 내면 반품을 받지 않는다. 브리타니는 이 내용을 공손하게 설명했지만, 고객은 펄펄 뛰면서

화를 냈다.

매니저는 자초지종을 다 듣고 나자 브리타니에게 사과했고, 쉽지 않은 일이었는데도 매장 정책을 끝까지 지킨 그 아이에게 고마워했다. 그 결과 브리타니는 구세군 매장에서 계속 일하면서 약속대로 승진도 했다.

이 상황을 좀 더 정확하게 살펴보자. 브리타니가 껄끄러운 대화를 피했다면, 매니저에게 왜 결정을 뒤집었는지 묻지 않았다면 그녀는 승진하지 못했을 것이다. '제가 이해하도록 도와주세요'라는 세 단어는 불편하게 맞설 수 있었던 상황을 명확하게 해명하는 대화로 바꿔 놓았다.

맞서는 게 아니라 명확하게 하는 것이다

"괴물과 싸우는 사람은

그 과정에서 괴물이 되지 않도록 조심해야 한다."

_프리드리히 니체(Friedrich Nietzsche), 철학자

'맞서다(confront)'라는 단어가 "특히 도전에 직면하다. 적에게 대항하다"라고 정의된다는 사실을 알고 있는가? 우리가 다른 사람들과 맞서길 주저하는 건 당연하다. 그렇게 공격적이고 호전적인 단어를 들으면 마치 전투에 나가는 느낌이다. 그 단어에는 폭력과 협박의 의미도 함축되어 있다.

'맞서다'를 '명확하게 하다(clarify)'처럼 덜 공격적인 말로 바꾸면 어떻게 될지 살펴보자. 상대방의 결정에 이의를 제기하는 것이 아니라, 그렇게 결정한 이유를 이해하도록 도와줄 수 있는지 물어본다면 어떤 느낌일지 상상해 보자.

질문은 공격과 반대 개념이다. 상대방이 도저히 말도 안 되는 결정을 내렸다고 여기는 대신 자유롭게 대화하며 정보를 수집하려는 것이다. 질문한다고 해서 상대방에게 대항한다거나 도전하는 게 아니므로 우리를 괴롭히는 문제를 더 마음 편하게 꺼낼 수 있다. 스티븐 코비(Stephen Covey) 작가가 말했듯이 우리는 그저 "이해하려고 노력할" 뿐이다.

누군가 당신에게 상처를 주거나 어이없는 결정을 내렸을 때 당신은 어떻게 했는가? 꾹 참고 그냥 넘어갔지만, 아직도 그 일로 속이 부글부글 끓고 있는가? 당신의 기분이 어땠는지 상대방에게 정확히 전달했는가?

지금 그 사람에게 다시 가서 "제가 그 일을 이해하도록 도와주세요"라고 말해도 늦지 않을지도 모른다. 누가 알겠는가? 충분히 대화를 했다면 얼마든지 해결할 수 있었던 일이 당신도 모르는 사이에 진행되었을 수도 있다. 상대방과 이야기를 나누며 서로 '아하, 그랬구나!' 하고 상처를 치유할 수도 있다. 적어도 상대방은 부족한 정보, 정확하지 않은 정보에 근거해 일방적으로 생각하거나 결정하지 않고 당신의 의견을 들을 것이다.

가장 중요한 것은 감정을 무시하며 부당한 대우를 받는다고 생각하지만 말고 일어난 일에 대해 책임감 있게 적극적으로 대처하면 그 상황을 바로잡을 기회가 생긴다는 점이다. 침묵하기만 하면 답답한 상황은 영원히 계속될 뿐이다.

부정적인 꼬리표를 떼어 내자

"꼬리표는 옷에 붙입니다. 사람에게 붙이지 않습니다."

_마르티나 나브라틸로바(Martina Navratilova), 테니스 선수

브리타니의 사례에서 배울 교훈이 몇 가지 있다. 먼저, 브리타니는 문제를 그냥 넘어가지 않고 해명을 요청해서 직장을 잃을 수도 있는 상황을 피하고 상사에게 진실을 설명할 수 있었다.

중요한 점이 또 있다. 브리타니는 '나는 갈등을 싫어하는 사람'이라는 꼬리표를 과거에 남겨 두기로 했다. 갈등이 두렵다고 자신에게 계속 되뇐다면 앞으로도 그럴 것이다. 그 꼬리표는 브리타니를 갈등을 싫어하는 사람이라 단정 짓고 좌절하게 했을 것이며, 무슨 수를 써서라도 갈등을 회피하게 했을 것이다.

이제 브리타니는 자신을 명확한 해명을 요청하는 사람으로 여긴다. 브리타니의 이야기는 스탠퍼드대 심리학자인 캐럴 드웩(Carol Dweck)이 주장한, 우리에겐 '고정형 사고방식(fixed mindset)' 또는 '성장형 사고방식(growth mindset)'이 있다는 이론을 구체적으로 보여 주는 사례다.

고정형 사고방식을 가진 사람은 근본적으로 "나는 나 자신이야. 나

는 그 사실을 바꿀 수 없어. 내 재능과 지능, 능력은 고정불변이며 그것들에 대해 내가 할 수 있는 건 아무것도 없어"라고 말한다. 반면에 성장형 사고방식을 가진 사람은 "나는 발전하고 더 나아질 힘이 있다고 믿어. 노력하고 추진하고 인내하면 능력을 개발할 수 있고 내가 처한 상황을 개선할 수 있어"라고 말한다.

당신은 갈등을 싫어한다고 여긴 적이 있는가? 그렇다면 이제는 그 꼬리표를 떼어 버릴 때다. "나는 수줍음을 많이 타", "나는 게을러", "나는 할 일을 자꾸 뒤로 미뤄", "나는 너무 덜렁대" 같은 그 어떤 꼬리표든 떼어 낼 수 있다. 이런 꼬리표를 과거의 것으로 만드는 방법은 "예전에 나는 …했어. 그리고 이제는 …해"라고 말하는 것이다. 예를 들어 보겠다.

- "예전에 나는 갈등을 싫어했어. 그리고 이제는 갈등을 피하지 않고 대처해야만 상황이 나아진다는 걸 잘 알아."
- "예전에 나는 미룰 수 있는 데까지 일을 자꾸 미뤘어. 그리고 이제는 중요한 일부터 처리해서 후회하지 않고 결과를 만들어 내."
- "예전에 나는 사람들이 괴롭히면 화가 치밀었어. 그리고 이제는 내게 왜 그러는지 명확한 해명을 요구해."
- "예전에 나는 사람들이 내게 어떻게 굴었는지 다른 사람을 붙잡고 하소연했어. 그리고 이제는 당사자에게 문제를 제기해서 새롭게 시작할 기회를 만들어."

꼬리표는 과거에 남기고 더 편한 마음으로 당당하게 말하기 위해 꼭 필요한 또 다른 요소는 당신이 평소에 갈등 상황에서 어떤 식으로 의사 소통하는지 파악하는 것이다.

갈등 상황에서의 네 가지 의사소통 스타일

"평화란 갈등이 없는 상태가 아닙니다.

평화로운 방법으로 갈등에 대처하는 능력입니다."

_로널드 레이건(Ronald Reagan), 전(前) 미국 대통령

사람은 대부분 일이 잘못되면 평소 스타일대로 반응하기 마련이다. 즉, 갈등 상황에 부딪혔을 때 이성적·논리적으로 생각하고 차분하게 행동하는 대신 오랜 시간에 걸쳐 공고해진 패턴대로, 자신도 모르게 반사적으로 행동한다. 이 스타일은 우리가 어렸을 때부터 주로 본보기로 삼았던 다른 사람들의 말과 행동을 기반으로 한다. 그런데 여기엔 흥미로운 반전이 있다. 우리는 본보기를 내면화하여 따르거나, 이상하게도 그 본보기와 정반대인 편을 일부러 선택한다.

예를 하나 들겠다. 한 청년은 언어폭력을 일삼는 가정에서 자랐다고 내게 털어놓았다. 하지만 그 청년은 끔찍한 경험을 했으니 자신도 다른 사람들을 호되게 비난해야겠다는 핑계로 삼지 않았다. 오히려 말다툼할 때도 목소리를 절대 높이지 않고 차분하게 말하려고 의식적으로 애썼다.

의사소통 스타일은 크게 네 가지로 나눌 수 있다. 네 가지 의사소통 스타일마다 기억하기 쉽도록 A로 시작하는 단어를 썼다. 잘 읽고 생각해 보자. 당신의 평소 스타일은 무엇인가? 어렸을 때 본보기가 되었던 건 어느 쪽인가? 당신은 본보기를 따랐는가? 아니면 다른 방식을 택했는가?

- **회피한다(Avoid)**

상대하기 어려운 사람이나 힘든 상황을 피하고 되도록 생각하지 않으려 애쓴다. 끊임없이 부정하며 무엇이 잘못되었는지 깊이 생각하지 않으려고 한다. 잘못된 문제를 처리하고 싶지 않거나 대처 방법을 모르기 때문이다. 그 문제가 저절로 사라지거나 어떻게든 더 나아지기를 바란다.

- **순응한다(Accommodate)**

사람들과 잘 지내려고 마지못해 받아들인다. 다른 사람들에게 도전하지 않도록 평화롭게 지내려고 노력한다. 그들이 하자는 대로 하고 그들의 신념이나 사고방식에 순순히 따른다. 남들 비위에 맞추려 하고 타인의 인정을 받으려는 사람들이 이 유형에 속할 때가 많다.

- **분노한다(Anger)**

다른 사람들에게 감정을 드러내고 화풀이한다. 분노 또는 정의감에 불타서 버럭대거나 다른 사람들이 물러서게 하려고 무섭게 화를 낸다. 일이 잘못되면 목소리가 커지고 격렬해진다. 상대방을 이기려 하거나 내 마음대로 하려고 격하게 분노한다.

- **주장한다(Assert)**

상대방에게 다가가 서로에게 도움이 될 해결책을 모색하거나, 서로의 상황 혹은 관계에서 더 나은 길을 찾으려 애쓴다. 타인은 내 마음을 읽을 수 없다는 사실을 알고 있다. 원하는 것을 얻지 못하거나 원하는 방식으로 대우받지 못할 때 목소리를 높일지 말지는 내가 결정할 수 있는 사항이다.

당신의 기본 스타일은 어느 쪽인가? 솔직히 답해 보자. 그 스타일은 성공에 도움이 되는가, 아니면 방해가 되는가? 굳건한 인간관계를 맺거나 유지하는 데 도움이 되는가? 오히려 망치고 있는가?

이제부터는 브리타니 같은 사람이 되자. 상황은 저절로 나아지지 않는다는 사실을 받아들이자. 당신에게 붙어 다니던 꼬리표를 바꾸자. 갈등을 회피하거나 순응하거나 갈등 때문에 분노하는 것에 그치지 말고 적극적으로 대처하자. 갈등을 대립으로 여기지 말고 명확하게 해명해 달라는 요청으로 여기자. 이렇게 하면 어떤 일이 생기더라도 대처할 능력을 키울 수 있다. 타조는 위험에 처하면 땅속으로 머리를 파묻는다는 속설처럼 생각과 감정을 숨기고 어떻게든 마법같이 저절로 좋아지기를 바라지 말자.

전에 진행한 온라인세미나 중에 한 여성이 자원해서 의견을 냈다. "웬디 와서스타인(Wendy Wasserstein) 극작가의 인터뷰를 봤어요. 웬디는 '적극적으로 자기주장을 했더니 요즘은 친구들이 아무도 말을 걸지 않아요'라고 하더군요. 물론 재미있는 농담으로 한 말이었겠죠. 그런데 중요한 건, 저는 마음속으로 두려워했던 사실을 웬디는 말로 꺼냈다는 점이에요."

나는 그 여성에게 답했다. "얘기를 들려줘서 고마워요. 자기주장 능력은 하루아침에 생겨나지 않고, 매번 완벽하게 작동하지도 않습니다. 갈등 상황에 편해진다는 건 사고방식이자 기술이에요. 개발하는 데 시간이 걸린다는 뜻이죠. 좋은 소식이 있어요. 자기주장을 할 때 사람들이 당신의 말을 더 잘 받아들이도록, 또 상대방을 짜증 나게 하지 않고 공손하게 만들 구체적인 방법이 있습니다."

다음 장에서는 내가 그 여성에게 알려 준 대인관계 상황을 인식하는 여섯 가지 방법을 공개하겠다. 이 능력을 개발하면 '분위기를 파악'하는 데 도움이 되므로 지금 무슨 일이 일어나고 있는지 적절하고 자신 있게 예측하고 서로 협력하여 대응할 수 있다.

핵심 요약

매일 같이 사람들과 대립각을 세우는 동료가 있다고 가정해 보자. 그는 목소리를 크게 내야만 자신의 주장을 관철하고 원하는 걸 얻을 수 있는 환경에서 자랐다. 그와 대화할 바엔 어디 멀리 도망가고 싶다. 그렇게 하지 말고 어떻게 해야 할까?

하지 말아야 하는 말	해야 하는 말
회피하고 순응하고 분노한다 "그 사람이 화나게 하지 않도록 그냥 입 다물겠어."	**주장한다** "목소리를 낮추고 정중하게 말씀하세요."
맞서기를 두려워한다 "그 사람이 소리를 그만 지르게 하려면 차라리 내가 포기해야겠군."	**명확한 해명을 요청한다** "왜 그렇게 결정했는지 제가 이해하도록 도와줄래요?"
최악의 시나리오를 예상한다 "무슨 말을 해도 그 사람은 화를 마구 퍼부을 거야. 그러면 난 후회하겠지."	**최상의 시나리오를 예상한다** "지금은 오해를 바로잡을 기회야. 잘됐어."
'갈등을 싫어한다'라는 꼬리표를 받아들인다 "이래서 나는 말싸움을 싫어하고, 무슨 수를 써서라도 피하는 거야."	**'갈등이 편안하다'라는 꼬리표를 택한다** "이 일은 제게 중요해요. 제가 어떻게 생각하고 무엇을 원하는지 분명히 말하겠습니다."

2장
인간관계의 핵심은
상황을 파악하는 것이다

"서두르는 사람은 별로 교양이 없는 사람이다."

_윌 듀랜트(Will Durant), 역사가이자 작가

"똑똑하고 능력 있는 신입사원이 많습니다. 그런데 일부는 사회성이 좀 떨어집니다. 어떻게 하면 그들이 다른 직원들과 잘 지내도록 가르칠 수 있을까요?"

경제전문지 〈포춘(Fortune)〉 선정 500대 기업의 인사담당 임원이 이 질문을 했다. 그녀는 거기서 그치지 않고 계속 질문했다. "고객서비스, 리더십개발 프로그램을 통해 사람을 다루는 기술을 힘들게 가르쳐도 원하는 결과를 항상 얻지는 못해요. 직원들이 서로를 더 배려하며 친절하게 소통하도록 동기를 부여하기엔 너무 늦었을까요?"

나는 이렇게 답했다. "당장 시작하지 않으면 너무 늦을 뿐이에요."

"사회성을 키우는 데 어떤 특별한 비결이라도 있나요?"

"좋은 질문입니다. 저는 '상황 인식(situational awareness)'이 '사회성 기술(social skills)'을 키우는 핵심이라고 생각해요."

"무슨 뜻인가요?"

내 대답은 이러했다.

제 이야기를 들려 드리면서 그게 무슨 뜻인지 설명할게요. 전 어제 마트 계산대에 서서 제 차례가 오길 기다렸어요. 앞에는 어떤 나이 많은 여자분이 카트에 담긴 물건을 하나씩 천천히 올려놓으며 계산원과 잡담하시더군요.

저는 바쁜 상황인데 그 여자분은 너무 느려서 신경질이 났어요. 인정하기 부끄럽지만, 머릿속으로는 그분을 욕했죠. 그런데 다행히 워크숍 과정에서 강의한 몇 가지 팁을 떠올리자 효과가 나타났어요. 저는 혼자만의 생각에서 벗어났고, 고작 몇 분 더 기다리는 건데 신경이 곤두섰다는 걸 깨달았어요. 전혀 공감하지도 동정심을 느끼지도 못한 거죠.

저는 그분 뒤에 서서 속만 부글부글 끓이지 말고, 상황을 올바로 보고 도와 드리겠다고 했어요. 제 관심사에만 몰두하지 않자 비로소 그분이 누군가의 할머니라는 사실을 깨달았죠. 누가 알겠어요? 그분은 관절염이 있거나 건강이 좋지 않아서 천천히 움직일 수밖에 없었는지도 모르죠. 마트 나들이가 이번 주에 다른 사람들을 만날 유일한 기회였을 수도 있어요.

아니면, 그분은 서두르고 조급해하면 우리의 마음과 시간을 잘못 쓰는 것임을 알려 주는 훌륭한 스승이었을 수도 있어요.

번 맥렐란(Vern McLellan) 작가는 “야망을 품으면 남들보다 앞서 나가느라 고통이 따른다”라고 했다. 나는 앞서 나가겠다는 성급한 마음에 사로잡혀 그분이 나를 괴롭히기 위해 느릿느릿 행동하는 게 아니며, 실은 친절한 사람일 수 있다는 가능성을 알아차리지 못했다. 즉 사회성 기술에 있어서 ‘알아차리기’는 가장 중요한 요소다.

이기적인 사람은 주변에 관심을 기울이지 않는다

“알아차리지 못하는 것이 생각과 행동에
어떤 영향을 끼치는지 알아야 바뀔 수 있다.”

_ 대니얼 골먼(Daniel Goleman), 감성 지능 분야 개척자

우리 주변에서 어떤 일이 일어나는지 알아차리지 못하면 생각과 행동에 영향을 줄 뿐만 아니라 끊임없이 이기적으로 행동하게 된다. 내가 필요로 하고, 생각하고, 느끼는 것에만 집중하는 일 말고 또 어떤 모습이 이기적이겠는가?

주변 환경에 주의를 기울이지 않고, 다른 사람들에게 미칠 영향을 고려하지 않고 마음 내키는 대로 말하고 행동한다면 “눈치 없다”란 말을 구체적으로 보여 주게 된다.

나는 동네 유치원 원장인 글렌다에게 언제까지나 감사할 것이다. 글렌다는 진정한 사회화란 무엇인지 전문가로서 직접 가르쳐 주었다. 어느 날 오후 나는 어린 두 아들 톰과 앤드루를 데리러 유치원에

갔다가 글렌다와 이런저런 얘기를 나눴다. 아이들은 야구 게임 흉내를 내며 떠들썩하게 놀고 있었다.

그때 어떤 엄마가 유치원을 알아보려고 네 살배기 아들을 데리고 찾아왔다. 그 아이는 야구 놀이를 하는 아이들에게 곧장 오더니 내 아들의 손에 들린 플라스틱 야구 배트를 빼앗아 아들을 때렸다. 그러자 글렌다는 그 아이에게서 야구 배트를 빼앗아 단호하게 "안 돼!"라고 저지한 뒤 손이 닿지 못하는 곳에 있는 장난감 보관함에 배트를 넣었다. 그러자 아이는 바닥에 벌렁 드러누워 큰 소리로 울부짖으며 마구 떼를 썼다.

아이의 엄마는 간곡히 부탁했다. "장난감 배트를 돌려주세요! 이 애는 너무 어려서 자기 행동이 나빴다는 걸 몰라요."

글렌다는 조용히 미소 지으며 말했다. "이젠 잘 알겠네요."

인간관계의 핵심은 상황을 파악하는 것이다

"그 어떤 대학 학위보다도, 다른 사람들을 배려하는 마음이 있다면 자녀의 인생에 큰 도움이 됩니다."

_ 매리언 라이트 에델만(Marian Wright Edelman), 사회운동가

우리가 자랄 때 글렌다 같은 사람들이 주변에 있었을 것이다. 그 사람들은 우리를 '사회화'했고 공공장소에서 책임감 있게 행동하는 법을 가르쳤다. 부모님이나 형제자매는 우리를 보살피고, 내가 원하는 것만 생각하지 않고 남을 배려하고 서로 돌아가며 양보하는 법을 본보기로 보여 줬을 것이다.

당신에게 그 역할을 한 사람은 누구인가? 욕구를 참고 주위에서 어떤 일이 벌어지는지 알아차리며, 더 많은 사람을 돕도록 남들을 배려하고, 사실에 근거해 행동하도록 가르친 사람은 누구인가? 당신이 원만한 인간관계를 맺고 있다고 생각한다면 그 사람에게 감사해야 한다. 설령 지금 조금 부족하다고 생각하더라도 늦지 않았다.

다른 사람들을 대할 때 적절하게 행동하는 법을 배우는 일이야말로 사회화의 목표다. 주변을 의식하며 세심하게 행동하는 이 능력, 즉 '대인관계 상황 인식(ISA, Interpersonal Situational Awareness)'은 우리의 사생활, 직장 생활을 성공 또는 실패로 이끌 중심 요소다. 대인관계 상황 인식 능력은 대인관계 기술의 핵심이며, 껄끄러운 내용의 대화뿐만 아니라 어떤 대화든 요령 있고 성숙하고 책임감 있게 만드는 비결이기도 하다.

대인관계 상황을 효과적으로 인식할 수 있는 여섯 가지 방법을 알려 드릴 테니 지금 당장 시작하자. 대인관계 상황 인식 방법을 읽는 동안 그 방법을 이미 실천하고 있는지, 다른 사람들 눈에도 그렇게 보일지 생각해 보길 바란다. 현실 혹은 가상 공간에서 어려운 상황에 곧 처하게 된다면 이 여섯 가지 실천 방법을 활용해 일이 잘 풀리게 할 수 있을지 스스로에게 물어보자.

대인관계 상황을 인식하는 여섯 가지 방법

"솔선수범이란 누가 시키지 않아도 옳은 일을 하는 것이다."

_빅토르 위고(Victor Hugo), 작가

1. 먼저 움직여라.

대인관계 상황 인식 능력의 한 가지 핵심 요소를 소개한 빅토르 위고에게 감사드린다. 바로 '솔선수범'이다. 우리의 목표는 배려하는 사람이 되기 위해 솔선수범하는 것이다. 다시 말해 다른 사람들의 권리와 감정에 '먼저' 신경 쓰고 관심을 가진다는 뜻이다. 다른 사람들이 모범을 보이거나 누가 부탁할 때까지 기다리지 말자. 먼저 실천하자. 생각 없이 하지 말고 신중하게 하자. 더 많은 사람의 이익을 위해 상황을 인식하면 모두에게 도움이 되기 때문이다.

2. 후회할지도 모를 상황을 그려 본다.

어떤 사람이 부적절하게 행동한다고 가정해 보자. 당장 하고 싶은 말을 내뱉기 전에 잠시만 참고 스스로에게 물어보자. '이 말을 꺼내면 나중에 후회할까?' 후회할 듯하다면 입을 꾹 다물자! 순간적으로 발끈해서 아무 말이나 내던지거나 행동한 뒤에 기분이 어떨지 상상해 보면 상황을 근시안적으로 보지 않고 현재에 집중할 수 있다.

3. '나'의 관심사를 '우리'의 관심사로 바꾼다.

감정에 따른 충동 즉, 지금 당장 뭔가 빨리 말해야 한다는 생각은 당신이 속한 그룹이 아니라 당신의 우선순위에 따라 좌우될 때가 많다. 충동에 굴복하지 말고 질문하자. 여기에 속한 모든 사람들의 우선순위가 무엇일까? 내 의견을 강하게 표현하는 대신, 이번엔 입 다물고 다른 사람들의 생각을 들어 볼까? 어떤 문제를 놓고 갑론을박하다가 모든 사람과 사이가 멀어지지 말고, 서로에게 도움이 될 해결책을 만들어 내기 위해 다른 사람들의 관점을 받아들이고 협력 방안을 알아보는 편이 더 현명하지 않을까?

4. 숨은 의미를 드러낸다.

말로 하지 않은 내용은 무엇인가? 서아프리카 속담에 "마음의 소식을 알고 싶으면 얼굴에 물어봐라"라는 말이 있다. 대인관계 상황을 능숙하게 인식하는 사람들은 몸짓이 진실을 말해 준다는 사실을 잘 안다. 상대방은 동의한다고 말하지만, 이를 꽉 악물어서 속으로는 반대한다는 뜻을 나타내는가? 상대방은 다 이해했으며 질문이 없다고 하는데 얼굴을 찌푸린 채 단단히 팔짱을 끼고 의자에 구부정하게 앉아 있는가? 말로 표현하지 않는 반대는 성공을 방해한다. 진실, 온전한 진실, 오직 진실만 나올 때까지 끈기 있게 질문하여 상대방의 속마음을 조심스럽게 탐색하자.

5. 직관을 존중한다.

페르시아의 시인인 루미(Rumi)는 "말하지 않는 목소리가 있으니 귀를 기울여라"라고 했다. 유명 인사들의 경호컨설턴트인 개빈 드 베커(Gavin de Becker)는 고객들이 공격을 당해 피해를 봤다고 말하면 이렇게 묻는다. “의심스러운 징조가 있었습니까?” 고객들은 모두 어떤 대답을 내놓을까? “뭔가 이상하다는 걸 느끼긴 했어요.” 하지만 그들의 지성은 본능을 무시했다. 그들은 주변을 돌아보고서 ‘난 방탄차에 탔어. 근처엔 아무도 없어. 괜히 바보처럼 불안해하지 마’라고 생각했다. 그러나 뭔가 이상하다는 느낌이 들면 실제로도 그럴 가능성이 크다. 시끄러운 불협화음이 들린다고 경고하는 본능을 존중하자. 당신의 직감은 당신의 이익을 최우선으로 여기며, 앞으로 발생할 수 있는 신체적 또는 심리적인 위험을 경고한다.

6. 이름을 떨치려 하지 말고 불꽃을 일으킨다.

이름을 떨친다는 말은 당신이 얼마나 똑똑하고 유능하며 노련한지 입증해 보인다는 뜻이다. 그건 자만심이다. 불꽃을 일으킨다는 말은 ‘모두에게 도움이 되는’ 공동체를 만들기 위해 다른 사람들의 똑똑한 머리와 재능, 숙련된 기술을 돋보이게 하고 활용한다는 뜻이다. 그건 미덕이다. 토니 모리슨(Toni Morrison) 소설가는 “당신 자신 말고, 무엇인가를 변화시켜라”라는 말을 남겼다. 당신이 어떤 상황에 있든 그 상황을 개선하게 만드는 리더가 되고 싶다면 대인관계 상황 인식은 필수 요소다.

누가, 무엇이 중요한지를 생각하는 게 먼저다

"모범을 보이는 일은 다른 사람들에게 영향을 주는 가장 중요한 방법이 아닙니다. 유일한 방법입니다."

_ 알베르트 슈바이처(Albert Schweitzer), 의사이자 인도주의자

나는 워크숍을 할 때마다 참가자들에게 대인관계 상황을 신경 써서 인식했을 때와 그렇게 하지 않았을 때 어땠는지 말해 달라고 요청한다. 그들이 들려준 이 놀라운 이야기들은 대인관계 상황을 신경 써서 인식하는 일이 원하거나 원하지 않는 결과를 만들어 내는 데 중추적인 역할을 한다는 사실을 이해하는 데 중요한 근거가 된다.

부인과 이혼한 어떤 남자가 워크숍 때 그의 이야기를 들려줬다.

어제 아이 엄마 집에서 아이들을 데리고 나와 집에 가려고 서둘렀어요. 도로에는 차들이 줄줄이 이어졌고, 저는 반대 방향으로 가기 위해 도로를 가로질러 가려고 한참 기다렸습니다. 잔뜩 지쳐 버린 저는 교차로에서 차를 돌리다가 트럭과 충돌할 뻔했습니다. 아이들은 "아빠, 우리 죽을 뻔했잖아요!"라며 비명을 질렀어요.

저는 너무 스트레스를 받은 데다 무서워서 버럭 소리를 질렀습니다. 두 아이는 울음을 터뜨렸고, 저는 멍청이 같았어요. 아이들의 안전은 안중에도 없었고 아이들을 얼마나 사랑하는지 생각하지 않았던 거죠. 불평불만 말고는 아무것도 생각하지 않았어요.

이제부터 저는 책임감 있게 운전할 겁니다. 얼마나 '늦었는지' 신경 쓰

지 않고 주변에 주의를 기울이고 아이들의 안전과 행복, 신뢰를 최우선으로 생각하렵니다. 또 스트레스를 받아도 아이들에게 소리 지르지 않을 겁니다. 소리를 지르면 아이들은 저를 무서워할 테고, 그건 제가 가장 싫어하는 일이기 때문입니다.

이 아버지의 이야기는 일종의 비유가 될 수 있다. 대인관계 상황 인식은 다른 사람들을 대할 때 '방어 운전'과 '책임감 있는 운전'의 한 형태다. 그가 강조했듯이, 대인관계 상황 인식은 특히 스트레스를 많이 받는 순간에도 누가, 무엇이 중요한지를 중심에 두고 그 목표와 가치에 따라 행동하는 것이다.

성공은 대인관계 상황 인식과 정비례한다

"두 가지 유형의 사람들이 있습니다.
방에 들어와 '나 왔어요'라고 말하는 사람과
'아, 여기 계셨군요'라고 말하는 사람들입니다."

_앤 랜더스(Ann Landers), 조언 칼럼니스트

대인관계 상황 인식 능력이 직장 생활에 어떻게 영향을 미치는지 궁금할까 봐 내 이야기를 하나 더 들려 드리겠다. 대학 졸업 후 처음으로 구한 직업은 힐튼헤드아일랜드리조트에서 테니스 챔피언인 로드 레이버(Rod Laver)가 소유한 골프용품 판매장을 운영하고, 그를 대리

하여 리조트 이사회 회의에 참석하는 일이었다.

당시 나는 젊고 열정이 넘쳤으며 아이디어가 끊이지 않았다. 돌이켜 생각해 보면 아이디어가 너무 많았던 듯싶다. 회의를 몇 번 하고 나자, 이사회 멤버 중 한 명이 나를 따로 부르더니 내게 "손 놓고 있으라"라고 넌지시 귀띔했다. 그게 무슨 뜻인지 이해하지 못한 나는 어떻게 하라는 건지 물었다.

그가 말했다. "샘, 자네는 회의할 때 다른 사람들을 존중하지 않아. 이 임원들은 모두 자네보다 업무 경험이 많다고. 일단 다른 사람들의 의견을 귀 기울여 듣는 편이 현명해."

이런. 나는 사업 개발 기회에 너무 흥분해서 내 아이디어를 소개하기에 적절한 시기와 장소인지, 내가 발언해야 한다는 생각에만 사로잡힌 것은 아닌지 먼저 나 자신에게 묻지 않았다. 다른 사람들을 고려하지 않고 내 말만 하느라 회의 시간을 많이 빼앗았다.

나는 내게 조언을 건넨 임원에게 늘 감사할 것이다. 그는 재치 있게 개입하여 나를 중심에 둔 '나 왔어요' 태도를 버리고 상대를 먼저 배려하는 '여기 계셨군요' 태도를 갖추도록 가르쳐 주었다.

당신은 어떠한가? 발언하기 적절한 상황인지 고려하지 않고 여기저기 떠들고 다닌 적이 있는가? 회의 시간을 많이 빼앗을 때가 있는가? 손을 놓고 귀 기울여 듣고, 당신의 의견이 대화 흐름을 방해하거나 끊지 않고 기여할 수 있다고 확신이 들 때만 발언하는 편이 더 현명하지 않을까?

문제의 원인과 결과까지 예상하면 어떻게 될까?

"강에 빠진 사람들을 끌어내는 것만으로는 안 됩니다.

강을 거슬러 올라가 사람들이 왜 물에 빠지는지 알아내야 합니다."

_ 데스몬드 투투(Desmond Tutu), 대주교

대인관계 상황 인식 능력이 무엇인지 훌륭하게 설명한 데스몬드 투투에게 찬사를 보낸다. 그의 말이 옳다. 대인관계 상황 인식은 눈앞에 보이는 상황을 보고 대응하는 것만이 아니다. "강을 거슬러 올라가" 문제의 원인이 무엇인지 파악하여 그 근원부터 바로잡는 것이다.

존슨앤드존슨(Johnson & Johnson)의 전무 제니퍼 트레글리아(Jennifer Treglia)는 대인관계 상황 인식 능력이야말로 후배들에게 전수하고 싶은 최고의 직무 기술이어서 그 의미가 가슴에 진정 와닿는다고 말했다.

대인관계 상황 인식 능력은 제게 기업가 정신과도 같아요. 이는 당연한 걸 뛰어넘는다는 뜻이죠. 질문에 대답만 하지 않고 창의력을 발휘해 예상 밖의 무엇인가를 세상에 내놓아요. 대인관계 상황 인식 능력이 있는 사람은 이렇게 묻습니다. "어떻게 하면 '주어진 일만 하지' 않고, 뭔가를 더해서 사람들을 기분 좋게 놀라게 할 수 있을까?"
이렇게 대인관계 상황을 인식한다면 누구나 직장 생활에서 경쟁 우위를 갖출 수 있다고 저는 장담합니다. 당신이 대하는 사람들 모두는 이런 점을 존경하고 옹호할 겁니다. 이렇게 상황을 잘 인식하는 사람은 무척 드물어서 어딜 가나 환영받죠. 뉘앙스를 잘 전달하면 모두 당신을 팀원으로 데리고 가고 싶어 할 거예요.

전적으로 동감한다. 당신은 반드시 뭔가를 더하는가? 사람들을 기분 좋게 놀라게 해 주려고 주어진 것 이상으로 노력하는가? 뉘앙스를 민감하게 알아차리고 그에 따라 말과 행동을 조정하는가?

그렇게 하고 있다면 당신은 잘하고 있다. 그렇게 잘하지 못한다 해도 안심하자. 상상할 수 있는 거의 모든 상황에서 대인관계 상황을 인식할 다양한 방법을 차차 소개할 것이기 때문이다.

대인관계 상황 인식 능력을 훌륭하게 활용하는 또 다른 사례가 있다. 사무실에서 매니저로 일하는 이디는 진작에 연봉이 인상됐어야 했다. 이디의 상사는 지나치게 '비용에 민감'한 사람으로 악명이 높았으므로 그녀는 미리 철저히 준비했다. 비용 절감, 절차 간소화, 고객 기록 체계화 등으로 벌어들인 수익과 아낀 비용을 문서로 만들었다. 심지어 VIP 고객들에게 추천서까지 받았다. 그들은 모두 이디가 회사의 핵심 자산이라고 칭찬했다.

이디의 상사는 금요일 오후에 그녀와 면담하기로 했다. 하지만 이디는 상사의 사무실에 발을 들여놓자마자 그가 기분이 얼마나 좋지 않은지 바로 알아차렸다. 상사는 의자에 털썩 주저앉아 투덜거렸다. "방금 회사 건물 중 한 곳에서 수도관이 터져 건물 전체가 물바다가 되었다고 하네. 진짜 엉망진창이야."

이디는 지금은 연봉 인상을 요청하기에 좋은 때가 아니라는 걸 깨달았다. 연봉을 올려 받을 만한 자격이 있는지는 중요하지 않았다.

정말 중요한 것은 상사가 예상치 못한 일로 스트레를 받는 상황에 있다는 사실이었다.

이디는 상사에게 물었다. “지금은 그 문제를 처리해야 하니 다음 주에 면담 일정을 다시 잡을까요?” 상사는 크게 안도하며 이디의 배려에 고마워했다.

이것이 바로 대인관계 상황 인식이 작동하는 방식이다. 결국 이디의 연봉 인상은 문제없이 처리되었다. 좋지 않은 일이 일어났다는 사실을 빠르게 눈치채고 상사가 승낙할 가능성이 클 때로 면담 일정을 조정했기 때문이었다.

원하는 결과를 얻지 못하리라는 걸 알고 하려던 얘기를 미룬 적이 있는가? 요청하거나 건의할 내용이 옳지만 거부당할 수도 있는 상황이라 예측한 때가 있는가? 결과를 예상하고 그에 따라 안건을 조정하는 일도 대인관계 상황 인식의 또 다른 유형이다.

나는 내 강연 프로그램 참가자들에게 아래의 퀴즈를 나눠 주고 대인관계 상황 인식이 그들의 삶에 끼친 영향에 대해 돌이켜 생각해 보게 한다. 좋은 쪽이든 나쁜 쪽이든 누가 자신에게 영향을 끼쳤는지 알아내고, 대인관계 상황 인식이 개인과 직장에서의 성공에 어떻게 영향을 줬는지 명확하게 파악하면 큰 깨달음을 얻을 수 있다.

- **대인관계 상황 인식 퀴즈**

1. 대인관계 상황 인식은 당신에게 어떤 의미인가? 당신은 어떻게 정의하겠는가?
2. 대인관계 상황을 잘 인식하는 사람을 아는가? 그 사람이 어떻게 잘 인식

했는지 자세히 말해 보자.

3. 대인관계 상황을 잘 인식하지 못하는 사람을 아는가? 그 사람이 어떻게 잘 인식하지 못했는지 자세히 말해 보자.
4. 당신이 대인관계 상황을 잘 인식했을 때, 다시 말해 주변 상황에 주의를 기울이며 긍정적, 적극적으로 미리 앞을 내다보고 전략을 적절하게 써서 행동한 때는 언제인가?
5. 다른 사람들을 배려하지 않고 대인관계 상황을 인식하지 못했을 때, 다시 말해 분위기 또는 숨은 의미를 파악하지 못하고 한 말이나 행동 때문에 후회한 때는 언제인가?
6. 주변을 의식하며 대인관계 상황을 인식해야 하는 건 왜 중요할까? 그렇게 하면 당신과 주변 사람들에게 어떻게 도움이 될까?
7. 다른 사람들을 배려하며 대인관계 상황을 인식하지 않을 때가 있었다면 왜 그랬는가? 나 자신에게만 신경 써서일까? 바빠서일까? 집중하지 못해서일까? 내가 옳다고 확신해서일까? 내 관심사에만 열중해서일까? 아니면 그저 관심 없어서일까?
8. 주변에 신경 쓰며 대인관계 상황을 인식하게 할 가장 좋은 조언은 무엇인가? 문제의 원인을 알아낼 생각을 하고 회의 분위기를 읽고 이끌 방법에 대해 어떻게 조언하겠는가?

이 퀴즈는 자아 성찰 이상의 용도로도 쓸모 있다. 어떤 변호사는 직원을 채용할 때 이 질문들을 쓰도록 허락해 달라고 요청했다. "샘, 입사 지원자들은 늘 자기 자신이 사회성이 좋다고 주장하지만, 꼭 그렇지만은 않더라고요. 이 질문들을 해 보면 이력서에 적어 놓은 '사회성이 좋다'는 말이 겉만 번지르르한 표현에 불과한지, 아니면 지원자가 어떤 사람이고 또 어떻게 행동할지를 알려 주는 의미 있는 내용인지 판단하는 데 도움이 되겠어요."

나이에 상관없이 누구나 사회성 기술을 배울 수 있고 그만한 가치가 있다

"당신을 긍정적인 사람으로 아는 사람들이 많을수록
어떤 일을 시도하든 더욱 성공할 수 있다."

_브라이언 트레이시(Brian Tracy), 자기계발 저술가

브라이언 트레이시의 말을 살짝 바꿔 보자. 대인관계 상황을 잘 인식해서 당신을 좋게 생각하는 사람들이 많을수록 어떤 일을 하든 더욱 성공할 수 있다.

이 장의 앞부분에서 내게 질문한 그 인사담당 임원이 말했다.

대인관계 상황 인식 방법을 배우기에 너무 늦지 않았고, 나이에 상관없이 사회성 기술을 발전시킬 수 있다니 다행입니다. 제 주변에는 고집불통 임원들이 몇 명 있어요. 그들은 '나는 원래 이런 사람이야'라는 사고방식, 그러니까 늙은 개에겐 새로운 재주를 가르칠 수 없다는 사고방식이 투철해요. 전 이렇게 말해 줍니다. "제아무리 근무 연차가 많거나 기술력이 뛰어나도 대인관계 기술이 좋지 못하면 출세에 한계가 있어요."

그녀가 한 말이 옳다. 크라이슬러 CEO였던 리 아이아코카(Lee Iacocca)는 "사람들과 잘 지내지 못하면 이 업계에 어울리지 않는다. 여기는 사람이 전부이기 때문이다"란 말을 남겼다. 나이와 인생 단계에 상관없이 사람들과 더 잘 지내는 방법을 배우는 일은 당신의 삶, 그리고 당신이 소중히 여기는 사람들의 삶을 더 좋게 만들어 주므로 매우 가치가 있다.

다음 장에서는 일이 잘못될 때 해야 하는 말과 하지 말아야 하는 말을 알아 보는 과정을 통해 대인관계 상황 인식을 한 단계 더 발전시킬 것이다.

핵심 요약

당신이 교사라고 가정해 보자. 교장, 학부모, 교직원 등 여러 사람들을 상대하는 동시에, 학생들을 빈틈없이 살피며 가르쳐야 한다. 정신없이 바쁜 때, 어떤 학부모는 자기 아이가 학교에서 놀림감이 되었다며 불만을 제기했다.

하지 말아야 하는 말	해야 하는 말
이기적인 생각만 한다 "올해는 보조 교사도 없다는 걸 아세요?"	**대의를 따른다** "문제를 해결할 수 있도록 알려 주셔서 감사합니다."
문제를 무시한다 "롭이 애런을 귀찮게 하다니, 전혀 몰랐는걸요."	**문제를 파악하고 해결에 앞장선다** "그 아이들이 나란히 앉지 않도록 서로 떨어뜨려 앉히겠습니다."
근시안적으로 대처한다 "현실적으로 제가 아이들을 늘 관찰할 수는 없습니다."	**주의 깊게 신경 쓴다** "애런은 예민한 아이입니다. 수업 시간에 안전하다고 느낄 수 있도록 돕겠습니다."
내 관심사만 말한다 "최선을 다하겠지만, 제겐 신경 써야 할 학생들이 25명이나 있다는 사실을 기억해 주세요."	**공동의 관심사를 만든다** "애런이 자기 자신을 지키도록 어떻게 격려해 주면 좋을까요?"
직관을 무시한다 "뭔가 이상해 보였지만, 아이는 괜찮다고 했어요."	**직관에 따라 행동한다** "롭의 행동에 문제가 있다고 생각될 때마다 아이와 이야기해 보겠습니다."
그 순간만을 생각한다 "롭과 애런을 불러 이 문제를 해결하겠습니다."	**문제의 원인부터 바로잡을 생각을 한다** "서로 놀리지 말자는 내용의 동영상을 학생들 모두에게 보여 주겠습니다."

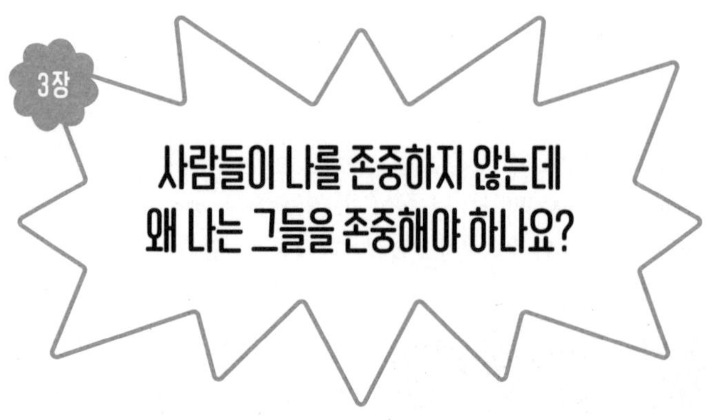

3장 사람들이 나를 존중하지 않는데 왜 나는 그들을 존중해야 하나요?

"고통스럽다고 세상을 미워하지 마십시오.
억울한 마음이 상냥한 마음을 빼앗지 않도록 하십시오.
다른 사람 모두 동의하지 않더라도
당신은 이 세상이 여전히 아름다운 곳이라 믿는다는 데
자부심을 느끼십시오."

_이아인 토머스(Iain Thomas), 작가이자 뉴 미디어 아티스트

"뉴스를 보면 인류가 저지르는 비인간적인 사건이 끊임없이 보도되어 실망스럽습니다. 이를테면 요즘은 서로 무례하게 구는 게 대세인 것 같아요. 사람들이 저를 존중하지 않는데 왜 저는 그들을 존중해야 하나요?"

세상이 당신을 힘들게 하거나 미워하게 만들려 한다고 생각될 때가 있는가? 사람들이 당신에게 화풀이하고 당신도 그들에게 화풀이하

고 싶은데 어떻게 해야 할지 궁금한가? 다른 사람들은 그렇지 않은데 왜 당신만 그들과 원만하게 잘 지내야 하는지 의문이 드는가?

당신은 빌리 그래함(Billy Graham) 목사가 이야기한 것으로 알려진 할아버지와 손자의 이야기를 들어 봤을 것이다. 내용은 이렇다.

> 할아버지가 손자에게 인생을 가르치고 있었다. 그는 손자에게 말했다. "내 마음속에서 싸움이 벌어지고 있단다. 늑대 두 마리가 치열하게 싸우고 있지. 한 마리는 분노, 질투, 자만심 같은 나쁜 늑대야. 다른 한 마리는 사랑, 친절, 동정심 같은 착한 늑대야. 모든 사람 마음속에는 똑같은 싸움이 벌어지고 있단다."
>
> 손자가 물었다. "어떤 늑대가 이기나요?"
>
> 할아버지가 대답했다. "네가 먹을 것을 주는 늑대가 이긴단다."

긴장된 상황에서는 마음속에 있는 분노와 조바심 같은 늑대에게 먹이를 주고 싶을 것이다. 하지만 공감과 동정심 늑대에게 먹이를 줘야 우리에게 가장 이익이 된다.

우리가 사람들을 대하는 방식은 단기적으로는 물론 장기적으로도 우리의 유산이다. 우리는 매일 그 사실을 의식하고 자랑스럽게 행동해야 할 책임이 있다.

당신은 '저도 같은 생각이에요. 하지만 말처럼 쉽지 않을 때가 있다고요'라고 생각할 수도 있다. 그런 생각이 드는 건 당연하다. 그러므로 우리가 상대하는 사람들이 별로 공감받을 만한 자격이 없어 보여도 우리가 공감해 주면 어떤 일이 일어날 수 있는지 이야기해 보겠다.

올해 84세가 되신 케이 이모는 근처 병원으로 차를 몰고 가서 자원봉사를 하신다. 코로나 19 대유행으로 가장 힘든 시기에 이모는 안내데스크에서 일하셨다. 스트레스가 많은 상황에서 일하는 건 어땠는지 묻자 이모가 말씀하셨다.

사람들이 나를 어떻게 대하든 침착하게 공감해 주고 또 도와주려고 온 힘을 다했어. 우리 병원 정책은 격리되지 않은 환자들에겐 '면회 금지' 또는 '하루 한 명만 면회 가능'이었지. 너도 알겠지만, 사람들은 사랑하는 가족과 함께 있을 수 없다는 걸 알고 너무 화가 나서 제정신이 아니었단다. 나한테 화풀이하는 사람들도 있었지. 병원에 오면 가장 먼저 찾는 사람이 나였으니까.
물론 어떤 사람이 내게 소리를 지를 때도 있어. 바로 어제도 그런 일이 있었단다. 한 여자가 내 책상 쪽으로 헐레벌떡 뛰어오더니 미친 듯이 휴대전화를 들이대고 마구 소리치더구나. "내 딸이 방금 문자를 보냈어요! 사고를 당해서 이 병원 응급실에 있대요! 지금 당장 딸아이를 만나야겠어요!"
그래서 난 이렇게 답했지. "응급실에 연락해서 무슨 일인지 알아볼게요." 응급실에 전화했더니 근무 중인 간호사가 말하길, 다른 사람이 이미 딸아이와 같이 있어서 그 여자분을 응급실로 들어오게 할 수 없다는 거야. 이야기를 전하자 그 여자분은 이성을 잃고 흐느끼면서 마구 소리를 질러댔어.
누가 내게 소리를 지르는 건 싫지만, 그 여자분 입장이 되어 생각했지. 내 딸아이가 응급실에 있다는데 딸을 보러 들어갈 수 없다면 기분이 어떨까? 그 생각을 하니 창의력을 발휘하게 되더구나. 그 여자분에게 "이건 병원 정책입니다. 제가 할 수 있는 일이 없어요"라고 답하지 않고, "제가 할 수 있는 일이 있는지 알아볼게요"라고 말했지. 나는 다시 응급실에 전화해서 누가 아이와 함께 있냐고 물었어. 간호사가 확인해 보니 그 젊은 여성을 데려온 우버 기사였어. 난 그 기사를 바꿔 달라 한 뒤 상황을 설명했고 도와줘서 고맙다고 했어. 기사는 응급실을 떠났고, 그 여자분은 딸아이와 함께 있게 되었단다.

'적극적인 호의(proactive grace)'를 이보다 더 효과적으로 보여 주는 사례가 있을까? 케이 이모는 어쩔 수 없다는 듯 어깨를 으쓱하며 "나한테 화내지 마세요. 내 잘못이 아니잖아요"라고 대답하지 않았고, 혹시 도와줄 방법이 있는지 창의력을 발휘해 알아봤다. 이모는 소리 지르는 그 여성에게 기분 나빠하는 대신 적극적으로 행동해서 그녀가 겪은 일에 공감할 수 있었다.

'적극적인 호의'의 의미

"부정적인 태도는 힘든 여정을 더 힘들게 만들 뿐입니다.
가시 돋친 선인장처럼 힘든 상황이 생기더라도 주저앉을 필요가 없습니다."
_ **조이스 마이어(Joyce Meyer), 성직자**

케이 이모가 겪은 것처럼 살아가면서 가시가 빼곡한 선인장 같은 힘든 상황에 직면하더라도 우리는 선택의 여지가 있다. 우리는 그 자리에서 반발하거나 혹은 재치를 발휘하여 모두에게 이익이 되는 방향으로 상황을 바꿀 수 있다.

이 책의 전제는 '선인장 같은 상황에서 벗어나기로 마음먹고' 재치 있게 대처하면 우리 모두에게 도움이 된다는 사실이다. 우리는 사람들이 우릴 대하는 방식을 늘 결정할 수는 없지만, 우리가 그들을 대하는 방식은 선택할 수 있다. 사람들에게 친절하게 대하면 대부분은 똑같이 친절하게 반응한다. 어떤 이유가 있어서 사람들이 친절하게 반응하지 않아도, 적어도 우리는 절반은 한 셈이다. 하루가 저물고 인생이 끝나갈 때 과거를 되돌아보면 우린 뭔가 더 많이 해냈다는 걸 알 수 있을 것이다. 그건 우리가 통제할 수 있는 부분이며, 바로 그 점이 중요하다.

'적극적인 호의'라는 말이 무슨 뜻인지 정의하기 위해 먼저 '반발하는'이란 말과 대조해 보겠다.

'반발하는(reactive)'이란 "스트레스를 받거나 감정이 혼란스러워서 적대감이나 반발심, 반대되는 행동으로 반응하는"이라는 뜻이다. 반면에 '적극적인(proactive)'이란 "어떤 일이 일어나게 하여 상황을 만들어 내거나 통제하는"이라는 뜻이다.

다시 말해 '반발하는'이란 결과를 고려하지 않고 가장 먼저 떠오르는 생각을 말하거나 행동으로 옮긴다는 뜻이다. '적극적인'이란 행동하기 전에 결과를 예측하기 위해 대인관계 상황을 인식하고, 상황을 악화시키지 않고 개선하는 방향으로 행동한다는 뜻이다.

그리고 '호의(grace)'란 "사람들이 알아주지 않거나 보답하지 않아도 진실성과 공감, 선의의 모범을 보이기 위해 대단히 열심히 노력하는 것"을 뜻한다.

여기서 "사람들이 알아주지 않거나 보답하지 않아도"라는 표현에 주목하자. 호의는 서로 주고받는 개념이 아니다. 사람들이 알아주고 보답해야만 하는 일도 아니다. 그러면 조건부 호의가 될 것이다. 우리의 목표는 조건 없이 호의를 베푸는 것이다. 그것은 인생을 걸고 하는 선택이다. 테레사 수녀, 데스몬드 투투 대주교, 말랄라 유사프자이(Malala Yousafzai) 인권운동가, 달라이 라마(Dalai Lama) 같은 사람들만이 호의를 구체화하고 베풀 수 있는 것은 아니다. 우리는 모두 그들처럼, 그리고 "내 삶이 곧 나의 메시지"라고 말한 간디(Gandhi)처럼 살기 위해 열심히 노력할 수 있다.

당신은 어떤 사람으로 알려지고 싶은가? 중재자? 화해조정자? 성실한 사람? 적극적으로 호의를 베푸는 사람? 지금 바로 그 점을 명확히 하는 것은 특별한 장점이자, 가장 힘든 시기를 견디도록 이끌어 주는 북극성 같은 존재가 될 수 있다는 뜻이다.

적극적인 호의를 베풀게 하는 질문들

"무엇이든 될 수 있는 세상에 산다면,

먼저 친절한 사람이 되세요."

_코니 슐츠(Connie Schultz), 저널리스트

인내심을 시험하는 힘든 상황에서도 적극적인 호의를 베풀게 해 줄 몇 가지 질문을 소개하겠다.

1. "그럴 때 내 기분은 어떨까?"

"이런 일이 내게 일어난다면 내 기분은 어떨까? 내가 이 사람 입장이라면 내 기분은 어떨까? 방금 일어난 일로 피해당한 사람이 나라면 내 기분은 어떨까?"라고 스스로에게 질문을 던져 보자.

그 여성이 케이 이모에게 미친 듯이 소리를 질렀을 때 이모가 어떻게 했는지 기억하는가? 이모는 마음속으로 질문했다. '내 딸이 응급실에 있는데 딸을 보러 들어갈 수 없다면 내 기분은 어떨까?' 이렇게 세 단어로 이루어진 표현은 짜증을 공감으로 바꿨고, 도와주고 싶다는 생각이 들게 했다.

케이 이모가 자주 쓰는 또 다른 표현은 "괜찮으시다면 전 당신을 도와 드리려는 거예요"이다. 이 말을 하면 자신을 통제하지 못하고 난리를 피우던 사람들도 '제정신'을 차릴 때가 많다. 그 사람들은 당신이 적이 아니라 같은 편이라는 사실을 깨닫고 당신에게 스트레스를 푸는 일을 그만둘 것이다.

짜증을 공감으로 바꾸는 또 다른 사례는 어떤 남자의 이야기에서 알 수 있다. 그 남자의 어머니는 3년 동안 요양원에 있었다. 그는 매주 토요일마다 어머니를 만나러 가는 걸 무척 꺼렸는데, 그건 바로 어머니가 늘 불평만 늘어놓아서였다. 어머니는 같은 방을 쓰는 노인이 마음에 들지 않아서, 보러 오는 사람이 아무도 없어서, 몸이 아프고 고통스러워서 끊임없이 불평을 쏟아 냈다.

그는 두려움을 어떻게 극복했는지 설명했다.

나 자신에게 물었습니다. 내가 만약 하루에 18시간씩 일주일 내내 침대에 누워 있으면 기분이 어떨까? 옆 침대를 쓰는 사람이 텔레비전을 너무 크게 틀어서 제대로 생각조차 할 수 없다면 기분이 어떨까? 아침마다 몸이 아프고, 하루라도 아프지 않은 날이 없다면 기분이 어떨까?

"기분이 어떨까?"라는 말을 떠올리자 불만이 눈 녹듯 사라졌습니다. 어머니의 일상이 어떤지, 또 어머니가 제게 해 주신 그 모든 일을 생각해 보자 토요일마다 함께 시간을 보내고 힘이 되어 드리는 것이 제가 할 수 있는 최소한의 일이라는 걸 알았어요.

그때 나 자신에게 물었습니다. "어머니는 왜 항상 불평만 하실까?" 그러자 깨달았어요. 어머니는 그것 말고 할 얘기가 없었던 겁니다. 그래서 다음에는 사진을 가득 넣은 앨범을 가져갔어요. 장난기 어린 표정을 지은 삼촌 사진을 보고 어머니와 나는 웃음을 멈출 수 없었어요. 산속 오두막에서 찍은 사진을 보고 한 시간 내내 추억을 이야기했죠. 이젠 매주 토요일이면 저는 '소품'을 가져가 이야깃거리로 삼아요.

나는 그에게 말했다. "대단하시네요. 엘리자베스 여왕은 '즐거운 추억은 우리를 행복하게 할 두 번째 기회'라고 하셨죠. 당신은 어머니가 매주 토요일마다 다시 행복해질 수 있도록 진심으로 도와드리고 있군요."

2. “내가 지금 하려는 말을 들으면 상대방 기분은 어떨까?”

또 다른 방법은 잠시 시간을 내서 “내가 지금 하려는 말을 들으면 그들은 기분이 어떨까?”하고 질문하는 것이다.

나는 내가 직접 경험한 일을 토대로 말하고 있다. 지금은 책 마감을 코앞에 두고 있어서 시간이 정말 소중하다. 그런데 한 고객이 테드(TEDx) 강연을 하고 싶어 하는 동료를 내게 소개했다. 나는 호의를 베풀어 그 동료라는 사람과 강연을 어떻게 준비할지에 대해 무료로 30분간 통화하기로 했다. 하지만 통화하기로 약속한 시각이 지났는데도 아무 연락이 없었다. 20분이나 지나서야 그녀는 내게 전화를 걸어 당황스러워하며 변명을 늘어놓았다. 그녀는 연락을 주고받은 이메일에 내 전화번호가 분명히 있었는데도 내 번호를 “찾을 수 없었다”고 주장하더니 최근 몇 주 동안 있었던 일을 장황하게 주절거렸다.

솔직히 고백하겠다. 성경에서 욥이 수십 년 동안 고난을 인내했듯이 난 보통 때는 ‘극도의 인내심’을 가진 사람이다. 하지만 이번에는 아니었다. 나는 그녀가 전화할 시간을 잊어 버렸다는 사실이 불만이었고, 무료로 컨설팅을 해 준다는데 별로 고마워하지 않는 듯해서 짜증이 났으며, 아무런 질문도 없이 최근 이혼했고 건강에 문제가 있다는 자신의 이야기만 쏟아내서 조금 화가 났다. 그러다가 난 다시 원래의 내 모습으로 돌아가 내가 가르치는 내용을 실천해야 할 때라는 걸 깨달았다.

짜증은 자만심에서 비롯될 때가 많다. 짜증은 ‘내가 얼마나 바쁜 사람인지 몰라요?’, ‘내가 당신 때문에 일부러 시간을 냈다는 걸 모르겠어요?’ 같은 생각에서 나온다. 불만은 우리가 상대방의 감정이 아닌 우리의 감정에만 집중하고 있다는 분명한 신호다.

내 감정에만 계속 집중했다면 일이 잘 끝나지 않았을 터였다. 그 대신 나는 그녀에게 "무척 힘든 시기를 겪고 있군요"라고 말했다.

그녀는 와락 울음을 터뜨렸다. "맞아요! 알아주셔서 정말 감사드려요!"

나는 상처받은 한 여성의 이야기를 듣고 있다는 걸 깨달았다. 갑작스레 닥친 이혼으로 생산성과 마음의 평화를 빼앗긴 여성이었다. 그녀의 관점에서 상황을 바라보자 '어떻게 하면 그녀에게 희망을 줄 수 있을까?', '어떻게 하면 그녀가 앞으로 나아가게 하고, 자신과 자신의 삶을 더 좋게 생각하게 할 수 있을까?' 같은 질문이 생각났다.

나는 입을 열었다. "이제 몇 분밖에 남지 않았어요. 강연할 때 메시지를 명확히 할 수 있도록 내용을 작성하는 것과 관련해서 쓸 만한 조언을 몇 가지 알려 드릴까요?"

그녀는 진심 어린 한숨을 내쉬었다. "그렇게 해 주시면 정말 감사하죠."

그래서 몇 가지 조언을 했다. 통화가 끝날 때가 되자 그녀는 "친절하게 대해 주신 게 제게 얼마나 큰 의미인지 모르실 거예요"라며 고마워했다.

5초 만에 짜증을 존중으로 바꾸는 방법

"경멸이란, 간단히 말해
'난 당신보다 낫고, 당신은 나보다 모자란다'라는 생각이다."
_존 고트먼(John Gottman), 심리학자

그 통화를 시작했을 때, 나는 친절하게 대할 기분이 아니라, 뭐랄까……, 있는 그대로 솔직히 말해서 경멸했다는 걸 인정한다.

'경멸(contempt)'은 거친 단어다. 사전 웹사이트인 옥스퍼드 랭귀지스(Oxford Languages)는 경멸을 "어떤 사람이나 사물이 고려할 만하지 않다거나 가치가 없다거나 멸시받을 만하다는 느낌"으로 정의한다. 흥미롭게도 "고려해야 할 무엇인가를 무시하는 것"이라는 정의도 있다.

'짜증(impatience)'은 낮은 수준의 경멸이다. 우리는 짜증이 나면 어떤 사람에게서 고려할 만한 것이 있어도 무시한다. 나는 이 여성이 특히 힘든 시기를 보내고 있다는 사실을 고려하지 않았다. 그녀는 아마 평소에는 그렇게 힘들게 살지 않았을 것이다. 그녀의 말에 숨은 고통을 알게 되자 나는 우리가 인간으로서 공통으로 처한 상황에 공감했고, 경멸을 동정심으로 바꾸는 데 도움이 되었다.

우리는 "이 사람은 어떤 일을 겪고 있길래 이런 행동을 할까?"라고 질문함으로써 경멸을 동정심으로 바꿀 수 있다. 이 간단한 질문을 통해 우리는 이것이 특정 상황과 관련 있는 예외일 수 있다는 걸 알 수 있다. 불안이나 슬픔, 개인적인 트라우마 때문일 수도 있다. 겉으로 보이는 행동에 숨은 원인이 무엇인지 알아낸다면, 우리는 그 사람이 왜 그러는지 이해할 수 있다. 그때 우리는 그 사람을 경멸하지 않고 배려하게 된다. 그러면 그 사람을 정중하게 대할 마음이 생긴다.

존 고트먼은 수십 년 동안 선구적인 연구 끝에 경멸이 사람들 사이의 관계에 문제가 있음을 알리는 가장 중요한 신호라는 사실을 알아냈다. 앤더슨 쿠퍼(Anderson Cooper)가 진행한 인터뷰에서 그가 말했다. "상대방을 역겨워하고, 윗사람이라도 된다는 듯 행동하고, 잘난 체하는 메시지를 전달한다면, 문제 해결은 사실상 불가능합니다."

그밖에도 고트먼의 연구에 따르면 서로를 경멸하는 부부는 경멸하지 않는 부부보다 감기, 독감 등 전염병에 걸릴 확률이 더 높다. 그는 또 이렇게 말했다. "경멸은 인간관계를 파괴하는 요인 중에서 가장 큰 해를 끼칩니다. 아무리 강조해도 지나치지 않습니다. 경멸은 사람 심리와 정서·신체 건강을 파괴합니다."

당신이 경멸감을 느끼는 사람이 주변에 있는가? "익숙하면 경멸한다"라는 말을 들어 봤는가? 그 사람과 오랫동안 같이 있으면서 상대를 부정적으로 판단하게 되어 이제 더는 그 사람의 관점에서 상황을 보지 못하게 된 건 아닐까? 그러면 반감을 낳게 된다. 경멸을 동정심으로 바꾸는 여섯 가지 질문을 소개하겠다.

- 그들이 이렇게 행동하는 이유는 무엇일까?
- 난 내가 이 사람보다 더 낫다거나 우월하다고 생각하는가?
- 내가 그 사람이라면 기분이 어떨까?
- 내가 그 사람을 계속 경멸한다면 상대는 기분이 어떨까?

- 어떻게 하면 그 사람에게 적극적인 호의를 베풀어서 마음의 평화를 얻을 수 있을까?
- 어떻게 하면 그 사람을 더 따뜻하게 대하여 서로 맞서지 않고 같은 편이 될 수 있을까?

바로 당신이 선순환을 만들 수 있다

"사물을 바라보는 방식을 바꾸면, 당신이 바라보는 사물도 바뀐다."

_ 웨인 다이어(Wayne Dyer), 자기계발 저술가

적극적인 호의는 무례하게 굴지 않는 것 그 이상이라는 점에 주목하자. 그것은 상황에 따라 재치 있게 대처하고, 관련된 사람들 모두에게 이익이 될 더 나은 결과를 만들어 내는 새로운 역학 관계를 마음속에 그려 보고, 도입을 위해 주도적으로 행동하는 것을 말한다.

"이 상황에서 어떻게 하면 선한 힘이 될 수 있을까?"라는 질문은 우리가 창의력을 발휘할 동기와 자극이 된다. 이것이 바로 적극적인 호의의 본질이다. 우리는 분위기를 읽는 데만 그치지 않고 분위기를 이끌 수 있다. 분위기에 맞춰 행동하지만 않고 분위기를 주도할 수 있다. 해로운 규범을 수동적으로 받아들이지 않고 더 건강한 규범을 적극적으로 만들어 낼 수 있다.

내 책 《적을 만들지 않는 대화법》이 베스트셀러에 오른 후, 서울에서 열린 아시아리더십콘퍼런스에서 대화법을 주제로 발표할 기회가 있었다. 내 발표가 끝나자 어떤 참석자가 손을 들고 말했다. “한국인들은 방금 말씀하신 것을 ‘눈치(nunchi)’라고 부릅니다. 저희는 어릴 때부터 이 말을 배웁니다. 사람들의 기분을 알아내고 그에 따라 행동하는 기술이라는 뜻입니다.”

물론 한국에서 눈치가 부정적인 뉘앙스로 사용되기도 한다는 것을 알고 있다. 나이나 지위를 이용해 상대방에게 눈치를 보고 행동하기를 강요하는 문화가 오래 지속되었기 때문이다. 그러나 본질적으로 눈치는 상대를 먼저 배려하는 호의에서 비롯된 것임을 잊지 않아야 한다.

좋은 소식이 있다면, ‘눈치’를 보면 그 결과는 부메랑처럼 내게 되돌아온다는 것이다. “네가 나타내는 모든 감정은 네가 던지는 부메랑이야”라는 아바(ABBA)의 노래 가사처럼 말이다. 당신에게 되돌아오는 눈치의 파급 효과를 일으킬 구체적인 방법을 배울 준비가 되었는가? 계속해서 다음 장에 소개할 껄끄러운 대화를 위한 P.L.A.N. 방법을 읽어 보자.

핵심 요약

당신은 지역센터의 케이터링매니저라고 가정해 보자. 어떤 지역 클럽이 오후 6시부터 9시까지 모금 행사를 열 계획이었다. 그런데 이 지역이 정전되어 큰 혼란이 발생했다. 서빙하는 사람들과 참석자들이 지각하고 요리사들의 저녁 식사 준비도 예정보다 늦어지고 있다. 클럽 회장은 이 사태를 놓고 당신 앞에서 불만을 줄줄 늘어놓는다. 어떻게 해야 할까?

하지 말아야 하는 말	해야 하는 말
반발한다 "이건 우리도 어쩔 수 없는 큰 사건입니다."	**적극적으로 나선다** "최대한 빨리 음식을 준비해서 내오도록 하겠습니다."
언짢아한다 "우리도 당신만큼 스트레스를 받았어요."	**품위를 지킨다** "우리 팀은 이 행사를 정상적으로 진행하도록 최선을 다하고 있습니다."
짜증을 낸다 "불평해 봤자 소용없다고 벌써 세 번이나 말씀드렸잖아요."	**공감한다** "제가 당신 입장이라면 기분이 어떨지 생각해 보고 있어요."
경멸한다 "어떻게 해결할지 제안할 대안도 없으면서 나만 괴롭히는군."	**동정심을 느낀다** "이 행사 준비에 시간과 노력을 많이 들이셨고, 완벽하게 진행되길 바라셨다는 걸 잘 알아요."
억울해하고 눈치 없이 군다 "전 이렇게 푸대접을 받을 만큼 월급을 많이 받지 않아요."	**공손하고 눈치 빠르게 응대한다** "이 행사를 잘 치르기 위해 노력하고 있습니다. 조금만 기다려 주세요."

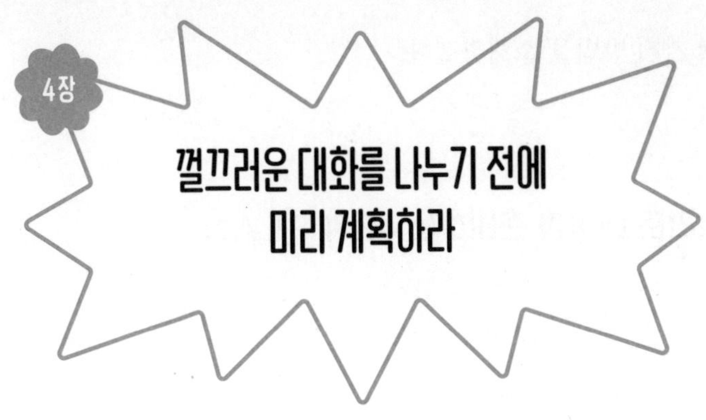

껄끄러운 대화를 나누기 전에 미리 계획하라

"운에 맡기지 말고 미리 계획하세요."

_샘 혼

"언니 아들은 대학에 다니는 동안 생활비를 절약하려고 우리 가족과 함께 살아요. 문제는 조카가 음악을 너무 크게 틀거나 허락 없이 친구들을 집으로 데려오거나 냉장고를 자꾸 뒤진다는 거예요. '껄끄러운 얘기'를 해야 한다는 건 알지만, 그 애는 너무 제멋대로여서 잘 받아들이지 않을 것 같아요. 도와주세요!"

이런 상황에선 누구나 스트레스를 받는다. 이 이야기를 듣자마자 내 일처럼 몹시 안타까웠다. 이런 일은 저절로 좋아지는 경우가 거의 없다. 게다가 기대치를 정하고 실천하게 하는 일은 그 아이의 이모가 해야 한다. 이 껄끄러운 대화가 잘 진행되도록 내가 그녀에게 가르쳐 준 몇 가지 방법을 소개하겠다.

껄끄러운 대화를 준비하는 4단계 P.L.A.N.

"계획하지 않는다면 실패하려고 계획하는 셈이다."

_헨리 포드(Henry Ford), 자동차업계 선구자이자 기업가

이 4단계를 읽기 전에 곤란한 내용의 대화를 해야 하는 상황부터 떠올려 보자. 직장 동료나 가족, 이웃, 영업 사원과 대화하는 상황이 될 수 있다. 하고 싶은 말을 구상하면서 생각을 적어 두면 좋다. 이렇게 하면 두서없이 길게 말해서 상대방이 한 귀로 듣고 한 귀로 흘리게 하지 않고, 명확하면서도 실행할 수 있는 내용을 전달할 수 있다.

• 대화하려는 목적을 하나의 문장으로 만든다(Put your purpose in one sentence).

목적을 모른다면 목적에 따라 말하기 힘들다. 최종 목표는 무엇인가? 어떤 일이 일어나길 바라는가? 기억하고 또 성공하기 쉽도록 그 생각을 한 문장으로 요약하자. 원하지 않는 것 말고 원하는 것을 분명히 표현하자. 걱정되는 점이 있다면 그 부분에 대해서도 미리 생각해보자. "중간에 말문이 막혀서 할 말을 잊어버리지 않으면 좋겠는데"라고 말하지 말고 이렇게 말하자. "무슨 일이 있어도 집중하고 침착할 거야."

• 상대방의 우선순위(Priorities)와 관심사(Interests), 요구 사항(Needs)을 알아 둔다(Learn their P.I.N.).

상대방의 P.I.N.(우선순위, 관심사, 요구 사항)을 명확히 파악한다. 상대방이 무엇을 중요하게 생각하는지 나도 알고 있다고 알려 주려면 당장 무슨 말을 해야 할까? 상대방의 우선순위와 관심사, 요구 사항부터 언급하면 상대방의 주의를 끌 것이다.

• 저항을 예상하고 잠잠해지게 한다(Anticipate resistance and make it moot).

상대방은 왜 당신의 제안에 이의를 제기할까? 그 얘기를 꺼내지 않으면 상대방은 귀를 기울이지 않을 것이다. 그는 당신이 말을 멈추길 기다렸다가 이건 왜 안되는지, 자신은 그걸 왜 하지 않으려는지 말할 수 있다. 싫다는 사람을 설득할 방법은 상대방의 반대를 예측하고 언급한 다음, 그게 왜 중요하지 않은 문제일 수 있는지 알려 주는 것이다.

• 그다음 방향을 새롭게 정한다(Name a new next direction).

버렛-쾰러(Berrett-Koehler) 출판사의 CEO였던 스티브 피어산티(Steve Piersanti)가 내게 말했다. "책을 출판할 때 내가 가장 중요하게 생각하는 기준이 뭔지 알고 싶습니까? '이 책을 읽고 나면 변하는 게 뭡니까?'입니다." 그의 말이 옳다. 상황을 어떻게 개선할지 알려 주지 않고 사람들에게 우리 기분이 어떤지 말한다면 대화가 막다른 골목에 이를 수 있다. 그저 어떤 상황이 불만족스럽다고 생각하는 이유를 줄줄이 대면 대화는 거기서 더 나아갈 수 없다는 인상을 준다. 이 상황을 해결할 수 있는 새롭고 더 나은 방법을 어떻게 제안하겠는가? 상대방이 어떤 조치를 하길 바라는가? 상대방의 마음과 행동에 어떤 변화가 생기길 바라는가? 어떻게 타협하겠는가?

내 조언을 들은 그 여성이 조카와 대화한 후 다시 연락했다.

성공했어요! 당신의 조언을 받아들여 이렇게 대화를 시작했어요. 남편하고 저는 조카가 우리와 같이 살면서 집세를 절약할 수 있어 좋고, 우린 조카를 도와줄 수 있어 기쁘다고 했어요. 그러고 나서 "모두에게 계속 도움이 되도록 처음에 기본 원칙을 정하지 않은 것은 내 잘못이야"라고 말했어요.
다 같이 잘 지낼 수 있으려면 조카가 가족 구성원으로서 어떻게 도와줄 수 있는지 물어봤어요. 그래서 이제부터 조카는 음악을 듣고 싶으면 무선 이어폰으로 혼자 듣기로 했어요. 내 아들들이 집에 있을 때 지켜야 하는 규칙을 조카도 똑같이 지키기로 했지요. 친구들을 집에 데려오기 전에 괜찮은지 먼저 물어보고, 냉장고에 있는 음식을 다 먹어 버리지 말고 자기가 산 음식만 먹기로 했어요. 조카가 "이모는 저한테 이래라 저래라 잔소리할 권리가 없잖아요"라고 생각하지 않고 열린 마음으로 받아들이도록 대화를 미리 준비했더니 큰 변화를 가져왔어요.

두려워하며 한계를 설정하지 마라

"한계를 정하십시오.

그러면 진실로 그만큼이 당신의 한계가 됩니다."

_ 리처드 바크(Richard Bach, 작가)

앤이라는 여성은 나이 많은 어머니가 걱정되지만, 집을 떠나 실버타운으로 이사하시라는 말을 하기가 무척 두렵다고 했다. 앤이 말했다.

엄마는 남에게 의존하는 걸 엄청나게 싫어하세요. 이 얘기를 꺼내면 엄마가 저를 멀리 하실까 봐 몇 달이나 미뤘어요. 그런데 샘의 말을 듣고 저는 최악의 시나리오만 상상했다는 걸 깨달았어요. P.L.A.N. 방법을 써서 최상의 시나리오를 그려 보고 고객들이 이렇게 예민한 과도기를 잘 헤쳐 나가도록 도와주는 치료사와 약속을 잡았어요. 그 치료사는 '내 걱정을 드러내지' 말고, 또 지금이 왜 '엄마를 위해' 이 일을 해야 할 때인지 구구절절 설명할 필요 없이 엄마가 무엇을 원하는지 물어보라고 제안했어요.

그 후 벌어진 일에 저는 무척 놀랐어요. 엄마는 지난 몇 달 동안 여러 번 쓰러졌지만, 제가 걱정할까 봐서 말하지 않았다고 솔직히 말씀하셨어요. 또 지난 30년 동안 살아온 이 집을 사랑하는 만큼 너무나 외로웠다고 고백하셨어요. 엄마는 그동안 집 안에 가득 쌓아 둔 잡동사니가 부끄러웠고, 그걸 어떻게 줄여 방 하나짜리 아파트에 전부 집어넣을 수 있을지 모르겠다고 하셨지요.

그 대화는 아마도 엄마와 제가 나눴던 가장 솔직한 대화였을 거예요. 말하려 하지 않고 전보다 더 많이 귀를 기울였더니, 엄마는 이 집을 떠나면 이젠 자유를 누릴 수 없다고 생각하신다는 걸 깨달았어요. 그게 어떤 의미인지, 엄마가 얼마나 무서워하시는지도 알았어요.

엄마가 그렇게 속내를 털어놓는 시간이 끝나갈 무렵, 저는 엄마 집을 전체적으로 정리하고, 방마다 깨끗이 청소하고, 보관할 것과 친구, 가족에게 줄 것, 버릴 것과 기부할 것을 분류하는 작업을 같이하도록 일주일 더 머물겠다고 했어요.

힘든 결정을 내리는 데 도움을 받으려고 그동안 수많은 가족과 일했던 정리 전문가인 준을 고용했어요. 준은 저희에게 "네, 그 물건은 비싸다는 걸 알아요. 하지만 문제는, 그게 마음에 드세요? 필요하세요? 쓰실 건가요?"라는 질문에 답하게 했어요. 우린 프랭크 시내트라(Frank Sinatra)의 노래를 틀어 놓고 일주일 동안 여러 이야기를 주고받으며 집을 정리하고 추억에 잠겼어요. 제가 떠나기 전에 엄마와 저는 치료사와 통화를 했는데, 치료사는 엄마가 가장 원하시는 독서 클럽과 수영장이 딸린 실버타운들을 미리 조사해 놨다고 말했답니다.

앤이 말했다. "저는 P.L.A.N. 방법을 적극 지지해요. 불화를 일으키면 어쩌나 하는 두려움을 모두에게 더 나은 결과로 바꾸는 데 도움이 되었기 때문이지요."

비상 상황에 당황하지 않는 법

"당신의 가장 위대한 예술 작품은 당신에 관한 이야기입니다."

_타라 콘클린(Tara Conklin), 작가

내 아들 톰은 NASA(미국항공우주국)에서 항공엔지니어로 일한다. 존슨우주센터(Johnson Space Center)의 관제센터에서 처음 몇 달간 톰이 받은 훈련은 국제우주정거장에서 어떤 문제가 발생할 수 있는지 시뮬레이션을 반복해 보는 일이었다. 그렇게 해야 톰을 비롯한 다른 관제사들은 실제로 문제가 발생했을 때 공포와 불확실성, 의심으로 그 자리에 얼어붙지 않고 신속하고 효과적으로 대응할 수 있기 때문이다.

어느 날 새벽 톰은 잠이 오지 않아 차라리 일찍 출근하기로 했다. 그런데 도착하자마자 근처 계기판에 크리스마스트리처럼 불이 들어왔고 오작동이 연속으로 발생했다. 톰은 상급자인 비행감독관에게 알릴 시간도 없어서 옆에 있는 직원에게 재빨리 상황을 공유하고 이 위기 상황의 원인이 무엇인지 분석하기 시작했다. 조금 뒤 비행감독관이 도착하자 톰은 가장 먼저 뭐라고 말했을까?

"전에 시뮬레이션을 해 본 덕분에 문제 없이 처리했습니다."

톰은 이 특정 시나리오를 연구했었고, 문제를 해결하는 데 필요한 단계를 이미 연습했으므로 실행에 옮겼다.

대화도 마찬가지다. 전혀 모르고 있다가 허를 찌르는 상황이 발생하면 빠르게 결정하고 그 자리에서 대응해야 한다. 그러나 다행히 우리가 미리 알고 있는 상황, 준비할 수 있는 대화 상황도 있다. 이러한 상황에서는 NASA의 훈련 매뉴얼처럼 시뮬레이션을 해 보면 현명하다.

다른 사람의 말에 휘둘리지 않도록 미리 계획하자

"당신만의 인생 계획을 세우지 않으면
다른 사람들의 계획에 휘둘릴 가능성이 크다.
그들은 당신을 위해 무엇을 계획했을까? 별로 없다."

_짐 론(Jim Rohn), 자기계발 전문가이자 동기부여 연사

당신이 원하지 않거나 필요로 하지 않는 상황은 무엇인가? 다른 일에 정신이 팔려 당신에게 별로 관심이 없는 파트너, 동료들 앞에서 대놓고 면박을 주는 상사, 밤낮으로 짖어대는 강아지를 둔 이웃과 이야기해야 하는가?

언제 어디서 그 얘기를 꺼낼지 상상해 보자. 상대방이 긍정적으로 반응하는 모습을 떠올려 보자. 그 얘기를 꺼내면 무슨 일이 일어날지 머릿속으로 시뮬레이션해 보자. 상대방이 당신에게 기회를 주게 만들기 위해 그의 우선순위와 관심사, 요구 사항에 어떻게 대처해야 할까? 상대방은 뭐라고 말할까? 어떻게 하면 침착하고 간결하게 대응할 수 있을까? 상대방과 당신 모두에게 도움이 되는 해결 방안을 어떻게 제안할까?

지금부터는 즉흥적으로 나서지 말고 시간을 투자해서 상대방과의 대화가 어떻게 전개되기를 바라는지 P.L.A.N.하자. 바랐던 결과가 나오지 않을 수도 있다. 하지만 당신의 의도를 더 나은 결과로 바꾸는 데 시간을 투자하지 않을 때보다는 훨씬 더 긍정적인 결과를 얻을 것이다.

핵심 요약

나이 많은 아버지가 치매 초기 단계라고 가정해 보자. 최근에는 차를 운전해 집으로 돌아오는 길에 두 번이나 길을 잃었고, 방향 감각을 잃으실 때도 가끔 있다. 아버지는 혼자 힘으로 돌아다니길 좋아하시지만, 당신은 아버지 그리고 다른 사람들의 안전을 위해 아버지의 자동차 키를 회수해야 할 때가 되었다고 생각한다.

하지 말아야 하는 말	해야 하는 말
운에 맡긴다 "이 말을 꺼내기 무척 두렵지만, 그래도 해야겠어."	**미리 계획(P.L.A.N.) 한다** "아빠가 받아들이시게 할 수 있는 방법이 뭐가 있는지 먼저 치료사와 상담해 봐야겠어."
당신의 우선순위와 관심사, 요구 사항(P.I.N.)에 집중한다 "아빠, 아빠가 운전하시는 게 전 불안해요."	**상대방의 우선순위와 관심사, 요구 사항(P.I.N.)에 집중한다** "아빠, 원할 때 원하는 곳으로 자유롭게 운전할 힘을 얼마나 소중히 여기시는지 잘 알아요."
정보를 과다하게 제공한다 "조사해 보니, 고령 운전자가 교통사고 위험이 더 크다는 통계치를 찾았어요."	**새로운 대안을 제시한다** "우버(Uber)와 리프트(Lyft)를 이용해도 원할 때 원하는 장소로 가실 수 있어요."
공포에 떨고 불안해하며 의심한다 "이 얘기를 꺼내면 아빠는 나를 절대 용서하시지 않을 거야."	**할 수 있다고 믿는다** "나는 이 문제를 해결할 책임이 있어. 아빠에게 공감하며 해결한다면 아빠도 이해하실 거야."

2부

화가 치밀어도 심호흡하고 침착하게

"사람들이 당신을 그들의 폭풍 속으로 끌어들이게 하지 말고,
그들을 당신의 평화 속으로 끌어당기세요."

_페마 초드론(Pema Chödrön), 승려이자 작가

5장
무례한 사람들에게
우아하게 대응하는 법

"날 그렇게 쳐다보지 말고, 그렇게 말하지도 마세요."

_도로시 파커(Dorothy Parker), 풍자가

"저만 그런 건가요, 아니면 사람들이 점점 더 무례해지는 건가요? 저는 원격으로 일해요. 온종일 화상 통화를 하죠. 회의하다 보면 사람들이 카메라를 켜지 않아 얼굴조차 볼 수 없는 경우가 많아요. 그러면 어떤 사람들은 불쾌하게 대해도 괜찮다고 여기는 듯해요. 어떻게 하면 좋을까요?"

당신만 그런 건 아니다. 2018년 4월 미국심리과학협회(The Association for Psychological Science) 학술지 〈옵저버(Observer)〉에 실린 조 도슨(Joe Dawson)의 글을 읽으면, 익명성이 보장되면 사람들은 반사회적으로 행동할 수 있다는 의혹이 사실임을 확인할 수 있다. 도슨은

"익명성이 보장되면 사람들은 쉽게 적대적이거나 비전문적, 비윤리적으로 행동할 수 있다"라고 썼다. 그는 스탠퍼드대 필립 짐바르도(Philip Zimbardo)가 진행한 연구를 인용했다. 그 내용은 다음과 같다. "익명성과 폭력적인 행동은 서로 관련이 있다. 과학자들은 사람들이 자신의 얼굴과 이름을 숨길 수 있으면 무례하게 굴거나 공격적으로 나오거나 불법을 저지를 때가 많다는 사실을 알아냈다."

사람들은 직접 얼굴을 마주하지 않으면 예의를 지키게 하는 인간적인 관계를 덜 느낀다. 상대방의 상처받은 얼굴이나 기분 나빠하는 표정을 볼 수 없으면 자신의 공격적인 말이 어떤 결과를 가져올지 깊이 생각하지 않는다.

문제는 그런 상황에 어떻게 대처해야 하는가이다.

이런 말을 들어 봤을 것이다. "개인적인 감정은 없어요. 저는 제 일을 할 뿐입니다." 하지만 모든 일은 사람과 관련이 있다. 카메라가 꺼진 컴퓨터를 통해 지구 반대편에 사는 누군지 모르는 사람의 목소리를 들을 때에도 우리는 사람을 상대한다는 사실을 명심해야 한다. 그 사실을 염두에 두고 인간답고 따뜻한 정으로 가득한 상호작용을 할수록 다른 사람들과 즐겁게 잘 지낼 가능성이 커진다.

서로 신뢰를 쌓고 존중하는 방법 여섯 가지를 소개하겠다. '완벽'하지는 않아도 실천하면 크게 도움이 된다.

무례함을 존중으로 바꾸는 방법

"남성이든 여성이든, 흑인이든 백인이든
우리는 모두 존중해야 하고 또 존중받고 싶어 합니다.
존중은 우리 인간의 기본 권리입니다."

_아레사 프랭클린(Aretha Franklin), 가수

• 사람들이 왜 무례하게 구는지 알아 둔다.

오늘날 눈코 뜰 새 없이 바삐 돌아가는 세상에서 사람들은 시간에 쫓기며 산다. 온라인에서는 진짜 사람과 상호작용한다는 느낌이 들지 않으므로 온라인상의 당신에게 짜증을 내기 쉽다. 하고 싶은 말을 타이핑해 화면에 띄우고 단숨에 문자를 보내고 이메일에 응답할 뿐이지, 상대가 자신의 말을 어떻게 느낄지는 고려하지 않는다. 어떤 면에서 당신은 실제 존재하는 사람이 아니다. 그들은 감정이 없는 무생물체인 컴퓨터나 휴대전화로 소통한다. 난 지금 그 사람들의 입장을 변명하려는 게 아니다. 다른 사람들에게 예의를 갖춰 친절하게 대하지 않는 사람들이 왜 있는지 설명할 뿐이다.

• 다른 사람에게 따끔하게 한마디 하지 말고 마음을 평화롭게 한다.

다시 말해, 페마 초드론이 한 말처럼 "날씨 말고 하늘이 되어라"라는 뜻이다. 다른 사람들이 기분 나빠서 모욕적인 행동을 한 일로 인해 당신의 하루가 영향받지 않도록, 즉 다른 사람의 폭풍 속으로 끌려가지 말고 그들을 당신의 평화 속으로 끌어당기자. 그렇게 하기 위한

한 가지 방법은 당신만을 위한 주문을 하나 만들어서 상대방이 당신을 뭐라고 헐뜯든 그 주문에만 집중해 휩쓸리지 않는 것이다.

내 친구이자 네트워킹 조직인 BNI를 설립한 아이반 미이즈너(Ivan Misner) 박사는 '당신 방에 누가 있나요?' 워크숍을 진행하면서 일부러 논쟁을 일으키려고 폭탄 같은 말을 던지는 여성에 관한 흥미로운 이야기를 들려주었다.

> 한 치료사는 그 여성의 가족에게 그녀가 말싸움을 걸더라도 중립적으로 "흠" 하며 반응한 뒤, 원래 하던 말을 계속하라고 조언했다고 하더군요. "기억하세요. 그녀는 관심을 한몸에 받으려고 이러는 거예요. 말싸움하지 마세요. 반대하지도 마시고요. 그리고 뭘 하든 절대로 반응하지 마세요. 반응하면 그녀에게 보상이 됩니다. 그렇게 하면 효과가 있다는 걸 알아서 터무니없는 말을 계속할 거예요."
>
> 아니나 다를까 다음 모임에서도 그 여성은 말도 안 되는 주장을 했습니다. 하지만 다른 가족들은 그저 "흠" 한 뒤 하던 대화를 계속했지요. 시간이 좀 걸렸지만, 말싸움을 벌이길 좋아하던 그녀는 사람들의 반응이 없자 모두를 짜증 나게 하려던 시도를 마침내 그만뒀습니다.

• 사람들을 화나게 하는 적대적인 표현을 쓰지 않는다.

특정 표현은 적대적인 분위기를 만들어서 의도와는 다르게 대단히 무례하게 들린다. 당신과 다른 사람들을 불필요하게 격분시키지 않도록 피해야 할 적대적인 표현 목록은 뒤에서 다시 언급하겠다.

• **정중한 분위기를 만드는 우호적인 표현을 쓴다.**

부탁합니다, 고맙습니다. 감사를 표합니다, 천만에요, 감사합니다, 기대합니다. 운이 좋습니다 등의 표현을 써서 말하면 사람들은 당신에게 까다롭게 대하기 어려워진다.

• **사람들이 부적절하게 행동하면 부드럽게 지적한다.**

어떤 사람이 계속 무시하거나 무례하게 군다면 그 사람에게 공손하게 지적하자. "그 말 진심이세요?" 또는 "괜찮으시다면 전 당신을 도와드리려는 거예요", "정중하게 말씀해 주세요", "이번 일로 화나셨다는 걸 잘 알고 있습니다. 제 입장도 생각해 보시고, 제가 그 이메일을 보고 기분이 어땠을까 상상해 보세요"라며 지적할 수 있다.

• **무례함은 전염병처럼 퍼진다는 사실을 잘 알아 둔다. 존중도 마찬가지다.**

2015년 플로리다대 연구에 따르면 "직장 내 무례함은 불쾌할 뿐만 아니라 직원들에게 전염된다." 상대방의 무례한 행동을 겪은 사람은 그 또한 무례하게 반응할 가능성이 커져 결국 무례함은 바이러스처럼 퍼지게 된다. 이 말은 위로가 되지 않겠지만, 어떤 사람이 우리에게 무례하게 대한다면 그건 조금 전에 다른 사람이 그 사람에게 무례하게 대해서 자신이 당한 것을 우리에게 '그대로 전달하는 것'일 수도 있다. 좋은 소식은, 당신은 그 사람을 배려하여 그의 하루를 원래대로 바꿔 주는 사람이 될 수 있다. 그 순간부터 당신은 그 사람 그리고 그가 상대하는 사람 모두에게 긍정적인 영향을 주는 존중의 파급 효과를 일으킬 수 있다.

나는 어떤 말투로 말하고 있을까

"나 혼자서는 세상을 바꿀 수 없지만,

물에 돌을 던져 물결을 많이 일으킬 수 있습니다."

_마더 테레사, 사회운동가이자 수녀

내 여동생이자 비즈니스매니저인 체리 그림(Cheri Grimm)은 사람들을 존중하면 그 파급 효과가 어떻게 지속하는지 가장 확실하게 보여준다. 내가 강연에 나가면 그쪽 담당자가 가장 먼저 이렇게 물을 때가 많다. "체리 같은 분 어디 또 없나요?" 그들은 체리를 대하면 얼마나 즐거운지 입을 모아 칭찬한다. 컨설팅 고객들도 같은 말을 한다. 그들은 내게 종종 이메일을 보내 체리의 열정 넘치는 직업의식을 칭찬하고, 체리 같은 사람과 함께 일하길 얼마나 바라는지 솔직히 말한다.

그렇지만 체리에게도 무례한 사람들을 상대하는 것은 어려운 일이다. 기분을 망치게 만드는 뾰족한 말을 내뱉는 사람들을 만나다 보면 자신도 모르게 신경이 날카로워지는 법이다. 그럴 때마다 체리는 자신이 어떤 어조로 말하고 있는지 의식적으로 점검해 보려고 한다고 말한다. 톤이 높고 흥분된 어조는 상대도 비슷한 어조로 말하게 만들기 때문이다.

"세상이 변하길 원한다면 당신이 먼저 변해야 한다"라는 간디의 명언을 많이 들어 봤을 것이다. 체리의 이야기는 "사람들의 어조(tone)가 바뀌길 원한다면 당신이 먼저 바뀌어야 한다"를 적극적으로 실천한 사례다.

사전 웹사이트 옥스퍼드 랭귀지스는 어조를 "(a)어떤 대상이나 관객에게 단어 선택과 문체를 통해 전달되는 글쓴이의 태도. (b)저자가 사용하는 이미지와 선택한 단어로 창작된 글의 전반적인 느낌 또는 분위기"로 정의한다.

어조는 단어 선택과 태도, 분위기와 느낌으로 구성되었다는 점에 주목하자. 부정적인 행동을 일삼는 사람들을 상대해야 할 때 우리는 사람들이 우리에게서 배우고 싶다는 의욕이 들도록 상대방을 존중하는 어조와 태도, 분위기와 느낌을 주는 표현을 쓰는 걸 목표로 해야 한다.

표현 방식을 새롭게 바꾸면 새로운 세상을 열 수 있다

"오해받은 말 한마디가 갑작스럽고 경솔한 행동만큼이나
큰 불행을 가져올 수 있는 요즘,
정확한 의사소통은 그 어느 때보다도 중요하다."

_제임스 서버(James Thurber), 작가

의도하지 않은 갈등에 이를 수 있는 적대적인 표현과 협동과 협업을 끌어낼 수 있는 좀 더 긍정적이고 적극적인 표현을 소개하겠다.

1. …않았으니까 …할 수 없어 vs. …하면 …할 수 있어

- “숙제를 다 하지 않았으니까 친구들과 놀 수 없어.”
  → “응, 숙제 다 하면 나가 놀 수 있어.”
- “방을 치우지 않았으니까 텔레비전을 볼 수 없어.”
  → “방을 다 치우면 텔레비전을 볼 수 있어.”

‘…않았으니까 …할 수 없어’라는 표현은 상대방의 얼굴 앞에서 문을 쾅 닫는 것처럼 더 이상의 대화를 거부한다는 느낌을 준다. 이런 말을 하면 부정적인 최후통첩으로 받아들여지므로, 상대는 우리가 요청을 거부한다고 생각하고 원망할 것이다.

우호적인 표현으로 바꿨을 때 차이점을 알겠는가? 어떤 엄마가 내게 이렇게 말한 적이 있다. “아이들은 저를 ‘심술쟁이’라고 여겼어요. 제가 안 된다는 말을 늘 입에 달고 살아서 그랬죠. 하지만 전 아이들이 자기 할 일을 다 하면 원하는 것을 해도 괜찮다는 걸 깨달았어요. 이렇게 하면 아이들은 자기들이 원하는 걸 엄마가 하지 못하게 방해한다고 생각하지 않아요. 원하는 걸 얻는 건 자기들한테 달려 있다고 생각하게 돼요. 이렇게 말하는 방식을 바꾸면 의사 전달 이상의 의미가 있어요. 엄마와 아이들과의 전체적인 역학 관계가 바뀐답니다.”

2. …해야 해 vs. …해 주겠니?

- “엄마한테 전화해서 이번 주말은 못 간다고 말해야 해.”

→ “엄마한테 전화해서 이번 주말에 갈 수 없다고 말해 주겠니?”

- “집에 오는 길에 차에 기름 넣어야 해.”

  → “집에 오는 길에 차에 기름 넣어 줄 수 있어?”

‘…해야 해’라는 표현은 명령이다. 듣는 사람은 이렇게 생각할 것이다. ‘나한테 명령할 권리도 없으면서.’

명령하지 말고 “…해 주겠니?”라고 정중하게 요청하면 마지못해 따르기보다는 자발적으로 협조할 것이다. 한 남자가 내게 이렇게 말했다. “우리 부부가 왜 애정이 식었는지 알았어요. 우린 상대방을 어린애 다루듯 사사건건 명령했으니까요. 아내와 나는 다시 서로에게 예의를 지키기로 했습니다. 이제 우린 서로를 아끼고 사랑합니다. 명령하지 않고 부탁하기 때문이죠.”

3. 문제야 혹은 문제 되지 않아 vs. 뭔가 잘못되었다는 뜻을 제외한 모든 표현

- “난 그것에 대해 문제없어요.”

  → “기꺼이 그렇게 하겠습니다. 오히려 제가 기쁜걸요.”

- “문제 되지 않아요.”

  → “네, 그렇게 하셔도 됩니다.”

- “더 논의해야 할 문제가 있어요?”

  → “논의할 사항이 또 있나요?”

사람들 대부분은 문제라는 말을 뭔가 잘못되었다는 뜻으로 받아들인다. 하지만 이 말이 뭔가 잘못되었다는 느낌을 준다는 걸 몰라서 '문제'라는 표현을 입버릇처럼 쓰는 사람이 많다. 한 남성은 온라인 세미나 중에 이 내용이 나오자 자기 이마를 손으로 찰싹 때렸다. "아, 이걸 지난 토요일에 알았다면 좋았을 텐데. 대학에 다니는 아들이 전화해서 '아빠, 얘기 좀 할 수 있어요?'라고 물었거든요. 제가 뭐라고 답했는지 아세요? '그래, 아들. 문제가 뭐야?' 뭔가 잘못되었을 때만 집에 전화해야 한다는 인상을 주고 싶지 않습니다. 다음엔 이렇게 말하려고요. '그래, 아들. 목소리 들으니 반갑다. 무슨 일인데?'"

4. …할 수 있는 게 없어요 vs. …할 수 있는 게 있어요

- "내가 할 수 있는 게 없어요."
  → "당신이 할 수 있는 게 있어요."
- "이 상황을 바꿀 방법이 없습니다."
  → "당신을 도와 줄 수 있는 단체가 있어요."

"할 수 있는 게 없다"는 식의 '막다른 골목'에 몰린 듯한 말을 꺼내면 사람들은 우리가 그들을 무시하고 신경 쓰지 않는다고 생각한다.

나쁜 소식을 전해야 할 때 공감을 나타내면 사람들이 우리에게 엉뚱하게 화풀이할 가능성이 줄어든다. 그건 우리 잘못이 아니라고 구구절절 설명할 필요 없이 창의력을 발휘해서 다음에 할 일을 제안할 수 있다. 어떤 종양학자는 이 점을 깨닫고 환자에게 진단 결과를 알리는 방식을 바꿨다고 말했다. "저는 환자에게 '너무 늦게 발견해서 우리가 할 수 있는 게 없습니다'라고 말하지 않습니다. '우리가 할 수 있는 게 더 있길 바랍니다. 그리고 환자지원단체 전화번호를 알려 드릴게요'라고 말합니다. 저는 진단 결과를 바꿀 수는 없겠지요. 하지만 적어도 환자에게 신경 쓰고 있다고 알릴 수 있습니다."

5. 항상, 모두, 전혀, 아무도 vs. 포괄적이지 않고 구체적인 표현

- "넌 항상 지각하는구나."
  → "이번 주에 두 번이나 지각했어. 무슨 일 있어?"
- "당신은 내 말에 전혀 귀 기울이지 않아."
  → "휴대전화를 내려놓고 5분만 집중해 줄래요?"
- "건강식을 힘들여 준비했는데 아무도 감사해하지 않아. 그럴 땐 정말 싫어."
  → "저는 건강식을 요리하느라 고생했어요. 음식이 어떤지 알려 주시면 큰 도움이 될 거예요."

"이거 아니면 아무것도 안 돼"라는 식의 표현은 극단적인 감정을 불러일으킨다. 일반화하거나 과장하면 사실이 아닐 때가 많아서 사람들은 반발할 것이다.

지나치게 일반화하면 파괴적인 결과를 가져온다. 그보다 해명 또는 피드백을 요청하는 편이 더욱 건설적이다. 워크숍에 참석한 어떤 여성이 미소를 지으며 말했다. "당신이 방금 제 결혼 생활을 구해 주신 것 같아요. 전 '이거 아니면 아무것도 안 돼'라는 식으로 말하는 습관이 있었거든요. 가령 '당신은 집안일을 전혀 도와주지 않아', '주말마다 항상 당신이 하자는 대로 했잖아'처럼요. 지금부터는 내가 원하지 않는 일을 남편이 한다고 비난하지 않고, 내가 원하는 것을 요청할 생각이에요."

6. 유감스럽게도 vs. 다행히

- "유감스럽게도 이번 주말 축구 경기에 뛰지 못하겠어요."
  → "이번 주말에 멀리 여행 가요. 다행히 다음 주 토요일 축구 경기에 맞춰 돌아올 거예요."
- "안타깝지만 우린 그럴 여유가 없어."
  → "그건 우리 예산 밖이야. 다행히 호수에서 수영할 수 있다는데, 그건 무료야."

이메일을 쓸 때나 대화할 때 이 표현을 쓰면 너무 튀는 말이 되어 사람들은 그 말에만 집중할 것이다. 표현만 살짝 바꾸면 부정적인 내용 대신 긍정적인 내용에 사람들이 집중하게 할 수 있다.

적대적인 표현들을 듣는 입장이라고 상상해 보자. 별로 기분 좋게 들리지 않는다. 좋은 소식이 있다. 우호적인 표현은 말싸움만 계속하게 하지 않고 대화를 진전시키는 힘이 있다.

당신도 곧 변화를 체험하길 진심으로 바란다. 적대적인 표현 대신 우호적인 표현을 쓰면 언어가 가진 구속에서 벗어나 새로운 세상이 열리고, 상대방은 우릴 거부하지 않으며, 우리는 후회하는 일이 줄어든다.

내 책에 표가 반드시 들어가는 이유

"삶의 행복은 당신이 어떻게 생각하느냐에 달려 있다."

_마르쿠스 아우렐리우스(Marcus Aurelius), 로마 황제

아우렐리우스의 명언을 조금 바꿔 보자. "인간관계의 행복은 우리가 어떻게 말하느냐에 달려 있다." 나만 그렇게 생각하지 않는다. 워크숍의 쉬는 시간에 한 여성이 내게 와서 말했다. "샘, 아직 교육이 많이 남았지만 지금 당장 집에 가더라도 전혀 아쉽지가 않을 만큼 이 워크숍은 그만한 가치가 있어요. 저는 그 적대적인 표현들을 하나도 빠짐없이 써서 말한다는 걸 방금 깨달았어요. 아이들, 남편과 늘 다투는 게 당연하죠. 저는 이제 달라질 거예요. 하지만 어떻게 이걸 다 기억하죠?"

나는 그녀에게 대답했다. "좋은 질문이에요. 사람들은 제 두뇌가 어떻게 작동하는지 가끔 제게 묻습니다. 저는 이렇게 답하죠. '저는 모든 것을 나란히 놓아요. 복잡한 생각을 명쾌하게 정리해 주는 가장 빠른 방법이니까요.'"

나란히 놓는다는 건 이런 뜻이다. 종이 가운데에 세로선을 긋는다. 왼쪽 맨 위에는 '효과 없는 것', 오른쪽 맨 위에는 '효과 있는 것'이라

고 적는다. 그리고 어떤 주제를 놓고 토론할 때마다 효율성을 저해하거나 약하게 만드는 생각과 행동을 왼쪽 열에, 효율성을 뒷받침하거나 높여 주는 생각과 행동은 오른쪽 열에 적는다. 즉, 하지 말아야 할 것은 왼쪽, 해야 할 것은 오른쪽에 적는다.

어떤가? 방금 당신은 성공에 방해가 되거나 혹은 성공에 기여하는 요소에 대한 통찰을 서로 대조되는 두 개의 열을 써서 정리하고 변화를 확인했다. 종이 한 장에 요약 정리해서 시각적으로 구분하는 것이 전부지만 그것은 말한 내용을 요약하고 아이디어를 기억하기 쉽게 만드는 전략적인 방법이다. 내가 쓴 책 대부분에 이렇게 변화를 보여주는 표를 특별히 포함하는 이유다.

나는 강연을 하면 '하지 말아야 하는 말, 해야 하는 말' 표를 냉장고에 붙일 수 있게 만들어 나눠 주곤 한다. 나중에 어떤 엄마가 내게 말했다. "아이들에게 긍정적인 말을 해야겠다고 다짐하고 제가 받은 표를 부엌에 붙였어요. 전혀 생각지도 못했는데, 아이들도 그 긍정적인 말들을 하기 시작했어요! 예상치 못한 반가운 보너스예요!"

그것은 당신이 하는 말을 바꾸면 얻을 수 있는 많은 장점 중 하나다. 당신 주변 사람 중에 이렇게 협력하게 하는 표현들을 알아듣고 자발적으로 따르는 사람이 분명 생겨날 것이다. 이렇게 하면 모든 사람에게 도움이 된다.

핵심 요약

당신이 비행기 승무원이라고 가정해 보자. 오늘 날씨가 좋지 않아 연착하거나 결항한 항공편이 많았다. 당신이 탄 비행기의 수많은 탑승객은 지치고 짜증이 나서 당신에게 화풀이한다. 어떻게 응대하겠는가?

하지 말아야 하는 말	해야 하는 말
…않았으니까 …할 수 없습니다 "안됩니다. 음료는 비행 30분 후에 제공되니까 지금은 기다려 주세요."	**…하면 …할 수 있습니다** "네, 비행 후 30분이 지나면 바로 음료를 주문하실 수 있습니다."
…해야 합니다 "차례를 기다리셔야 합니다."	**…해 주시겠습니까?** "제가 이걸 모두 나눠드릴 때까지 기다려 주시겠습니까?"
문제예요 혹은 문제 되지 않아요 "기내 모니터에 문제가 있다고요?"	**뭔가 잘못되었다는 뜻을 제외한 모든 표현** "기내 모니터를 작동시킬 수 있을지 알아보겠습니다."
…할 수 있는 게 없습니다 "저희가 할 수 있는 게 없습니다. 스낵이 다 떨어졌습니다."	**…할 수 있는 게 있습니다** "땅콩이나 프렛첼이 남아 있는지 확인해 보겠습니다."
극단적인 단어 "저희가 얼마나 열심히 일하는지 아무도 알아주지 않습니다."	**포괄적이지 않고 구체적인 표현** "저희에게 고맙다고 이야기해 주신 여성 승객분께 진심으로 감사드립니다."
유감스럽게도 "유감스럽게도 저희는 관제탑에서 허가할 때까지 대기해야 합니다."	**다행히** "다행히 탑승게이트로 되돌아가지 않고 여기서 대기할 수 있습니다."

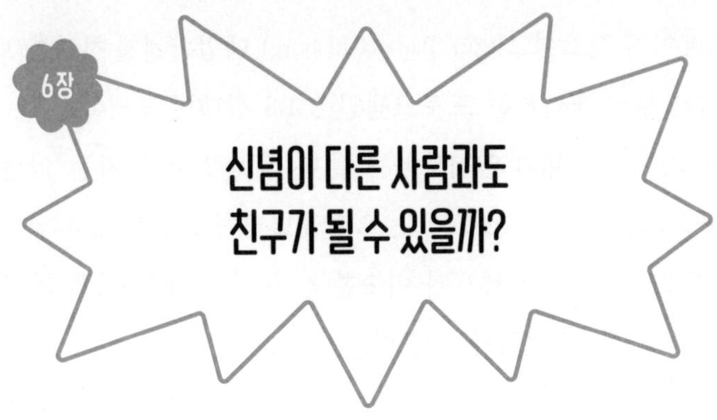

6장
신념이 다른 사람과도
친구가 될 수 있을까?

"나는 '하지만'을 대답으로 받아들이지 않겠습니다."

_랭스턴 휴스(Langston Hughes), 시인

"명절에 집에 가기 두려워요. 오빠와 아빠는 정치 얘기만 나오면 목소리를 높여요. 작년 가족 모임은 고성이 오고 가는 싸움으로 변했죠. 오빠는 자리를 박차고 나가 버렸고 다시는 집에 오지 않겠다고 선언했어요. 두 사람은 다시 서로 말을 하긴 하지만 손에 꼽을 정도예요. 올해 모임이 또 엉망진창으로 끝나지 않게 하려면 어떻게 해야 할까요?"

참으로 시기적절한 질문이다. 우리는 양극화된 세상에 산다. 사람들의 의견은 과격할 뿐 아니라 극과 극으로 상반될 때가 많다.

의견이 다르다고 해서 서로 논쟁을 벌일 필요가 없다는 걸 보여 준

루스 베이더 긴즈버그(Ruth Bader Ginsburg) 대법관에게 찬사를 보낸다. 내가 무척 좋아하는 프로그램인 〈CBS 선데이 모닝(CBS Sunday Morning)〉에서 그녀가 인터뷰하는 걸 본 적이 있다. 기자는 '악명 높은 RBG(The Notorious RBG)'라는 그녀의 별명이 유명한 래퍼 '악명 높은 BIG(The Notorious BIG)'과 비슷한 건 둘이 뭔가 "이상한 관련"이 있어서냐고 짓궂은 질문을 던졌다.

긴즈버그는 미소를 지었다. "그게 왜 놀랄 일인가요? 우린 공통점이 많아요. 둘 다 뉴욕 브루클린에서 태어나 자랐잖아요."

소속 정당이 다른 앤터닌 스컬리아(Antonin Scalia) 대법관과 어떻게 같이 오페라 공연을 보러 갈 수 있었느냐는 질문에 긴즈버그는 "우리는 다르지만 하나입니다"라는 유명한 답을 내놓았다. 서로 대립하는 부분 말고 공통점에 초점을 맞추는 한, 다르다고 해서 불화할 필요가 없다는 걸 보여 주는 정말 멋진 예시다.

'하지만'은 갈라놓는 쐐기고,
'그리고'는 연결하는 다리다

"당신과 의견이 다르다고 해서 난 당신을 미워하지 않습니다.
우리 사회는 그 점을 다시 배워야 합니다."

_모건 프리먼(Morgan Freeman), 배우

말이야 쉽지 실천하기는 어렵다는 생각이 들 것이다.

그럴 만도 하다. 나는 이러한 이분법적 사고를 받아들이는 법을 혁신적인 방식으로 가르쳐 주신 대학 시절 철학과 교수님께 지금도 감사드린다. 수업 첫날 그분은 칠판에 '7+2=9, 6+3=9'라고 적으시더니 이렇게 말씀하셨다. "여러분이 어떤 일을 하는 방식은 그 일을 하는 유일한 방법이 아닙니다." 그리고 수업의 규칙은 '건강한 토론'을 하는 것이라 말씀하셨다. 이 말은 다른 사람들의 의견에 동의하지 않더라도 존중하자는 뜻이었다.

그런 취지에서 교수님은 우리에게 '하지만'이라는 단어를 쓰지 말라고 하셨다. 그분은 '하지만'이 '나쁜 소식을 알려 주는 단어'라고 말씀하셨고, 대부분의 의견 충돌이 일어나는 핵심 이유라고 생각하셨다. 다음 문장들을 읽은 뒤 그 말을 듣는 입장이라고 가정해 보자.

- "무슨 말인지 알겠어, 하지만……"
- "시험을 잘 봤어, 하지만……"
- "도와 드리고 싶어요, 하지만……"
- "그 일이 당신한테 중요하다는 걸 알아요, 하지만……"
- "죄송합니다, 하지만……"

당신은 이렇게 말하는 상대방이 당신 말을 잘 듣지 않았고, 당신이 시험을 잘 치르지 못했고, 도와주고 싶지 않고, 그 일이 얼마나 중요한지 모르고, 진심으로 죄송해 하지도 않는다고 생각하는가?

그건 '하지만'이라는 단어가 바로 전에 한 말의 중요성을 없애기 때문이다. 이 단어는 양자택일, 맞고 틀림의 역학 관계를 만들어 내 우리를 적으로 몰아간다. 상대방이 하는 말에 이의를 제기하는 듯 들리므로 실제로는 갈등이 심해진다.

그렇다면 이 문제를 어떻게 해결할까? 간단하다. ‘하지만’이라는 단어를 ‘그리고’로 바꾸면 된다.

- “무슨 말인지 알겠어, 그리고 어떻게 그런 결론을 냈는지 말해 줄래?”
- “시험을 잘 봤구나, 그리고 뒷장에 있는 문제 하나를 놓쳤네.”
- “도와 드릴게요, 그리고 손님께서는 이 고객분 바로 다음이세요.”
- “이 일이 당신에게 중요하다는 걸 잘 알아요, 그리고 이걸 어떻게 시행할까요?”
- “그런 일이 있었다니 죄송합니다, 그리고 고객담당매니저에게 연결해 드리겠습니다.”

‘그리고’라는 단어가 어떻게 앞뒤의 내용을 모두 사실로 만드는지 눈에 보이는가? 말을 끊지 않고 어떻게 연결하는지 알겠는가?

나는 이 단순한 변화, 즉 ‘하지만’을 ‘그리고’로 대체하는 것이 갈등을 예방하고 협력을 끌어내기 위해 우리가 할 수 있는 가장 좋은 방법이라고 믿는다. 너무 거창한 주장처럼 들릴 것이다. 하지만 대화 방식을 이렇게 바꾸자 거의 모든 사람과의 관계가 개선되었다는 놀라운 이야기를 들려준 사람이 지난 몇 년간 수백 명이나 된다.

정반대인 신념이 무엇인지 알아내서 피하자

"우리가 성숙한 정도는 상대방과의 의견 차이를 인정하면서도 얼마나 서로를 배려하고 공공의 이익을 추구할 수 있는지에 따라 판단될 것입니다."

_데스몬드 투투, 대주교

나는 오랫동안 친하게 지낸 친구가 상당히 충격적인 신념을 갖고 있다는 사실을 뒤늦게 알았을 때 '그리고'라는 단어가 주는 연결의 힘을 유용하게 썼다. 우리는 몇 년 동안 매달 전화 통화하며 편하게 수다 떠는 사이였고, 나는 그 훌륭한 친구를 진심으로 존경한다. 하지만 통화 중에 그 친구가 어떤 정치인을 '역대 최고의 대통령'이라고 추켜세우자 그야말로 입이 떡 벌어졌다.

내 생각은 그것과 정반대였으므로 무슨 말을 해야 할지 정말 몰랐다. 통화를 마치고 난 뒤 나는 우리 두 사람의 확고한 의견 차이가 양심의 위기를 불러일으켜서 앞으로 다시 대화할 수 있을지 확신이 들지 않았다. 내가 존경하는 사람이 어떻게 양심이라곤 눈곱만치도 없는 불량배 같은 인간을 칭찬할 수 있을까? 심사숙고한 끝에 우리는 서로 다른 신념보다는 25년간의 우정이 더 소중하다는 결론을 내렸다.

그래서 우리 두 사람은 정치 관련 주제로 얘기하면 '모래 늪 같은 대화'에 빠질 수밖에 없으므로 그 주제는 피하기로 했다.

'모래 늪 같은 대화'라니, 그게 무슨 말일까? 그 뜻을 설명하겠다.

나는 어렸을 때 캘리포니아 남부 작은 마을 근처의 마른 강바닥에서 말을 타고 돌아다녔다. 우리는 늘 모래 늪을 조심해야 했다. 모래 늪은 모래와 물이 걸쭉하게 섞여 있어서 단단하지 않기 때문에 무게를 지탱하지 못한다. 여기저기 돌아다니다 한순간 모래 늪에 빠지면 빠져나오기가 무척 힘들다. 몸부림칠수록 오히려 더 깊이 빠져든다.

어딘지 모를 곳에 모래 늪이 있으니 우린 말타기를 그만두었을까? 아니었다. 우리는 계속 말을 타고 돌아다녔다. 다만 온몸의 감각을 살려 모래 늪처럼 보이는 곳은 피했다.

내가 왜 이 비유를 드는지 당신은 이미 알았을 것이다. 그 친구와 난 앞으로도 계속 즐겁게 수다를 떨기로 했다. 의견이 다른 그 한 가지 주제 말고, 우리가 함께 나눈 수많은 가치와 경험을 비롯해 같이 수다를 떨 주제들이 무척 많기 때문이다.

당신은 어떤가? 당신과 친구 또는 가족의 의견이 서로 정반대인가? 당신은 그 사람과의 관계를 끊어 버리고 두 번 다시 얼굴도 안 볼 생각인가? 소리치며 싸우겠는가? 아니면 서로 대립하는 부분 말고 서로의 공통점에 집중하겠는가?

그 사람들을 모임에서 만난다면 이제 곧 소개할 질문을 미리 해 보고 모래 늪처럼 피해 가야 할 주제들을 미리 파악하면 좋을 것이다.

모래 늪 같은 대화를 해결하기 위한 일곱 가지 질문

"우리는 우리에게 뭔가 줄 수 있는 외계인을 매일 만납니다.

그 외계인들은 서로 다른 의견을 가진 사람들의 모습으로 나타납니다."

_ **윌리엄 섀트너(William Shatner), 배우**

1. 이 모임에 참석하는 사람들은 특정 문제에 대한 신념이 서로 극과 극을 달릴까?
2. 우리는 서로의 의견에 귀 기울이고 이 문제에 대해 건설적인 대화를 할 만큼 마음이 열려 있는가?
3. 우리는 이 문제에 대한 서로의 신념을 바꿀 수 있을까? 그들은 내 생각을 바꿀 수 있을까? 나도 그들의 생각을 바꿀 수 있을까?
4. 이 문제를 논의하면 모임의 목적을 달성하는 데 도움이 될까? 아니면 이 모임이나 관계를 망칠까?
5. 이 모임을 가치 있게 여기고 또 계속하고 싶은가? 모임을 소중하게 여기고 계속 유지하고 싶은가?
6. 그렇다면, 서로 대립하는 부분 말고 공통점이 있는 부분에 집중하는 편이 현명한가?
7. 공동의 이익을 위해서 이 모임을 계속하고 관계를 유지하도록 이 '모래 늪' 같은 소모적인 주제를 피하기로 하면 어떨까?

지난 몇 년 동안 친구나 가족과 험하게 말다툼만 하다 결국 관계를 끊어 버렸다는 사람들이 무척 많았다.

흠, 특정 문제에 대해 의견이 다르다고 아예 얼굴도 안 보고 산다? 그게 유일한 선택지인가? 그 관계를 끊지 말고, 서로에게 독이 될 수 있는 주제는 건드리지 말자고 확실히 말하는 편이 더 현명하지 않을까? 이렇게 말해 보면 어떨까?

"이 문제에 대해 너와 나의 관점이 다른 건 분명해. 그리고 난 우리의 우정이 무척 소중하기 때문에 무섭게 싸워서 그 우정을 깨고 싶지 않아. 우리 다른 얘기나 하자. 어때?"

생각이 다르다고 해서 관계를 끊을 필요는 없다

"의견이 다른 사람과 내 의견을 무시하는 사람의 차이를
구별하지 못하는 사람이 되지 마세요."

_ 캐럴린 핵스(Carolyn Hax), 칼럼니스트

〈CBS 선데이 모닝〉은 서로 다른 배경을 가진 사람들이 어떻게 그 차이를 뛰어넘어 친구가 될 수 있는지 또 다른 사례를 보여 주었다. 겉으로 보기에 그 두 사람은 서로 너무 정반대였으므로 친구라고 하기엔 믿기 어려웠다. 한 명은 흑인이고 다른 한 명은 백인이다. 한 명은 하와이 출신이고 다른 한 명은 뉴저지 출신이다. 한 명은 정치인이고 다른 하나는 음악가다. 하지만 두 사람 모두 자신을 '변절자'로 여긴다. 둘 다 어렸을 때 아버지 없이 자랐고 존재감이 없는 데다 스스로를 아웃사이더로 여겼으며 자기가 속할 곳을 찾고 싶어 했다.

그 두 사람은 누구일까? 버락 오바마(Barack Obama)와 브루스 스프링스틴(Bruce Springsteen)이다. 그들은 서로의 차이점보다는 유사점에 집중하여 '둘 다' 공유할 방법을 찾아내 허물없는 친구 사이로 지낸다.

좁혀질 수 없는 생각을 가진 가족이나 친구를 떠올려 보자. 말싸움을 벌이던 시간도 있지만 함께 즐겁게 보낸 시간, 서로에게 의미 있는 경험을 나눈 시간도 분명 있을 것이다.

인생의 마지막 순간으로 빠르게 옮겨 가 무엇이 더 중요할지 스스로에게 물어볼 수 있을까? 어떤 부분에서 의견이 다르다고 그 사람과의 관계를 영원히 끊어 버렸는데, 나중에 후회하고 다시 시작할 수 있기를 바라게 되지는 않을까? 당신과 생각이 다른 사람과 관계를 유지해도 당신의 진실성은 희생되지 않는다.

《후회의 재발견》을 쓴 다니엘 핑크(Daniel Pink)와 이야기를 나눌 기회가 있었다. 그는 전 세계에 걸쳐 설문 조사를 진행해 수천 건의 응답을 검토한 결과, 후회에는 기본적으로 네 가지 유형이 있다는 사실을 알아냈다.

- 기반성 후회: "내가 그 일을 했더라면."
- 대담성 후회: "내가 그 기회를 잡았더라면."
- 도덕성 후회: "내가 옳은 일을 했더라면."
- 관계성 후회: "내가 먼저 손을 내밀었더라면."

내가 원해서 정리한 관계라고 하더라도 훗날 관계를 회복하지 못한 것에 대한 후회가 생각보다 크게 되돌아올 수 있다. 어떤 관계를 끊어 버리고 한참 뒤에 기분이 어떨지 생각해 본다면, 그 관계에서 멀어지지 않고 관계를 회복할 방법을 찾을 계기가 될 수 있다는 의미다. 공정한 중재자의 도움을 받아서 당신과 상대방이 충돌하는 이슈에 대해 양쪽 모두 공감하도록 함께 논의할 수도 있다. P.L.A.N. 방식을 써서 이 문제를 해결하고 '서로의 의견 차이를 인정하며 싸우지 않고' 조정하는 것은 어떨까?

《아웃랜더》를 쓴 다이아나 개벌든(Diana Gabaldon) 작가는 "같은 책을 읽었더라도 사람마다 책에 대한 느낌이 다릅니다"라고 말했다. 나도 같은 생각이다. 서로가 같은 책을 좋아한다면 됐지 읽고 난 느낌까지 같아야 할 필요는 없다.

이 말을 들은 어떤 매니저가 반발했다. "'모래 늪' 같은 주제 피하기 방법은 가족에게는 통할지 몰라도, 고객에게는 통하지 않아요. 우리는 고객과 마음이 맞지 않아도 고객을 상대해야 합니다."

알겠다. 고객들은 까다롭게 나올 수 있다. 게다가 당신은 상대방을 처음 만났을 때 언급을 피해야 할 '모래 늪' 같은 주제가 무엇인지 모를 때가 많다. 내게는 즉흥 연기를 좋아하는 레베카라는 친구가 있다. 그 친구는 이런 상황에서 써 볼 만한 방법을 알려 줬다.

나에게 관객 앞에서 혼자 연기하는 코미디언이 될 만한 자질이 있는지 알아보려고 즉흥연기 수업에 등록했어. 첫 강의에서 강사가 '네, 그리고…' 원칙을 설명해 주더군.

"즉흥연기 수업을 하면 저를 비롯해서 여기 함께 하는 동료들이 관객이 되어 당신의 연기에 대해 의견을 줄 거예요. 관객이 어떤 아이디어를 제시하든, 당신은 그 아이디어를 조금씩 바꿔 가며 연기해 봐야 해요. 그 아이디어는 당신의 생각이 별로라거나 잘못됐다는 뜻이 아니라, 더 좋게 만들기 위한 것이니까요. 음악가가 새로운 음악을 작곡할 때 여러 개의 코드를 써서 조금씩 바꿔 가며 정교하게 만들듯이, 당신이 해야 할 일은 아이디어들을 활용해 새로운 선택지를 만들어 내는 것입니다."

이런 사고방식이 있으면 어떤 아이디어가 마음에 들지 않더라도 잘 받아들이게 되더라고. 정말 놀라워. 사람들이 뭐라고 말하든 '그리고'를 써서 반응하는 일에 익숙해질수록 선택지가 더 많이 생겨. 왜 그게 안 되는가 말고 어떻게 하면 효과를 낼 수 있는지에 초점을 맞추니까.

대화도 마찬가지다. 다른 의견을 이야기한다고 해서 당신의 생각이 틀렸다는 뜻은 아니다. 특히 '그리고'를 이용한 대화는 '우리는 같은 입장입니다'라는 마음가짐을 갖게 한다. 서로를 적으로 여기고 상대방의 말을 경멸하지 않는 대신, 우리는 상대방을 같은 편으로 여기고 상대방의 말을 토대로 확장해 나간다.

앞서 고객들과 '모래 늪' 같은 '논의 금지' 주제도 이야기할 수밖에 없다고 말한 매니저는 어떻게 해야 할까? 이렇게 말하자. "타일러 씨, 맞습니다. 우린 그 문제에 대해 의견이 서로 달라요. 그렇지만 함께 이 문제를 처리하도록 서로 의견이 같은 부분에 집중합시다"라고 할 수 있다. 또는 "스미스 씨, 이 문제에 관해 온종일 의견을 주고받더라도 서로의 생각을 바꾸지는 못합니다. 그 대신, 이 부분에 대해 의견이 서로 다르다는 걸 인정하고 공통의 관심사에 집중하기로 합시다."

인류학자 루스 베네딕트(Ruth Benedict)는 이런 말을 남겼다. "인류학의 목적은 사람들이 서로 달라도 괜찮은 세상을 만드는 것입니다."

전적으로 옳은 말이다. 적극적인 호의의 목적은 사람들이 서로 달라도 안전하게 상호작용을 하도록 만드는 일이다. 다른 사람들과 잘 지낼 수 있다는 말은 서로 의견 차이가 없다는 뜻이 아니라, 서로 충돌하지 않고 차이를 논할 수 있다는 뜻이다. '그리고'라는 단어는 그렇게 하기 위한 받침대 역할을 한다.

가상 공간에서도 '하지만'을 없애자

"최고 수준의 지성을 판단하는 기준은

서로 반대되는 생각을 동시에 할 수 있는 능력이다."

_F. 스콧 피츠제럴드(F. Scott Fitzgerald), 작가

나는 F. 스콧 피츠제럴드의 이 명언을 무척 좋아한다. 우리가 이야기하는 내용을 아우르기 때문이다. '그리고'라는 단어는 정반대되는 두 가지 생각을 머릿속에 온전히 담을 방법이다.

상대방의 표정이나 몸짓을 볼 수 없는 상황에서 이 단어는 의사소통 시 더욱 중요한 역할을 한다. 그런 상황에서는 우린 상대방의 의도를 짐작할 맥락이 없기 때문이다. "당신에게 다시 전화하기로 했죠, 하지만……"로 통화를 시작하거나 "그 가격으로 하기로 동의했습니다, 하지만……"으로 이메일을 보내면 논쟁을 시작한 것과 마찬가지다.

그러므로 이메일, 문자, SNS 게시물, 보고서를 보내기 전에 교정하는 작업은 무척 중요하다. 사람들이 읽다가 화내게 하지 않고 계속 읽도록 교정에 몇 분만 시간을 더 투자하면 오해를 살 일을 줄이는 데 큰 도움이 될 것이다.

'그리고'를 습관화하는 네 가지 단계

"충분히 오랫동안 붙들고 있을 수만 있다면
우리가 원하는 어떤 일이든 할 수 있습니다."

_ **헬렌 켈러(Helen Keller), 사회운동가**

어떤 퇴직자가 말했다. "'늙은 개에게 새로운 재주를 가르칠 수 없다'라는 말을 들어 보셨죠? 하시는 말씀 다 맞는 말입니다. 그런데 저는 습관의 동물이에요. 저도 모르게 '하지만'을 늘 입에 달고 삽니다. 제가 그 단어를 쓴다는 것조차 알아차리지 못하는데 어떻게 이 습관을 바꿀까요?"

좋은 질문이다. 방법을 알려 주겠다. 습관 변화의 네 가지 A를 꾸준히 잘 지키면 '하지만' 대신 '그리고'가 자연스럽게 나올 것이다.

• **인식한다(Aware)**

축하드린다. 당신은 원하지 않는 어떤 일을 하다가 이젠 하고 싶은 일이 있다는 걸 방금 인식했다. 이것이야말로 무엇이든 변화하게 하는 첫 번째 단계다.

• **어색해한다(Awkward)**

이제부터 다르게 행동하려면 처음엔 불편한 느낌이 들 수 있다. 처음으로 골프를 친 때를 기억하는가? 그땐 잘 치지 못했을 것이다. 그래도 당신은 포기하지 않았다. "당연히 잘 못 치지. 한 번도 해 본 적이 없잖아. 잘 치고 싶으니 계속 연습해야겠어."

• **적용한다(Applying)**

이 단계에서는 새로 배운 기술을 계속 적용하고 결과가 더 향상된다. 골프 비유를 들자면 드라이버, 우드, 아이언, 퍼터를 써서 연습하는 것에 해당한다. 서로 다른 골프채를 다루는 기법과 기능을 이해하고 기술을 계속 연마한다. 아직 완벽하지는 않지만, 라운딩이 즐겁고 꾸준히 연습하므로 실력도 좋아진다.

• **습관이 된다(Automatic)**

이 단계가 되면 새로 배운 기술이 자연스럽게 나온다. 골프공을 페어웨이 중간까지 친다. 아이언으로 공을 높이 치고 퍼터로 공을 홀에 넣는다는 생각을 한다. 무릎과 어깨, 엉덩이, 골프채 속도 같은 역학적인 부분엔 일부러 신경 쓰지 않아도 된다. 육상 선수 짐 륜(Jim

Ryun)이 말했듯이 "동기가 부여되면 시작하게 된다. 습관이 되면 계속할 수 있다."

나는 이 퇴직자에게 말했다. "인간관계를 중요하게 여기신다면 '그리고'란 단어를 더 의식하도록 하세요. 이렇게 변하고 싶은 동기가 부여되면 오랫동안 계속된 말버릇을 고칠 수 있습니다. 당신 자신뿐만 아니라 같이 소통하는 모든 사람을 위해 그렇게 하세요."

마셜 골드스미스(Marshall Goldsmith) 작가는 이렇게 말한다. "사람들을 변화시키고 싶으면 당신이 변하는 모습을 그들에게 보이십시오." 다음 장에서는 다른 사람들이 쓰는 말을 바꿀 동기가 부여되도록 당신이 쓰는 말부터 바꾸는 방법을 더 많이 다루겠다. 이번 장과 다음 장에서 배우는 내용을 더하면 더 나은 결과를 만들어 낼 수 있다.

핵심 요약

시어머니는 거침없이 잔소리를 늘어놓는 분이라고 가정해 보자. 당신은 시어머니가 당신의 남편을 훌륭하게 키우셨다고 생각하지만, 손주를 키우는 방식에 대한 잔소리는 듣고 싶지 않다. 고부 관계를 망치고 싶진 않고 시어머니가 당신 집에 올 때마다 의견 충돌을 일으키고 싶지도 않다.

하지 말아야 하는 말	해야 하는 말
'하지만'이라고 말한다 "글루텐이 없는 음식이 몸에 좋다고 생각하시는 걸 알아요. 하지만 그건 과한 생각이에요."	**'그리고'라고 말한다** "글루텐이 없는 음식이 몸에 좋다고 생각하시는 걸 알아요. 그리고 저는 아이가 축구 경기 마치고 간식으로 먹는 건 괜찮다고 생각해요."
적이 된다 "좋은 뜻으로 말씀하시는 걸 알아요. 하지만 이래라저래라 잔소리하시는 건 지겨워요."	**같은 편이 된다** "좋은 뜻으로 말씀하시는 걸 알아요. 그리고 손자를 그렇게 아껴 주시다니 감사해요. 저도 아이를 아껴요."
관계를 끊는다 "그런 소리 지긋지긋해요. 앞으로는 이 집에 발을 들여놓지 마세요."	**모래 늪 같은 대화에 빠지지 않게 피한다** "이 화제보다는 어제 아이가 넣은 골에 대해 이야기하는 건 어떨까요?"
'하지만'이라고 말하는 습관을 고치지 않기로 한다 "어머니 생각이 옳다고 생각하시는 건 알아요. 하지만 모르고 하시는 말씀이세요."	**'하지만'이라고 말하는 습관을 고친다** "냉장고에 붙은 '하지만' 표시 보이시죠? 그 단어는 이 집에서 말할 수 없다는 걸 잊지 말라고 붙였어요."

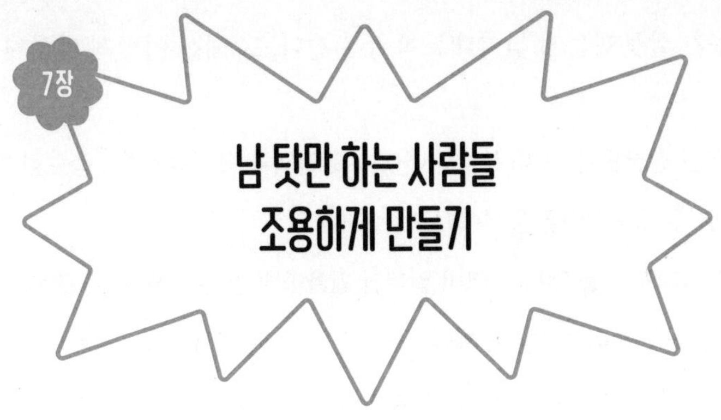

남 탓만 하는 사람들 조용하게 만들기

"당신의 생각은 당신이라는 사람의 됨됨이를 말해 준다."

_무하마드 알리(Muhammad Ali), 복싱 선수

"콘퍼런스 때 나눠 줄 기념품 가방을 포장하던 중에 팀원들이 후원사에서 받은 물품 두 개를 빠뜨린 걸 알았어요. 처음부터 다시 포장해야 했죠. 어떻게 이런 일이 일어났냐고 물었더니 팀원들은 서로를 비난하기 시작했어요. 누구 잘못인지 가려내겠다고 다들 서로 손가락질한다면 도대체 무슨 일을 할 수 있을까요?"

무하마드 알리의 말이 맞았다. 당신이 하는 말 역시 당신이라는 사람 됨됨이를 말해 준다. 서로를 비난하고 창피스럽게 하면 서로의 적으로 변한다. 적이 되지 말고 같은 편이 되려면 제일 먼저 "어떻게 이런 일이 일어났어요?!"라는 질문을 그만둬야 한다. 그 질문은 사람들에게 누가 잘못했는지 찾아내도록 부추긴다. 그 대신 이렇게 말하자.

- "우린 잘잘못을 따지려는 게 아니라 해결책을 찾아야 해요. 중요한 것은 지금 우리가 무엇을 할 수 있느냐는 거예요."
- "서로에게 화를 낸다고 이미 일어난 일을 되돌릴 수는 없어요. 그 대신 서로 협력해서 이걸 최대한 빨리 다시 포장할 방법을 찾아봐요."
- "우리 이러지 말아요. 서로 남 탓만 하면 문제 해결에 필요한 소중한 시간이 모자라요. 시간을 더 잘 활용하려면 내일까지 준비하기 위해 힘을 모아야 합니다."
- "서로 비난만 하면 전혀 도움이 되지 않아요. 그 대신 …를 해 봐요."
- "우린 잘잘못을 따지려는 게 아니라 해결책을 찾아야 해요."
- "우리 이러지 말아요. 시간을 더 잘 활용해야죠."
- "서로 비난만 하면 전혀 도움이 되지 않아요"

이런 말들은 모두 '언어 패턴 차단(verbal pattern interrupt)' 표현들이다. 그 표현들은 서로 비난하며 창피 주는 걸 그만두고 문제를 해결하기 위해 협력하는 쪽으로 사람들의 관심을 전환하는 데 도움이 된다.

행동을 변화시키는 패턴 차단의 힘

"긍정적인 변화를 위해 힘을 더하지 않는다면

당신도 문제의 일부입니다."

_코레타 스콧 킹(Coretta Scott King), 인권운동가

최근 잘못되었던 일은 무엇인가? 사람들이 잘못을 지적하고 손가락질을 해댔는가? 이제부터는 그런 일이 생기면 언어 패턴 차단 표현을 써 보자.

패턴 차단은 사람들이 현재 감정 또는 신체 상태에서 갑자기 벗어나게 해서 평소와 다르게 생각하고 행동하게 하려고 고안한 것이다. 나를 잘 아는 사람이라면 누구든 내가 "좋은 소식이 있어요"라는 패턴 차단 표현을 즐겨 쓴다는 걸 안다. 이 표현은 나와 상대방 둘 다 좋아하지 않는 것에서 좋아할 만한 것에 집중하도록 확실히 바꿔 준다.

나와 함께 일하는 프로젝트매니저도 같은 말버릇을 들였다. 프로젝트 작업 중이던 컴퓨터가 고장 나자 그녀가 말했다. "샘, 나쁜 소식이 있어요. 수리하는 데 며칠은 걸린다고 해요. 좋은 소식도 있어요. 그 덕분에 우리가 논의했던 수작업 편집을 할 시간이 생겼어요." 잘됐다!

효과적인 패턴 차단의 핵심은 사람들에게 어떤 행동을 그만두게 할 뿐만 아니라, 새로 시작할 일을 주는 것이다. "그 대신 …합시다"라는 표현은 상대방의 파괴적인 행동을 지적할 필요 없이, 그 사람의 관심을 더욱 건설적인 행동으로 전환하게 한다.

사실 잘 활용된 언어 패턴 차단은 언어의 형태를 빌려 '개입(intervention)'하는 것과 다름 없다.

케임브리지 사전은 '개입'을 "힘든 상황을 개선하기 위해 또는 더 나빠지지 않게 하려고 일부러 관여하는 행동" 그리고 "어떤 사람의 행동이 부당하거나 해를 끼쳐서 그의 친구나 가족이 해당 문제 또는 상황에 관해 이야기하는 경우"로 정의한다.

비난하고 창피스럽게 하는 행동은 부당하고 또 해로운 문제 행동이다. 누군가는 이 힘든 상황을 더 나빠지게 하지 않고 개선하기 위해 개입해야 한다. 각 장 뒤에 실린 '핵심 요약'에서 권고하는 표현들은 더 많은 사람의 이익을 위해 행동하는 방법이다.

한 동료가 내게 말했다. "부모님과 나는 마약성 진통제에 중독된 형에게 개입했어요. 형은 수술을 받은 뒤 진통제를 처방받았다가 거기에 중독됐어요. 우리가 알아보지도 못할 사람이 되어 버렸지요. 보다 못한 우리가 개입하겠다고 하자 형은 화를 냈어요. 하지만 이젠 치료를 받고 있으니 중독에서 벗어날 겁니다. 이렇게 약물 남용 문제가 있으면 당연히 개입해야 한다는 걸 알고 있었지만 사람들이 비난할 때도 '약한' 수준에서 개입할 수 있다는 건 몰랐습니다. 하신 말씀이 맞아요. 비난하는 사람들에게 화를 낸다고 해서 그들의 행동이 변하지 않아요. 화를 낸다는 그 자체가 비난의 한 형태이기 때문이죠."

전적으로 옳은 말이다. 적극적인 패턴 차단은 사람들을 이끌려는 것이지 죄책감을 주려는 게 아니다.

신체 패턴 차단을 같이 쓰면 효과가 더 좋다

"방향을 바꾸지 않으면 가고자 하는 곳에 도달할 수 있다."

_노자(Lao-tzu), 철학자

일을 엉망진창으로 만들 작정으로 비난하는 사람들의 관심을 다른 데로 돌리는 방법을 더 알고 싶은가? 손동작으로 그들의 관심을 끌자. 교통경찰처럼 한쪽 손을 들면 그만 멈추라는 신호로 세계 어디서나 그 뜻이 통한다. 사실 개입할 때는 말하는 동시에 동작도 같이하는 것이 더 효과가 있다.

왜 그럴까? 사람들이 서로를 비난하며 창피를 주고 있는데 중간에 당신이 말을 걸려고 한다면 어떻게 될까? 그들은 더 크게 말할 것이고, 당신 목소리는 이 소란통에 묻힐 것이다. 당신은 다른 사람들과 같은 행동을 목소리 크기만 다르게 해서 하기 때문이다.

사람들이 말싸움하고 있으면 한쪽 손바닥이 밖으로 향하게 들어 올려 잠시 멈추게 하고 말하자. "우리는 앞으로 어떻게 할지 정하려고 모인 것이지, 과거의 일을 비난하려 모인 게 아닙니다. 이 일을 어떻게 처리할지에 집중합시다."

어떤 워크숍 참가자가 말했다. "저는 유소년 농구팀 코치입니다. 아이들이 다툴 때 언어·신체 패턴 차단을 쓰는 방법이 또 있습니다." 그는 심판처럼 두 손을 T자 모양으로 만들고 크게 외쳤다. "잠깐, 잠시 휴식!"

훌륭한 아이디어다. 눈에 보이는 T자 모양과 "잠깐 휴식"이라는 말이 결합하면 분명히 사람들의 주의를 끌 것이다. 사람들이 말싸움을 벌이는 중이라면 두 손으로 T자 모양을 만들고 모두가 들을 수 있도록 크게 외치자. "잠깐 휴식! 남 탓만 하면 도움 되지 않아요. 그 대신 …을 해 봅시다."

투덜대기만 하면 아무 일도 일어나지 않는다

"옆에서 징징거리며 불평만 하면 발전할 수 없습니다.
아이디어를 실행해야 발전할 수 있습니다."

_ **셜리 치점(Shirley Chisholm), 미국 하원의원**

문제가 생기면 옆에서 구경만 하지 말라고 우리 세 남매에게 가르쳐 주신 부모님께 감사드린다. 부모님의 좌우명은 "투덜대기만 하든지 바쁘게 살든지 그건 선택이다"였다. 앞서 밝혔듯이 우리 가족은 캘리포니아 남부의 작은 마을에서 살았다. 그 마을은 사람 수보다 목장에서 키우는 말의 수가 더 많았다. 내가 열두 살 때 우리 가족은 마을에서 몇 킬로미터 떨어진 커다란 목장으로 이사했다. 엄마 아빠는 우리가 책임감을 배우고 우리 땅에서 여러 동물을 키우며 살아갈 완벽한 기회라고 생각하셨다.

목장에 살다 보면 일이 잘못될 때가 있다. 풍차가 고장 나면 가축에게 줄 물을 구하러 트럭을 몰고 마을로 가야 한다. 돼지들은 방금 꽃나무를 심은 정원을 쑥대밭으로 만들어 놓는다. 양들은 도랑에 빠져 꼼짝하지 못한다. 닭장에 들어가면 방울뱀과 마주친다. 말이 곡물 창고에 들어가 잔뜩 먹어대면 배앓이를 하지 않도록 몇 시간씩 산책시켜 줘야 한다. 그렇다. 이 모든 일이 실제로 일어났다.

어느 날은 한밤중에 이웃의 전화를 받았다. 우리 소들이 방목장에서 빠져나와 도로에서 어슬렁거린다고 했다. 아빠는 곤히 잠든 우리를 깨워 도와 달라고 하셨다. 우리는 투덜대기 시작했다.

나는 징징 울며 말했다. "지금 새벽 두 시예요!"

오빠는 나를 휙 돌아보며 화냈다. "네가 방목장 문을 열어 뒀잖아."

나는 울음을 터뜨렸다. "아니야. 마지막에 나온 사람은 오빠였어."

우린 서로의 잘잘못을 따졌다. 아빠가 개입했다. "불평한다고 우리 소들을 되찾을 수 없어. 빨리 움직여서 소들을 찾아오자. 어디서 빠져나왔는지 알아내서 울타리도 고치고. 이런 일이 또 일어나지 않도록 내일 방법을 같이 찾아보자." 잘못된 일을 놓고 서로 싸우지 말고 고치도록 가르쳐 주신 아빠, 고마워요.

싸움은 그만하고 고쳐라

"어떤 감정적인 문제에 대해 노래를 만들 수는 있어요.
하지만 제가 봤을 땐, 예민한 시기를 지나 정신이 맑아져야
좋은 노래를 만들 수 있어요.
맑은 정신으로 만들지 않으면 불평불만에 불과해요."

_조니 미첼(Joni Mitchell), 싱어송라이터

조니 미첼의 통찰력이 얼마나 심오한가! 그녀가 한 말이 옳다. 적극적인 패턴 차단의 목표는 불평하지 않고 도움이 되는 방법을 명확히 하는 것이다.

어떤 광고 회사의 CEO가 내게 말하길, VIP 고객이 왜 그 회사와 거래를 끊었는지 이유를 파악하려는 회의 중에 이 방법이 도움이 되었다고 했다. CEO가 "어떻게 된 일이지?"라고 묻자 상대방 탓이라는 비난이 터져 나왔다. 고객관리매니저인 브라이언이 최근 개인적인 이유로 일에 집중하지 못했다는 발언이 나왔고, 브라이언은 동료와 상의해서 업무에 지장이 없도록 했다며 자신을 변호했다. 그러면서 크리에이티브디렉터인 조와 고객의 사이가 좋지 않았다고 비난했다.

사람들이 한참 싸우던 중에 그 CEO는 "싸우지 말고 고쳐라"라는 문제 해결 방식을 기억해 냈다. 그는 한쪽 손을 들어 잠시 말싸움을 멈추게 하고 입을 열었다. "누가 이번 일을 망친 데 책임이 있는지 싸우기만 하다가 하루가 다 가겠어. 그런다고 고객을 되찾을 수도 없고. 싸우지 말고 고객에게 연락해서 진심으로 사과드리고 두 번 다시 이런 일이 없을 것이라고 약속드리자고. 그리고 우리와 계속 일하시도록 내일 찾아가서 잘못된 걸 바로잡겠다고 말씀드려야겠어."

뭔가 일이 잘못되면 비난이 시작될 것이다. 비난이 계속되도록 수수방관하지 말고 패턴 차단을 써서 개입해야 한다. 그리고 사람들이 손가락질을 그만두고 지금, 그리고 앞으로 무엇을 해야 하는지 계획하게 하자.

아드리엔느 리치(Adrienne Rich) 시인은 "변화하는 순간만이 시입니다"라는 말을 남겼다. 패턴 차단을 잘 활용한다면 그것은 사람들의 행동을 영원히 바꿀 한 편의 시 같은 방법이 될 것이다.

핵심 요약

당신이 음식을 나르는 식당 종업원이라고 가정해 보자. 음식으로 가득한 쟁반을 들고 주방에서 나온 순간, 더러운 접시가 가득 담긴 통을 가지고 반대편에서 오던 종업원과 쾅 부딪힌다. 음식이며 접시며 모두 쏟아진다. 서로 비난하기 시작한다.

하지 말아야 하는 말	해야 하는 말
잘잘못을 따진다 "앞을 좀 보고 다녔어야죠!"	**해결책을 찾는다** "누가 접시에 걸려 넘어지기 전에 빨리 여길 치웁시다."
투덜댄다 "이럴 수가! 요리사한테 처음부터 다시 만들어 달라고 해야 하잖아!"	**바쁘게 수습한다** "셰프님, 죄송하지만 3번 테이블 주문 음식을 다시 만들어 주시겠어요?"
누군가의 잘못이라 탓한다 "이 사람들은 왜 주방 문에 입구, 출구 표시를 하지 않았지?!"	**미래지향적으로 고친다** "매니저에게 주방 문에 입구, 출구 표시를 해 달라고 말해야겠어."
손가락질하며 비난한다 "부딪힌 건 내가 아니에요. 당신이 먼저……"	**패턴 차단을 쓴다** "서로 비난만 하면 도움이 안 돼요. 어질러진 걸 같이 치우고 다시 일하러 가요."

8장

기분 나쁜 농담에 담대하게 대처하는 법

"저는 사회적 비건(vegan)입니다. 만남(meet)을 피합니다."

_인터넷 밈

"저는 덩치가 무척 큰 남자입니다. 출장 다니느라 비행기를 자주 타는데, 사람들이 저를 보고 '더 긴 안전벨트가 필요하겠어' 같은 말을 꺼내면 속에서 정말 열불이 납니다. 사람들이 비아냥거리는데 어떻게 신경 쓰지 않을 수 있겠어요?"

누가 짜증 나는 말을 하면 그 말에 악의가 없는지 또는 일부러 그랬는지 파악하는 일이 중요하다. 그들은 못되게 굴 의도가 없을 때도 있다. 그들이 한 말은 순진하게도 '눈치 없이' 한 말이다. 그들은 당신이 이 말에 민감하다는 사실을 모르거나, 자신의 발언이 환영받지 못한다는 사실을 깨닫지 못할 수도 있다. 이런 사람들과는 짜증을 웃음으로 넘겨 버리는 방법을 써서 이야기하면 좋다.

걸스카우트의 전(前) CEO이자 뛰어난 능력의 소유자 프랜시스 헤셀바인(Frances Hesselbein)이 그 대표적인 사례를 알려 준다. 사람들은 그녀의 배경을 알면 "아, 걸스카우트 쿠키!"라며 감탄할 때가 종종 있었다(북미에서는 기금 마련 목적으로 걸스카우트들이 쿠키를 판매한다-옮긴이).

프랜시스는 그 말을 듣고 기분 나빠했을 수도 있었다. 사람들이 무심코 던지는 말을 정정하고, 걸스카우트는 쿠키 판매 말고도 하는 일이 무척 많다고 설명할 수도 있었다. 이렇게 말이다. "걸스카우트들이 쿠키를 1년에 2억 상자(약 8억 달러 상당) 이상 판매한다는 사실을 아세요? 걸스카우트 출신들이 나중에 회사 임원이 되고 회사를 설립하고 뛰어난 운동선수가 되며 세계 각지의 지도자가 된다는 사실을 아세요?" 그녀는 자신이 하는 일이 얼마나 대단한지 모르는지에 대해 발끈했을 수도 있었다.

하지만 프랜시스는 그 사람들이 비하하려는 의도가 없다는 걸 알았다. 그래서 무척 사랑하는 걸스카우트의 홍보대사로 행동하기로 하고 웃는 얼굴로 대답했다. "네, 걸스카우트 쿠키는 정말 맛있죠."

유머는 힘이 세다

"자기 자신을, 그리고 인생에서 맞닥뜨리는 문제를
웃으며 넘길 수 있으면 좋습니다.
유머 감각은 당신을 구할 수 있어요."

_마거릿 조(Margaret Cho, 코미디언)

프랜시스를 칭찬한다! 적극적인 호의를 멋지게 보여 준 사례다. 그녀는 사람들 대부분이 '좋은 의도를 가지고' 있다는 걸 알고 그들을 망신 주지 않기로 했다. 그녀는 화를 내거나 불쾌해하지 않고 맛있는 쿠키에 대한 그들의 애정을 인정하며 유쾌하게 반응했다.

부드러운 유머의 장점을 알 수 있는 다른 대화를 더 소개하겠다.

슈퍼볼 쿼터백이자 NFL(미국프로미식축구연맹) 인기 해설자인 테리 브래드쇼(Terry Bradshaw)는 누구보다도 자기 자신을 웃음거리로 삼는다. 어떤 사람이 테리가 세 번이나 이혼했다며 안타까워하자 그는 아무렇지도 않게 답했다. "그러잖아도 엄마가 '테리, 넌 우리 가족과 어울리지 않는 사람과 결혼했으니 나중에 문제가 생길 거야'라고 하셨어." 테리는 마음이 느긋하고 유머 감각이 있어서 힘들어할 일이 별로 없었다. 그는 자기 자신을 너무 심각하게 생각하지 않기 때문이다.

'포에츠 앤드 퀀츠(Poets & Quants)'가 선정한 세계 50대 경영학 학부 교수 중 한 명인 란 응우옌 채플린(Lan Nguyen Chaplin) 박사는 처음으로 MBA 수업을 가르칠 때 30대의 자그마한 여성이 교수라는 걸 알면 학생들이 적잖이 놀라겠다고 예상했다. 그래서 미리 마음의 준비를 했다. 그녀가 강의할 자리로 걸어가자 어떤 학생이 큰 소리로 물었다. “교수님은 얼마나 오랫동안 가르치셨어요?”

그녀의 대답은? “난 겉보기보다 훨씬 젊어요.”

사람들 때문에 짜증 나지 않도록 미리 준비하자

“당신의 유머 감각은 어김없이 저를 괴롭히는군요.”

_뮤지컬 〈라이언 킹(The Lion King)〉 중에서

그런데 상대방이 의도적으로 나를 짜증 나게 하려고 빈정거리면 어떻게 대처해야 할까? 계속 비아냥거리면 화를 내며 반발하지 말고 그가 이제 더는 당신을 화나게 하지 못하도록 적극적으로 대응하자.

적극적이라는 말은 재빨리 맞받아치는 것만 의미하지는 않는다. 사람들이 어떤 말을 던질지 미리 예상하고 준비하는 것도 포함된다. 영화배우로 활동하는 동안 45킬로그램 이상 살을 찌웠다가 뺀 조나 힐(Jonah Hill)은 인스타그램의 300만 팔로워에게 이 메시지를 보냈다. “좋은 의도인 건 알지만 제 몸에 대해 이러쿵저러쿵하지 말아 주시길 부탁합니다. 칭찬이든 욕설이든 제게 전혀 도움 되지 않고 기분도 좋지 않다는 걸 정중하게 알려 드립니다. 존중해 주세요.”

조나는 그가 원하는 걸 요청했다. 모두가 그의 요구를 존중했을까? 그건 아니었다. 하지만 험담을 일삼는 악플러들에게 계속 고통받을 수밖에 없을 거라고 자포자기하지 않은 결과, 그는 SNS에서 수천 건의 지지를 얻었고, 그의 결정에 힘이 실렸다.

동물보호운동가인 템플 그랜딘(Temple Grandin)은 별로 반갑지 않은 말을 들어도 평정심을 잃지 않고 늘 준비된 자세로 대응한다. 나는 휴스턴에서 열린 가축 품평회에서 그녀를 만났는데, 그녀가 자신의 자폐증에 대해 솔직하고 감동적으로 이야기하는 모습을 보고 깊은 인상을 받았다. 그녀는 "저는 열등하지 않고 다를 뿐입니다"라는 한 문장으로 삶의 지혜를 요약했다. 그리고 자폐증을 평화롭게 받아들이고 다른 사람들도 동참하게 해서 자신에게 문제가 되지 않게 했다.

코미디언 해리 시어러(Harry Shearer)가 말했다. "코미디언이 되는 이유는 사람들이 우릴 보고 웃는 이유를 통제할 수 있기 때문이에요." 얼마나 흥미로운 통찰인가. 그의 말이 옳다. 준비된 답변 목록이 있다는 말은 사람들이 민감한 주제의 이야기를 꺼낼 때 당황해서 말실수를 하거나 상대방의 눈치를 보며 조심조심 말할 필요가 없다는 뜻이다. 상대방에게 허를 찔리지 않고 적극적으로 상황을 통제하는 방법이기도 하다.

무관심이 정답일 때도 있다

"기분 상하지 않고 즐거워하는 법을 배우려면

나이를 아주 많이 먹어야 할지도 모릅니다."

_펄 벅(Pearl S. Buck, 작가)

어떤 상황에서든 유머 감각을 유지하는 것이 우리에게 최선인 이유가 또 하나 있다. 학술의료센터인 메이요 클리닉팀은 웹사이트에 '웃음으로 스트레스를 해소한다고요? 농담이 아닙니다(Stress Relief from Laughter? It's No Joke)'라는 제목의 글을 올렸다. 이 글은 웃음의 장점에 대해 이렇게 알려 준다. "웃으면 '산소가 풍부한 공기'를 더 많이 들이마시고 뇌의 엔도르핀 분비가 늘어난다. 혈액 순환이 촉진되고 근육 이완을 도와 스트레스로 발생하는 신체 증상을 완화한다."

앞에서 말했듯이 우릴 일부러 놀리는 사람들은 우리가 '스트레스 받기'를 목표로 삼을 때가 많다. 그렇지만 우리가 다른 사람들의 생각에 신경 쓰지 않는다면 어떻게 될까? 그들이 목표로 삼는 주제가 이제 더는 우리에게 수치심을 일으키지 않는다면? 놀리려고 꺼내는 얘기에 민감하게 반응하지 않는다면 그들은 우릴 부끄럽게 만들 수 없다. 그들의 말에 귀 기울이지 않는다면 그들은 우릴 좌절하게 할 수 없다.

이 말은 역사상 가장 위대한 야구 포수인 조니 벤치(Johnny Bench)가 남긴 조언이다. 나는 보스턴에서 낸터킷으로 가는 짧은 여정에서 그와 같은 비행기를 탄 적이 있다. 비행기가 착륙하고 택시를 기다리면서 나는 그에게 몇 가지 질문을 했다. 나는 그에게 요즘 책을 쓰는 중인데, 다른 팀 선수가 욕설을 퍼붓거나 관중석의 상대 팀 팬들이 야유를 보내면 어떻게 하는지 물었다.

그는 어깨를 으쓱했다. "전 그런 말을 듣지 않아요."

나는 그가 더 말하려는 듯해서 귀를 쫑긋 세우고 기다렸다.

그는 몇 마디 덧붙였다. "그런 말에 귀를 기울이면 지는 겁니다."

우리를 놀리거나 험담하는 사람들에게 때로는 관심을 전혀 기울이지 않는 편이 더 좋은 이유를 한 문장으로 얼마나 멋지게 요약했는가!

기분 나쁜 농담에 담대하게 대처하는 구체적인 방법

"저는 오랫동안 산책하길 좋아하는데,
특히 사람들이 저를 짜증 나게 하면 더욱 그렇습니다."

_노엘 카워드(Noël Coward), 극작가

그렇다면 우리를 놀려대는 사람을 상대한다면 어떻게 해야 할까? 그 사람도 오랫동안 산책이나 하러 갔으면 하고 바라는 것 말고 적극적인 방법 말이다.

1. 놀리는 사람이 얻고자 하는 것이 무엇인지 파악한다.

가볍게 장난치는 것인지, 의도적으로 심하게 놀리려는 것인지 표정을 보고 확인하자. 악의에 찬 눈빛이라면 일부러 당신을 조롱하는 것일 수도 있다. 반짝이는 눈빛이라면 유머를 조금 서툴게 표현한 것일 수도 있다. 놀리는 행동은 상대방의 반응, 그러니까 어떤 반응이든 끌어내려는 세련되지 못한 방법일 수 있다. 스스로에게 물어보자. 상대방은 당신의 주의를 끌려는 것인가? 아니면 괴롭히려는 것인가?

2. 상대방이 원하는 반응을 하지 않는다.

놀리는 사람들은 미끼를 물지 않는 이들을 괴롭히지 않는다. 말을 더듬거나 얼굴을 붉히거나 방어하듯이 반응해서 그들에게 보상을 주는 사람들을 목표로 삼는다. 그러므로 당신이 민감해하는 주제에 대해 둔감해지는 것이 중요하다. 비만이거나 탈모가 진행 중이거나 피부병이 있거나 말할 때 억양이 세다면 그것에 관련된 이야기를 들을 것이다. 그건 공정하지 않다. 있는 그대로의 모습일 뿐이다. 그렇지만 불공평하게도, 당신이 부끄러워하는 것이 있다면 어떤 것이든 당신을 놀리는 사람에게 탄약이 된다.

우리에게 자신의 이야기를 들려준 한 여성을 칭찬한다. 어떤 사람이 다가와 수작을 거는데 본인은 관심이 없으면 어떻게 대응하느냐고 질문하자 그녀가 대답했다. "그 사람을 한 번 쳐다보고 미소를 지으며 '저는 오빠들이 다섯 명이나 있어요!'라고 말해요." 그녀의 반응은 우습지 않다는 점에 주목하자. 우스워야 할 필요가 없다. 그것은 그녀가 "예전에 다 겪어 봤으니 무슨 말을 하려는지 알고 있고, 나에게 아무런 힘을 발휘하지 못해요"라는 뜻을 남자들에게 알려 주는 방식이다.

3. 그들을 똑같은 방식으로 취급하자.

당신을 놀리는 사람들을 이긴다는 말은 그들이 실패한다는 뜻이다. 당신이 재미있어하면 그들은 당신을 놀리는 것을 이제 더는 재미있어하지 않는다. 놀리는 사람을 한 방 먹일 수 있는 한 가지 방법은 "사돈 남 말하고 있군. 똥 묻은 개가 겨 묻은 개 나무라는 격이잖아.

안 그래?"라고 되받아치는 것이다. 사실 그런 사람들은 남을 놀리는 걸 좋아하지 다른 사람이 자신을 놀리는 것은 싫어한다. 놀리는 사람들에게 맞대응하면 상황을 통제하는 사람은 그들이 아니라 바로 당신이 된다.

4. 다른 사람들을 끌어들인다.

그 사람은 많은 사람 앞에서 당신을 놀리고 있는가? 그 사람은 구경하는 사람들이 여럿 있으면 당신을 깎아내려 자신의 지위를 높이려는 것일 수도 있다. 그렇다면 핵심은 놀리는 사람이 아니라 구경꾼들에게 말하는 것이다. "버디가 또 시작했네요. 자기 몸집의 절반밖에 안 되는 사람들을 괴롭히고 있어요." 그러면 이제 더는 버디가 당신과 맞붙는 게 아니라, 당신 그리고 주변에 모여든 구경꾼들이 버디와 맞붙는 셈이 된다. 수적으로 열세에 놓인 버디는 슬그머니 사라지고 나중에 당신을 또 말로 공격하기 전에 신중히 생각할 것이다.

5. 하품하고 짜증 난 사람처럼 눈을 굴린다.

"이젠 정말 지겨워"라는 태도를 보이면 그 사람이 얻어 내려는 결과와 정반대이므로 그를 좌절하게 한다. 위쪽을 보며 체념한 듯 이렇게 물어볼 수도 있다. "또 시작이네. 지난번엔 통하지 않았는데 이번엔 통하리라 생각하는 이유가 뭐죠?"

6. 동의하고 과장한다.

놀리는 사람을 힘 빠지게 하는 또 다른 방법은 상대방의 비웃음에 일단 동의한 다음, 당신만의 생각을 추가해 그 사람의 말을 다른 방향으로 비트는 것이다. "그들을 이길 수 없으면 한 편이 되어라"라는 이 접근법은 테리 브래드쇼가 활용하는 일종의 언어 무술로서, 상대방에게 반격하지 않고 자연스럽게 받아넘기는 방법이다.

중요한 건 당황하지 않고 여유있게 웃으며 넘어가는 것이다

"철학자들이 유머에 관심이 얼마나 없었는지 알 때마다 항상 놀랐습니다. 유머는 이성보다 더 중요한 마음의 과정이기 때문입니다. 이성은 인식을 분류하기만 합니다. 하지만 유머는 인식을 변화시킵니다."

_ 에드워드 드 보노(Edward de Bono), 창의성 전문가

유머 감각을 전략적으로 활용해서 사람들의 인식을 바꾼 훌륭한 사례로 마릴린의 이야기를 들려 드리겠다. 그녀는 지역교육위원회에 출마했다. 그녀의 아이들은 모두 공립학교에 다녔고 각종 클럽과 스포츠팀에 소속되어 활발하게 활동했다. 그런데 마릴린은 열여덟 살에 결혼했고 열아홉 살에 첫 아이를 낳았으며 대학은 문턱도 밟아 본 적이 없었다. 그녀는 후보자들이 나와 연설하기로 한 마을 회관에서 이 이야기가 나올 것을 잘 알았다.

아니나 다를까, 후보자 중 한 명이 꽤 거만하게 말했다. "위원들은 학력이 뒷받침되어야 한다는 점에 우리 모두 동의한다는 게 제 생각입니다. 위원들이 어떤 사안을 결정하려면 많이 알아야 하니까요. 저는 유명한 대학에서 교육학 석사, 박사 학위를 받았습니다." 그 남자는 마릴린을 쳐다보며 물었다. "학위는 무엇으로 받았습니까, 마릴린?"

마릴린은 사람들 앞에서 미소를 지으며 "저는 5K 학위를 받았습니다"라고 힘주어 말했다.

그 남자는 얼떨떨해하며 그게 뭐냐고 물었다.

마릴린이 대답했다. "'아이들을 다섯 키웠다(A Five-Kid degree)'라는 뜻이죠. 아들 둘하고 딸 셋은 모두 이 지역 학교를 졸업했어요. 저는 우리 교육시스템이 직면한 문제들을 잘 압니다. 그리고 학생과 교직원, 학교 관리자에게 도움이 되도록 그 문제들을 잘 처리할 자신이 있어요." 사람들은 박수를 보냈고, 마릴린은 그 남자의 말 덕분에 표를 얻어 선거에서 이길 수 있었다.

다음에 어떤 사람이 당신을 놀리려 한다면, 그건 인식을 바꿀 기회라는 점을 기억하자. 상대방에게 뼈 있는 농담을 던져 기선을 제압하면 사람들을 웃게 하고 호감도를 높일 수 있다. 설령 당신이 농담을 던지거나 재치 있게 받아치지 못해도 괜찮다. 중요한 것은 이제 당신은 당황하지 않고 이 상황을 통제할 수 있다는 것이다.

핵심 요약

30대에 들어선 당신은 결혼하지 않기로 결심했다고 가정해 보자. 그 사실을 못 믿겠다는 사람들의 표정과 이러쿵저러쿵 늘어놓는 잔소리, 농담 때문에 당신은 지쳐 버렸다. 어떻게 해야 할까?

하지 말아야 하는 말	해야 하는 말
당황한다 "그건 진짜 주제넘은 말이야! 그 여자가 그런 말을 하다니!"	**농담으로 받아넘긴다** "내 생애 첫 번째 이혼을 피하고 싶어서일 뿐이야."
버럭 짜증을 낸다 "그딴 소릴 또 들으면 난 미쳐 버릴 거야."	**상대가 원하는 반응을 하지 않는다.** "나한테 큰 관심도 없으면서 말은 많으시군."
기분 나빠 한다 "누가 당신 의견을 물어보기나 했어요?!"	**덤덤하게 받아넘긴다** "나는 생각한다, 고로 미혼이다."
부끄러워한다 "이러다가 혼자 노숙자로 늙을지 몰라."	**자신감을 느끼고 자신을 받아들인다** "난 미혼인 게 좋아, 그리고 내 선택에 자신 있고 마음도 편해."

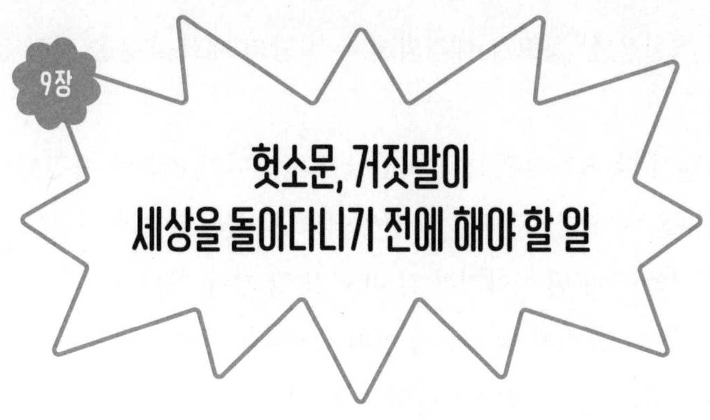

9장

헛소문, 거짓말이 세상을 돌아다니기 전에 해야 할 일

"진실이 부츠를 신기도 전에
거짓말은 온 세상을 돌아다닐 수 있습니다."
_테리 프래쳇(Terry Pratchett), 작가

"직장에서 어떤 여자가 저에 대해 거짓말을 하고 다녀요. 그 여자는 제가 상사와 사귀니까 승진했다고 주장하고 있어요. 누가 됐든 붙잡고 제 험담을 해요. 이러다가 제 평판이 무너질까 봐 두려워요. 친한 동료 몇 명에게 이 얘기를 했더니 다들 어깨를 으쓱하며 '매디슨이 또 그러네. 원래 그런 여자야'라고만 하더군요."

어떤 사람이 당신에 대한 헛소문을 퍼뜨리고 다니면 얼마나 속상할지 상상하기도 힘들다. 그럴 때는 이 일이 '저절로 사라지길' 바라지 말고 매디슨에게 직접 이야기하는 것이 중요하다. 둘이 따로 만나되,

증인 역할을 할 동료를 데려와서 두 사람의 대화 내용을 직접 듣게 하자.

이렇게 말하자. "매디슨, 내가 상사와 사귀기 때문에 승진했다는 헛소문을 네가 퍼뜨린다는 걸 알았어. 그건 근거도 없고 사실도 아니고 완전히 꾸며 낸 이야기란 걸 너도 잘 알 거야. 게다가 이런 행위는 명예훼손이고, 회사 내 괴롭힘 방지 정책을 위반했으니 책임을 질 수 있다는 점도 알지? 당장 그만둬. 이건 네게 처음이자 마지막으로 하는 경고야."

또한 이 대화를 녹음해서 매디슨에게 그녀가 헛소문을 퍼뜨리고 있으니 그만두라고 요구했다는 증거를 확보할 수 있다. 매디슨이 멈추지 않는다면 녹음한 대화를 인사책임자나 상사에게 들려줘서 당신이 이 문제를 해결하려고 노력했다는 증거를 확인하고 적절한 조치를 하게끔 하자.

이런 생각이 들 수도 있다. "어떤 사람이 나에 대해 거짓말을 하는 건 아니지만, 기분 나쁘거나 달갑지 않은 비난을 한다면 어떻게 해야 하나요?"

그런 경우에는 배우이자 코미디언인 에이미 폴러(Amy Poehler)의 사례를 따르면 좋다. 그녀는 한때 "보스처럼 거만하게 군다"라는 평을 듣곤 했다. 하지만 그녀는 언짢아하지 않고 "저는 보스처럼 당당한 여자들을 좋아할 뿐이에요. 그런 사람들과 온종일 같이 있을 수도 있어요. 저는 '보스처럼 거만하게 군다'라는 말을 전혀 경멸하지 않아요. 그건 열정이 넘치고 일에 몰두하며 야망을 품고 조직을 이끄는 걸 마다하지 않는 사람이라는 뜻이에요"라며 그녀를 향한 비난의 화살을 무력하게 만들었다. 재치 있는 언어로 자신을 향한 비난을 피하는 대표적인 사례가 아닐 수 없다.

직장 여성들을 대상으로 제공하는 리더십 프로그램 시간에 어떤 여성이 손을 들고 "왜 여자들은 서로에게 그렇게 못되게 굴까요?"라고 질문한 때가 생각난다.

나는 전에도 그런 질문을 들어 봤으므로 에이미 폴러처럼 대답해야겠다고 생각했다.

> 우리 모두 다시는 그 질문을 던지지 않거나, 그런 질문에 대답하지 않으면 어떨까요? 그렇게 할 때마다 우리는 그 달갑지 않은 고정관념을 더 굳어지게 합니다. 어떻게 인식되고 싶지 않은지를 제외하고, 어떻게 인식되길 바라는지로 대화 내용을 바꿔 보세요.
>
> 우린 이렇게 말할 수도 있어요. "제가 뭘 알아냈는지 아세요? 여성들은 서로를 진심으로 옹호한다는 사실입니다. 사실 전 어떤 여성 덕분에 이 자리까지 왔어요"라고 말하며 멘토가 되어 준 여성의 이름을 언급하는 거예요. 아니면 이렇게 말할 수도 있어요. "제 의견은 그것과 정반대입니다. 저는 여성들이 서로를 돕기 위해 애쓴다고 믿습니다. 예를 들자면……"

어떤 사람이 부정적으로 비난할 때 당신은 그 말을 부인한다면 기나긴 말싸움이 붙을 것이다. 예를 들어 어떤 사람이 "당신은 고객에게 관심이 없군요"라고 비난할 때 "정말 관심 많거든요"라고 반박하면 당신은 결국 그 주제를 놓고 고객과 논쟁을 벌이고 만다.

어떤 사람이 "당신은 내 말에 전혀 귀 기울이지 않아요"라고 투덜대는데 "그건 사실이 아니에요!"라고 주장한다면, 조금 이상하게 들리겠지만 당신은 그 사람의 주장이 옳다고 증명하는 셈이 된다.

어떤 사람이 당신은 어떤 일이든 싸움으로 몰고 간다며 비난할 때 "나는 어떤 일이든 싸움으로 몰고 가지 않아요"라고 항변한다면, 당신은 방금 그 일을 싸움으로 몰아간 것이다.

그렇다면 상대방이 불공평하고 사실이 아닌 내용의 비난을 불쾌하게 퍼붓는다면 어떻게 말해야 할까? 간단하다. "왜 그렇다고 생각하세요?"라고 질문하자.

당신이 고객에게 관심이 없다고 불평한 그 사람이 "당신은 물건을 팔려고 할 때만 내게 연락하잖아요?"라고 대답할 수도 있다. 그러면 당신은 "알려 주셔서 고마워요"라고 말한 뒤 판매 목적이 아니라 안부 확인차 더 자주 전화하겠다고 약속할 수 있다.

당신이 귀를 기울이지 않는다고 투덜댔던 사람이 "당신은 휴대전화로 문자를 보내느라 내 쪽은 쳐다보지도 않잖아요"라고 말한다면 이제는 휴대전화를 내려놓고 상대방에게 온전히 집중하면 된다.

당신은 사사건건 싸움으로 몰고 간다고 비난하는 사람은 "당신은 내가 말을 끝내기도 전에 목소리를 높이고 내 말을 끊어 버리잖아요"라고 말할 수 있다. 그럴 때는 목소리를 낮추고 잘 듣겠다고 약속하면 된다.

즉 상대방에게 그게 무슨 뜻인지 물어보면 속뜻이 나타나고 진짜 문제가 드러나므로 상대방의 언어 공격에 반응하지 않고 문제를 근본적으로 해결할 수 있다.

그들의 말을 따라 하지 말고 당신의 말을 하자

"저는 금메달을 놓치지 않았어요. 은메달을 땄어요."

_ 미셸 콴(Michelle Kwan), 피겨스케이팅 선수

어떤 사람이 당신에 대해 부당하거나 불쾌한 비난을 했는데, 비난한 당사자에게는 아무 말도 못 하고 다른 사람들에게만 그 말에 대해 항변한 적이 있는가? 그러면 도움이 되지 않는다. 당신을 험담하고 다니는 바로 그 사람에게 아무 말도 하지 않으면 상대방은 당신이 가만히 있으니 신경 쓰지 않는 게 틀림없다고 생각할 것이다.

사람들이 우리를 모욕해도 애써 참고 가만히 있으면 우리는 그 사람들에게 그렇게 해도 괜찮다고 가르치는 것과 다름없다. 그 사람들에게 책임을 묻지 않겠다고 확인해 주는 셈이다. 우리는 일이 복잡하게 꼬이는 걸 피할 뿐이라 생각할 수도 있지만 불행하게도 그들이 우릴 험담해도 괜찮다는 걸 허용하고, 또 끝없이 계속되게 하고 있다.

당신도 목소리가 있다. 목소리를 내자. 좋은 소식은 사람들이 당신을 깎아내릴 때 요령 있게 목소리를 높일 방법이 있다는 사실이다. 다음은 그 샘플 시나리오다.

어떤 사람이 당신에게 "자, 화내지 마세요"라면서 오히려 화를 돋우려 하고 있다고 상상해 보자. 무슨 일이 있어도 "난 화나지 않았거든요"라고 되받아치고 싶은 충동을 참자. 그건 당신이 그들이 던진 미끼를 물었다는 뜻이다. 그 대신에 "그게 무슨 뜻이에요?"라고 질문하자. 이 문장은 그다음 대화를 이어 나갈 책임을 그 사람에게 돌려

주고, 그 사람의 발언을 해명할 기회를 주게 된다.

상대방이 한 말에 다른 진짜 이유가 있을 수도 있다. 그럼 그때 당신의 말로 대답하며 패턴 차단을 하자. "맞아요, 저도 이 문제에 신경이 쓰여요. 우리 둘 다 심호흡을 한 번 하고 차분하게 논의해 봐요."

거짓말을 바로잡는 법

"이야기의 결말은 당신이 결정합니다."

_브레네 브라운(Brené Brown), 작가

당신은 이야기를 어떻게 시작할지 정하지 못할 수도 있지만, 브레네가 지적하듯 이야기를 어떻게 끝낼지 결정할 수는 있다. 어떤 사람이 나를 헐뜯었다면, 처음에는 그 사람이 선을 넘었다는 걸 알려 주는 건 당신이 할 일이 아니라고 생각해서 아무 말 않기로 했을 수도 있다. 하지만 잘못을 바로잡는 일은 당신의 몫이라는 걸 인정하자. 사람들이 당신에게 한 말에 책임을 느끼게 하는 것은 당신이 책임지고 할 일이다. 당신이 목소리를 내지 않으면 그들의 이야기가 옳다는 말이 된다. 당신은 그렇게 되길 바라지 않을 것이다.

당신이 먼저 바닥에 눕지 않는 한, 사람들은 당신을 밟고 지나갈 수 없다는 사실을 기억하자. 어떤 사람이 당신에 대한 거짓말을 퍼뜨릴 때 다음의 조언을 참고하면 속수무책으로 당하지 않고 자신을 지킬 수 있다.

1. 이 문제를 공개적으로 해결하는 것이 더 나은지, 둘이서 조용히 해결하는 것이 더 나은지 판단한다.

다른 사람들 앞에서 큰 소리로 지적하면 상대방의 체면이 깎일 수 있다. 당신의 말이 옳다 해도 상대방은 당신을 원망할 것이다. 상대방은 당신을 끌어내려서 다시 '정상'에 올라가기 위해 이 문제를 확대해야겠다는 강박관념에 사로잡힐 수 있다. 또는 상대방이 회사 조직에서 높은 직급에 있다면, 당신이 그의 지위나 위치를 위협한다고 생각해서 당신을 끌어내리고 싶어 할 수도 있다. 대부분 경우, 다른 사람들이 지켜보고 있어서 상대방이 '과시'하거나 '체면을 지킬' 필요성을 느끼지 않도록 "둘이서 이 문제를 조용히 이야기하시죠"라고 말하는 편이 좋다.

2. 당신도 똑같이 비난하며 반박하지 말고 질문한다.

상대방이 당신을 너무 심하게 비난하고 있는데 적당한 때가 오길 기다리는 것보다 지금 해결하는 게 낫다는 생각이 들면 그 사람을 따로 불러 이렇게 질문할 수 있다. "당신이 한 말이 불법인 데다 회사 정책에도 어긋난다는 사실을 알아요?" 상대방이 당신보다 위라면 이렇게 언급할 수 있다. "매우 부적절한 말을 하신다면 누군가가 불만을 제기할 수 있다는 사실을 알고 계시죠?" 이때 상대방을 살피며 예의 바르게 묻는다. 상대방이 이런 피드백을 받아들이지 않고 상사에게 대든다고 여기는 듯하다면, 이를 문서로 만들어 그 사람에게 책임을 물을 수 있는 위치의 사람과 따로 이야기하는 편이 더 현명할 수도 있다.

성차별주의자, 인종차별주의자, 편협한 인간, 여성 혐오주의자처럼 상대를 격앙시키는 단어들은 쓰지 말자. 당신의 말에 일리가 있다 하더라도 그런 단어는 상대방을 비판하고 비난하는 의미로 받아들여지며, 서로 비생산적인 반박만 주고받게 된다.

동료가 밑도 끝도 없이 험한 말을 늘어놓는다면 "됐어요. 우린 프로답게 행동하는 게 좋겠어요"라며 말을 끊는 게 더 나을 수도 있다. 그러고 나서 대화 방향을 바꾸자. 말이 끊겨 버리면 어색해진다. "그런 말은 불쾌하거든요"라고 말한 뒤 입을 닫아 버리면 대화가 끊기고 상대방은 "당신이 뭔데 나한테 이래라저래라하는 거요?!"라며 응수하고 싶어질 수도 있다.

3. 상대방이 당신을 비난하는 말을 따라 하지 않는다. 그대로 반복하면 상대방의 비난을 강화할 뿐이다.

앞에서도 말했듯이 단순히 부정만 하면 역효과를 낳는다. 어떤 사람이 "당신은 너무 융통성이 없어요"라고 비난할 때 "난 융통성이 없지 않거든요"라고 반박하는 순간, 당신은 진짜 융통성 없는 사람이 되고 만다.

그렇게 하지 말고 "왜 그렇게 생각하는데요?"라고 질문하자. 당신은 상대방의 말에 동의하지 않더라도 그가 그렇게 말한 정당한 이유가 있다면 당신은 적어도 무슨 일이 벌어지고 있는지 알 수 있다. 상대방은 이렇게 말할 수도 있다. "오늘 회의에서 내가 담당하는 기후변화 프로젝트를 논의하고 싶었지만, 당신은 시간 없다고 했잖아요." 이제 당신은 이렇게 답할 수 있다. "알려 줘서 고마워요. 다음 주 회의 시간에 그 주제를 추가합시다.”

4. 상대방의 말을 질문으로 만들어 반복하고 불쾌한 단어를 강조해 말한다.

“정말요? 여자들은 모두 ‘심술궂게’ 말한다고요?” 과장된 말을 반복하면 상대방이 말한 내용이 과장되었다고 완곡하게 알려 주는 방법이 될 수 있다. 예를 들어 “잠깐만요. 증명해 보세요. 방금 밀레니얼 세대는 모두 권리만 주장하고 신뢰할 수 없다고 하셨죠?”라고 질문하는 것도 좋다. 사람들은 좀 더 구체적으로 설명해 달라는 요청을 받으면 지나치게 일반화하는 태도에서 벗어날 때가 많다.

5. 당신이 알리고 싶은 내용으로 대화를 바꾼다.

어떤 사람이 당신에게 무의식적인 편견이 있다고 비난할 때 “나는 무의식적인 편견이 없어요”라고 반응해서 상대방의 주장이 옳다고 입증하지 말고 이렇게 말하자. “다양성의 중요성을 제기해 줘서 고마워요. 다양성이 정말 중요하다는 데 동의합니다. 모든 사람에게 동등한 기회가 주어지도록 채용 관행을 업데이트하고 있어요. 그래서 이번 주에 드니스를 다양성 책임자로 새로 임명한 겁니다.” 허위 주장을 부인하여 의도치 않게 마찰만 더 빚지 말고 당신이 생각하는 바를 공식적으로 표명하자.

무슨 일이 있어도 머릿속으로만 대응하지 말자. 누구에게도 도움이 되지 않는다.

험담하는 말에 동참하지 마라

"나에 대해 더 기분 좋게 느낄수록
내가 우월해지겠다고 다른 사람을 쓰러뜨리는 횟수가 줄어듭니다."

_콜레트(Colette), 작가

하와이의 공공 작업장에서 일하는 어떤 여성은 동료 중에 다른 사람 험담을 일삼는 여성이 있다고 했다. "전 이젠 직원 식당에서 점심을 먹지 않아요. 그 여자 동료가 늘 누군가를 험담하기 때문이에요. 그 여자가 다른 사람들을 존중하게 하려면 저는 어떻게 해야 할까요?"

"먼저, 그 동료하고 같이 남을 헐뜯고 싶지 않다니 잘하셨어요."

나는 다음에 어떤 사람이 그 여성을 험담에 끌어들이려 할 때 대응할 몇 가지 방법을 다음과 같이 제안했다.

- "그 여자분은 늘 내게 잘해 줬어요"라고 말하고 대화 주제를 바꾸자. "이젠 다른 이야기를 해요."
- "그 남자를 개인적으로 몰라요", "자세한 상황은 잘 모르겠어요"라고 말하고 이렇게 덧붙이자. "그 남자를 일단 믿어 보도록 해요."
- 어떤 사람이 당신에게 "그 인간이 한 말 들었어요?"라고 말을 걸며 다른 사람 험담에 끌어들이려 하면 "그 주제는 생산적이지 않아요"라고 대답하고 넘어가자. 그 사람이 던진 미끼를 물지 말자.

속담에도 있듯이 남을 험담하는 사람들은 언젠가 당신에 대해서도 험담한다. 군중심리에 휩싸여 동참하길 거부하자. 압박이 가해지면 유명한 할리우드 프로듀서였던 새뮤얼 골드윈(Samuel Goldwyn)이 한 말인 "나는 제외해 줘"를 인용해도 좋다.

어떤 사람이 빈정거리면 기업가 모린 자일스 버드솔(Maureen Giles Birdsall)의 대응 방법을 시도해 보자. 그녀는 미소 띤 얼굴로 "당신 내면의 목소리가 무심코 튀어나왔군요"라며 대응한다. 그녀의 말에 따르면, 상대방이 자기가 한 말이 환영받지 못한다는 걸 알고 화제를 바꾸는 데 보통 그 문장 하나로 충분하다고 한다.

"우리 팀은 다른 사람을 비방하는 것은 금지입니다"

"대화의 진정한 기술은 적절한 장소에서 적절한 말을 하는 것뿐만 아니라, 흔들리는 순간에도 부적절한 말을 하지 않는 것입니다."

_ 레이디 도로시 네빌(Lady Dorothy Nevill), 작가

정중한 말과 행동 분야의 전문가인 크리스틴 포래스(Christine Porath)는 〈하버드 비즈니스 리뷰(Harvard Business Review)〉에 기고한 놀라운 글에서 "해로운 사람들이 조직에 합류하기 전에 그들을 솎아 내는" 일이 중요하다고 했다.

그렇게 하기 위한 한 가지 방법은 이전 직장에서 함께 일했던 사람들을 비방하는지 확인하기 위해 "이전 고용주가 당신에 대해 긍정적이든 부정적이든 어떻게 말할까요?", "직장에서 스트레스나 갈등에

대처해야 했던 때가 있었습니까? 어떻게 했습니까?" 등의 구체적인 질문을 하는 것이다.

비방은 "어떤 사람이나 사물이 중요하지 않으며 나약하고 나쁘다고 묘사하거나, 또는 비난하거나 비하하거나 지위나 평판을 떨어뜨리는 것"으로 정의된다. 비방 행위에는 욕설하기와 헛소문 퍼뜨리기가 있으며, 이는 무례와 불신의 문화를 조성하므로 조직에 독이 된다. 만약 당신이 사업체를 운영하든, 팀 프로젝트를 관리하든, 위원회 의장이든 어떤 조직의 리더라면 오리엔테이션, 회의, 조직매뉴얼에서 이러한 파괴적인 행동에 대해 언급하여 미리 예방하는 일이 중요하다.

내 아들 앤드루는 비영리단체인 '드림스 포 키즈-DC(Dreams for Kids-DC)'를 설립했을 때, 조직 내에서 허용되는 행동과 허용되지 않는 행동을 정리한 요구 사항을 만들었다. 첫 번째는 이렇다. "험담이나 빈정대기 금지. 어떤 사람의 업무 수행에 불만이 있다면 그 사람에게 얘기하십시오. 헐뜯기 금지. 절대 금지. 고객이나 동료에 대해 부정적으로 말하면 사람들은 당신을 더는 신뢰하지 않을 것입니다. '다른 사람 험담을 하면 내 험담도 하겠군'이라고 생각할 것이기 때문입니다."

앤드루와 일했던 인턴 한 명이 몇 년 뒤 연락해서 이렇게 말했다고 한다. "'드림스 포 키즈-DC'는 대학 졸업 후 첫 직장이었어요. 그래서 저는 다른 조직들도 모두 행동매뉴얼이 있는 줄 알았죠. 제 생각이 틀렸어요! 지금 일하는 직장에서는 모두가 서로를 헐뜯어요. 앤드루는 행동 기준을 만들었고, 험담에 대한 저만의 규율을 심어 주셨어요. 앤드루를 항상 감사하게 생각할 거예요. 저는 남을 험담하지 않아요. 험담이란 절대 협상할 수 없는 금지 사항이라는 점을 명확하게 가르쳐 주신 덕분이에요."

이 책의 중심 주제는 적절한 때에 적절한 말을 하는 방법이라는 걸 이미 알 것이다. 레이디 도로시 네빌이 강조했듯이 "흔들리는 순간에 부적절한 말을 하지 않는 것"도 마찬가지로 중요하다.

우리에게 비방 금지 규율이 있으면 다른 사람들은 비방을 일삼을 때 우리는 휩쓸리지 않으므로 부적절한 말을 꺼내지 않는 일이 더 쉬워진다. 나는 전미연설가협회 회의에 참석했을 때 그 이전 달에 사망한 노먼 빈센트 필(Norman Vincent Peale)을 기리는 자리에서 이를 명확히 깨달았다. 필을 개인적으로 잘 알고 지냈던 협회 창립자는 "그는 누가 됐든 그 사람에 대해 나쁜 말을 입 밖에 낸 적이 없습니다"라고 말했다.

그건 굉장히 훌륭한 추도사였다. 필은 《노먼 빈센트 필의 긍정적 사고방식》에서 "상황이 달라지기를 원한다면 당신 자신부터 달라지는 게 정답일 것입니다"라고 했다. 바로 그 자리에서 나는 다른 사람에 대해 나쁜 말을 절대 삼가야겠다고 마음먹었다.

엘리노어 루스벨트(Eleanor Roosevelt) 전(前) 영부인은 "위대한 사람들은 아이디어를, 평범한 사람들은 사건을, 속 좁은 사람들은 사람을 주제로 이야기합니다"라는 명언을 남겼다. 나는 사람들에게 희망을 주는 아이디어에 대해 말하고 글을 쓰기로 했다. 또한 '밀물이 들어차면 배가 떠오르듯 긍정적인 변화를 가져오는' 사건에 대해서 말하고 글을 쓸 것이다. 내가 사람을 주제로 이야기할 때는 사람들을 기분 좋게 하거나, 축하해 주거나, 서로 연결해 줄 때뿐일 것이다.

험담하거나 빈정대고 싶으면 먼저 생각(T.H.I.N.K)부터 하자

T: 그건 사실(True)인가?

H: 그건 도움이(Helpful) 되는가?

I: 그건 영감을(Inspiring) 주는가?

N: 그건 필요(Necessary)한가?

K: 그건 친절(Kind)한가?

_작성자 미상

목요일 밤 풋볼 경기를 보고 이 부분을 책에 추가하기로 했다. 경기 막판의 일이었다. 슈퍼볼 MVP 쿼터백 톰 브래디(Tom Brady)는 거의 확실하게 득점을 올릴 수 있는 필드골을 시도하는 대신 공을 위험하게 패스했고, 그 공은 리시버의 머리 위로 날아갔다. 카메라에 잡힌 브래디는 네 손가락을 들어 보이며 당황하는 표정으로 "네 번째 다운이야?"라는 말을 내뱉었다. 경기는 거기서 끝났다.

그의 실수를 조롱하고 빈정대는 말이 트위터에 넘쳐났다. 팬들은 "멍청하게 그런 실수나 하다니", "병신같은 자식", "늙어 빠진 놈, 진작 은퇴했어야지" 등의 악의적인 욕설과 그보다 더 심한 말을 마구 쏟아냈다. 그렇게 욕설을 퍼붓는 팬 중에 브래디가 오랫동안 보여 준 그만큼의 실력을 갖추고 풋볼 경기를 뛸 수 있는 사람이 있었을까? 그들은 브래디와 그의 가족을 헐뜯기 전에 잠시라도 그의 처지에 공감했을까?

나중에 어떤 사람을 비난하고 싶어진다면 위에서 제안한 대로 입을 열기 전에 생각(T.H.I.N.K.)해 보고 스스로에게 다음 질문들을 던져 보길 바란다.

- 나라면 더 잘할 수 있었을까?(내가 이 수준에서 프로로 뛸 수 있을까?)
- 내가 고려하지 않은 전후 사정이 있을까?(예를 들어, 톰 브래디는 오랫동안 기적 같은 플레이를 수천 번 보여 주었다. 그건 한 번의 실수였다.)
- 나는 그를 비난하는 말을 그 사람 앞에서 또는 그 사람을 아끼는 사람에게 할 수 있을까?(이건 '익명성'을 악용한 괴롭힘인가? 위험하지 않다는 이유로 나는 그를 비난하려는 것인가?)
- 비난한다고 해서 이미 일어난 일을 되돌릴 수 있을까?(되돌릴 수 없다면 비난은 쓸데없는 짓이다.)
- 나는 이 사람을 비난해서 우월감을 느끼려는 것인가?(이 사람을 깎아내려서 내가 우위에 있으며 더 잘났다고 느끼려는 것인가?)
- 나는 실수하고 나중에 후회한 적이 있는가?(그런 적이 있다면, 난 그를 경멸하지 않고 호의를 베풀어 그를 불쌍히 여길 수 있을까?)

이 세상은 상대방을 차갑게 빈정대는 말이 아니라, 상대방에게 따뜻하게 공감하는 말이 더 많이 필요하다. 자꾸 빈정대다 보면 습관, 그것도 나쁜 습관이 된다. 그래도 좋은 소식이 있다. 상대방을 향한 공감도 습관이 될 수 있는 것이다.

다른 사람들이 당신에 대해 헛소문을 내고 다닌다면 이 조언들을 활용해서 그 사람들에게 책임을 묻는 데 도움이 되길 바란다. 그리고 당신이 다른 사람들에 대해 헛소문을 내지 않도록 당신 자신에게 책임을 묻는 데 유용하게 쓰이길 바란다.

핵심 요약

당신이 다니는 회사 사장이 '불미스러운 일'로 사임했다고 가정해 보자. 직원 휴게실에 들어갔더니 모두 그 일에 대해 와글와글 떠들고 있다. 한 동료가 당신을 보고 묻는다. "사장님이 성희롱 혐의로 고발되었대. 너 사장님이랑 지난주에 점심 먹었다고 하지 않았어? 뭐 들은 얘기 있어?"

하지 말아야 하는 말	해야 하는 말
부인하거나 항변한다 "정말이야? 사장님이 성희롱으로 고발당했다니, 난 몰랐어."	**상대에게 알리고 싶은 내용을 말한다** "점심 먹을 때는 업무에 관련된 대화만 나눴어."
불공평하고 불쾌한 주장을 미심쩍어한다 "사장님이 불미스러운 일로 그만두신 게 진짜 확실해?"	**불공평하고 불쾌한 주장 말고 다른 주제로 화제를 바꾼다** "그런데, 누가 새로운 사장님이 되는 거야?"
아무 생각 없이 말한다 "사람들 말이 사실이라면, 사장을 감옥에 처넣으면 좋겠어."	**말하기 전에 생각(T.H.I.N.K.)한다** "사실이 밝혀질 때까지 섣불리 말하지 말자."
험담하고 빈정대고 헐뜯는다 "어쩐지 나는 그 사람 뭔가 이상하다고 늘 생각했어."	**험담 금지, 빈정대기 금지, 헐뜯기 금지** "난 그 일에 대해 할 말이 없는걸. 그러니 나는 제외해 줘."

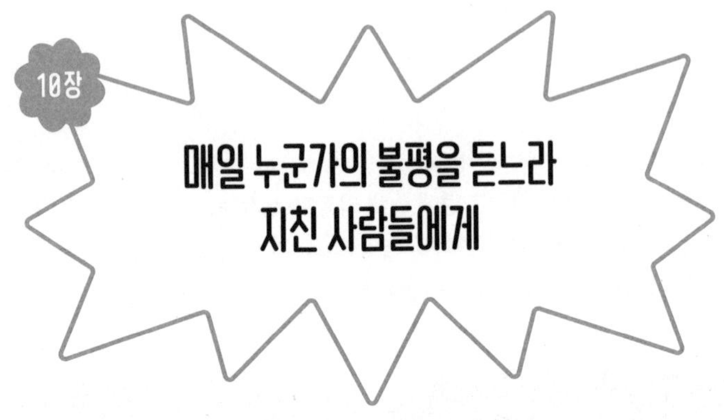

10장 매일 누군가의 불평을 듣느라 지친 사람들에게

"해명하는 것만큼 시간 낭비도 없다."

_벤저민 디즈레일리 (Benjamin Disraeli), 전(前) 영국 총리

"저는 호텔 프런트데스크 관리자입니다. 저희 팀원들이 하는 일은 고객 불만 사항 처리가 전부 같아요. 어떤 고객은 방을 마음에 들어 하지 않아요. 카드키가 작동하지 않을 때도 있고요. 짐이 도착하지 않을 때도 있어요. 우리는 고객들을 도우려고 애쓰지만, 그분들은 불평만 늘어놓아요. 도와주세요!"

하와이에서 살았을 때 여러 유명 호텔에서 이 주제에 대해 강의할 기회가 많았다. 그 호텔들의 공통점은 프런트데스크가 고객과의 첫 번째 접점이라는 사실이었다. 즉, 프런트데스크 직원들은 수많은 불만 사항을 처리해야 했다. 고객들은 공항과 비행기에서 몇 시간씩

있다 보니 피곤하고 기분이 좋지 않을 때가 많았다. 그러다 보니 프런트데스크에서 고객과의 첫 번째 상호작용이 숙박 만족도에 큰 영향을 끼쳤다. 즉 고객의 처지에서 생각하고 불만 사항을 신속하고 만족스럽게 처리하는 것이 높은 평점과 재방문 고객을 확보할 핵심이었다. 그때 내가 가르친 기술을 소개하겠다. 도움이 되기를 바란다.

사람들이 불평하면 구구절절 해명하지 말자

"실수는 인간의 몫이고 용서는 신의 몫이다."

_ 알렉산더 포프(Alexander Pope), 시인

포프의 명언을 "실수는 인간의 몫이고, 'AAA 설명 방식'은 신의 몫이다"로 바꿔 보자.

무슨 뜻인지 알려 주겠다. 어떤 사람이 "체크인을 빨리 할 수 있는지 전화로 알려 주기로 했잖아요"라고 불평하면 당신은 "죄송합니다. 오늘 투숙객이 많아 처리가 지연되고 있습니다"라고 해명한다. 그러면 상대방은 "하지만 미리 요청했고 약속했잖아요"라며 불만을 표시할 것이다.

당신은 다시 해명할 것이다. "인력이 부족하고 예약도 100퍼센트 완료되어서……."

그러면 상대방은 "변명은 듣고 싶지 않아요. 언제쯤 가능해요……?"

라며 목소리를 높일 것이다.

아무리 좋은 의도로 하는 해명이더라도 상대방의 관심을 끌지 못하는 걸 알겠는가? 사람들은 약속받은 것을 받지 못한 이유를 알고 싶어 하지 않는다. 그 문제가 고쳐지길 원한다. 이제부터 사람들이 불평하면 해명하지 말고 AAA 설명 방식을 쓰자.

- 동의한다(Agree): "맞습니다, 로버츠 씨. 제가 전화 드리겠다고 했습니다."
- 사과한다(Apologize): "기다리시게 해서 죄송합니다."
- 행동한다(Act): "방이 준비되었다는 소식을 전해드려 기쁩니다. 지금 올라가시면 됩니다."

AAA 설명 방식이 왜 효과적인지 분석해 보자.

• 동의한다

어떤 사람이 불평하면 당신 자신에게 "이 사람의 말이 기본적으로 사실인가?"라고 질문하자. 불평하는 사람들 대부분은 불평할 만한 정당한 이유가 있다. 상대방의 말이 사실이라면 "당신 말이 맞습니다"라는 마법의 문장을 쓰면 논쟁할 필요 없이 상대방의 주장을 인정하게 된다. 그러면 당신은 적군이 아니라 아군이 될 수 있다.

• 사과한다

"죄송합니다. 그리고……"라고 말한 다음 상대방이 한 말을 살짝 바꿔 말하자. 무슨 일이 있어도 "죄송합니다. 하지만 그건 제 잘못이 아닙니다"라고 말하지 말자. "죄송해요, 아니 죄송하지 않아요"로 들릴 수 있기 때문이다. 상대방의 불평을 요약해서 말하면 상대방은 자신이 한 말을 당신이 잘 이해했다고 생각하므로, 더 큰 목소리로 반복해서 항의하지 않고 넘어갈 수 있다.

• 행동한다

이게 어찌 된 일인지 생각하지 말고, 이 상황을 개선하기 위해 '지금' 무엇을 할 것인지에 집중하자. 장기적으로나 단기적으로나 사람들이 원하는 건 행동이지 해명이 아니다. 해명하면 불평만 늘어날 뿐이다. AAA 설명 방식을 써서 불평을 끝낸다.

내 교육 세션에 참석한 어떤 젊은 신혼부부는 AAA 설명 방식에 대해 알고 나자 "지난주에 이 방법을 알았더라면 좋았을 텐데!"라며 탄식했다. 나는 무슨 일이 있었냐고 물었다.

> 아내의 생일을 깜박했습니다. 프로젝트 일로 정신없이 바빠서 아내가 쌀쌀맞게 굴 때까지도 제가 무슨 짓을 저질렀는지 몰랐어요. 왜 그러냐고 묻자 아내는 "아무것도 아냐"라고 했지만, 목소리를 들으니 분명히 무슨 문제가 있는 듯했죠. 그때 불현듯 생각났습니다. 전 아내에게 미안하다고, 프로젝트 납기를 맞추는 데 정신이 팔려 생일을 깜박했다고 했어요.
>
> 그래도 아내는 기분이 좋지 않았어요. "내 생일이 정말 중요했다면 당

신은 기억했을 거야"라더군요.

"자기야, 당신 생일은 내게 중요해. 다만 프로젝트 마감일이 얼마 남지 않았는데 한참 뒤처져 있어서 그랬어"라고 말했지만 아내는 계속 속상해했어요. 그런데 이제야 그 이유를 알겠군요. 저는 사과하는 게 아니라 해명하고 있었어요. 전 어떻게 해야 했을까요?

내가 말했다. "먼저 그 이야기를 해 주셔서 감사해요. 우리 모두 그런 비슷한 일을 겪었을 겁니다. 다음에 그런 일이 또 있으면 더 건설적으로 대답하도록, 어떻게 했으면 더 좋았을지 찬찬히 생각해 봅시다. 이렇게 말했다고 가정해 보세요. '자기 말이 맞아. 당신 생일날인데도 난 축하해 주지 않았어. 그래서 정말 미안해. 자기는 이 세상에서 가장 소중한 사람이야. 난 기억했어야 했어. 어떻게 보상하지? 이번 주말에 뭘 하면 자기가 정말 좋아할까?'"

아내가 말했다. "그렇게 말했다면 훨씬 더 좋았을 거예요. 하신 말씀이 맞아요. 해명은 변명처럼 들려요. 변명하면 책임을 회피한다고 생각해서 사람들을 더 화나게 하죠. 이유를 붙잡고 늘어지지 말고 결과로 빨리 넘어가는 게 더 현명해요. 이제부터 전 그렇게 할 거예요."

잘못된 점을 강조하지 말고 소망을 드러내자

"모든 비판 뒤에는 소망이 있습니다."

_ 에스더 페렐(Esther Perel), 인간관계 전문가

에스더 페렐이 한 말은 심오하다. 불평은 잘못된 것에 대한 비판이다. 불평은 공격처럼 느껴질 수 있으므로 사람들은 방어적이거나 공격적으로 변한다. 그러면 처음에 불평한 사람은 불평이 더 많아진다!

그러므로 당신 그리고 상대방이 원하는 바를 마음속에 그려 보고 분명하게 표현하면 더 지혜롭다.

우주비행사 메이 제미슨 박사(Dr. Mae Jemison)는 "다른 사람들의 상상력이 부족하다고 당신도 그렇게 되지 마세요"라고 충고한다. 불평은 제한된 상상력이다. 불평은 상황을 좁게 보게 하고, 문제를 근시안적인 태도로 바라보게 한다. 가능성을 상상하는 것이 더 현명하다.

이렇게 할 수 있는 지름길을 알고 싶은가? 상대방에게 "무엇을 원하세요?"라고 물어보자. 그러면 투덜거리던 상대방은 어떻게 하면 좋아질지 명확하게 표현할 것이다.

어떤 자동차수리점 매니저는 이 방법을 꼭 써 보기로 했다. "수리팀 사람들에게 이 방법을 빨리 알려 줘야겠어요. 수리팀은 고객 접점에서 일하면서 자기가 통제할 수 없는 일인데도 욕먹을 때가 많습니다. 예를 들어, 자동차 회사에서 차량을 리콜하면 고객은 직접 차를 몰고 와서 수리받아야 한다고 불같이 화를 냅니다."

나는 이렇게 제안했다. "직원 휴게실에 AAA 설명 방식을 정리한 카드를 붙여서 그런 일이 있으면 팀원들이 가장 먼저 떠올리게 하는 게 좋겠어요. 다음에 고객이 불평하면 당신이 원하는 사항과 당신이 생각하는 고객이 원하는 사항을 포함해서 말하세요. 고객을 배려한다는 게 분명하게 나타나므로 그 방법은 부정적인 에너지를 바꾸는 놀라운 힘이 있답니다."

동의한다: "맞습니다, 카마초 씨. 새 차를 뽑았는데 결함이 있을 수 있어서 리콜하는 게 얼마나 실망스러우실지요. 이런 일은 일어나지 말아야 했어요."
사과한다: "게다가 차 수리 때문에 근무 중에 나와야 하셨다니 죄송합니다."
행동한다: "가능한 한 빨리 수리를 마치면 좋겠다고 생각하실 겁니다. 두 시간 내에 마치도록 최선을 다할 테니 양해해 주세요. 그때까지 라운지에서 텔레비전을 보시거나 컴퓨터를 쓰셔도 됩니다."

당신과 상대방이 원하는 것을 포함해서 말하면 갈등은 두 사람 모두 원하는 것에 더 가까운 공동의 미래로 바뀐다.

내 잘못이 아닌데 왜 사과해야 하나요?

"당신이 갚아야 할 유일한 사람들은 당신을 도와주는 사람들뿐입니다."

_로리 그라이너(Lori Greiner), 샤크 탱크(Shark Tank) 투자자

워크숍에 참여했던 데브라는 이에 대해 확신이 서지 않았다. "좋아요. 우리가 잘못하면 사과해야 하는 건 말이 돼요. 하지만 사람들을 도와주려 했는데 그들이 화를 낼 때가 있어요. 나는 일어난 일에 책임이 없다고요. 내 잘못이 아닌데 왜 사과해야 하나요?"

나는 미소를 지었다 "'우리는 옳을 수도 있거나 행복할 수도 있다'라는 말을 들어 봤죠?"

사과한다는 것은 잘못된 일에 우리가 책임이 있다는 뜻이 아니다.

잘못된 일을 당한 사람이 어떤 기분일지 상상하고 공감한다는 뜻이다. 어떤 면에서 보면 우리 잘못인지 아닌지는 중요하지 않다. 상대방의 불만이나 불편 사항에 공감하고, 이를 바로잡기 위해 할 수 있는 일을 하는 것이 우리 책임이다.

불평하는 사람들은 자신이 겪은 일을 누군가 이해해 주길 바란다. 그 사람들은 자신이 겪은 일이 얼마나 끔찍했는지 누군가 큰 소리로 말해 주기를 바란다. 그렇게 해야 그들은 사람들이 알아주고 이해했다고 생각한다. 그렇게 해야 그 사람들은 우리가 그들을 배려한다는 걸 알 수 있다. 일단 알고 나면 그들은 이제 앞으로 나아갈 준비가 된다. 누군가가 그들에게 AAA 설명 방식(동의한다, 사과한다, 행동한다)으로 답해 주지 않으면 그들은 그 답을 들을 때까지 계속 반복해서 불평할 것이다.

어떤 공무원이 말했다. "잘못한 게 하나도 없는데 왜 사과해야 하는지 아직도 이해가 가지 않아요. 저는 이 근방에서 일합니다. 어제는 어떤 여자가 검사 서류를 가져오지 않아 건축 허가를 받지 못했습니다. 그 여자는 두 시간이나 줄을 서서 기다렸는데 다시 처음부터 시작해야 한다니 믿을 수 없다며 큰 소리로 오랫동안 불평을 늘어놓았어요. 그런데 제가 왜 사과해야 하죠? 필요 서류는 웹사이트에서 확인할 수 있고, 그 여자가 서명한 곳에도 게시되어 있어요. 진작에 그걸 읽었어야죠."

나는 이렇게 답했다. "사과해야 한다는 게 아니라 사과하는 편이 당신에게 유리하다는 뜻이에요. 그 여성에게 '이봐요, 당신이 필요한 서류를 가져오지 않은 건 내 잘못이 아니잖아요!'라고 하면 그 여성은 당신에게 화를 퍼부을 테고, 당신은 더욱 끔찍한 시간을 보내게 될 거예요. 이렇게 말했다고 상상해 봐요. '필요한 서류를 가지고 오지 못해 실망스러우신 걸 이해합니다. 이렇게 하면 어떨까요. 작성하신 신청서가 여기 있습니다. 다시 오시면 문 앞에 있는 경비원에게 오늘 여기 왔었다고 알려 주세요. 저희는 당신이 가지고 오신 서류만 확인하면 됩니다. 들어오셨다가 10분 만에 가실 수 있어요.'"

나는 그 공무원에게 물었다. "그렇게 응대하면 어떻게 될까요?"

그는 씩 웃었다. "그 여성은 저한테 소리 지르지 않을 겁니다."

바로 그거다.

사과했을 때 책임져야 하는 상황인 경우

"모든 큰 실수에는 중간 지점, 즉 다시 회수할 수 있고

또 어쩌면 바로잡을 수도 있는 찰나의 순간이 있습니다."

_펄 벅, 작가

한 구급대원이 말했다. "샘, 제 상사는 일이 잘못되었을 때 책임져야 할 수도 있으니 사과하지 말라고 합니다."

"좋은 지적입니다. 모든 규칙에는 예외가 있어요. 사과하면 오히려 법적인 문제가 생겼을지도 모를 사례가 최근에 있었나요?"

"어제 우리 대원이 물에 빠진 사람에게 한 시간 동안 응급조치를 했지만, 살릴 수 없었어요. 그 남자의 아내가 저를 붙잡고 '더 일찍 도

착했더라면 살릴 수 있었잖아요'라며 원망했어요. 그분 마음이 충분히 이해가 갔지만, '당신 말이 맞습니다'라고 말할 수는 없었습니다."

상대방에게 동의했다가 소송에 휘말릴 수 있다면 'AA 설명 방식'을 쓰자.

인정한다(Acknowledge): "남편을 잃으셔서 얼마나 고통스러우실지요."

행동한다(Act): "어떻게 도와 드릴까요? 연락할 다른 가족이 있으세요? 저희가 대신 연락해 드릴 수 있어요."

'AA 설명 방식'을 쓴다고 해서 책임을 받아들이거나 과실을 인정하는 게 아니다. 이 방식은 상대방의 감정을 외면하지 않고 동정심을 갖고 인정하는 것에 초점이 맞춰져 있다.

AAA 설명 방식을 쓰는 것이 모두에게 도움이 되는 이유

"사람은 실수를 인정할 만큼 마음이 너그러워야 하고,
실수에서 이익을 얻을 만큼 똑똑해야 하며,
실수를 바로잡을 만큼 강해야 한다."

_존 C. 맥스웰(John C. Maxwell), 작가

맥스웰이 한 말은 이 장의 핵심 내용을 잘 담아내고 있어 무척 마음에 든다. AA 또는 AAA 설명 방식을 쓰는 것은 가장 올바른 길을 택

할 만큼 '마음이 충분히 너그러운' 사람이 되는 방법이다. 우리는 자발적으로 행동하는 것보다, 옳아야 하는 것보다 '옳게 만드는' 일에 관심이 더 많다. AA, AAA 설명 방식은 우리 잘못이 아니라고 주장하는 게 아니라, 일어난 일을 바로잡을 수 있는 도덕적 힘을 갖추고 강화하는 방법이다.

백악관소비자보호국 보고서에 따르면, 불만 사항을 적극적으로 처리하면 고객들은 처음부터 아무 문제가 없었을 때보다 더 호의적으로 느낀다고 한다. 영국 기업가인 리처드 브랜슨 경(Sir Richard Branson)은 "불만은 고객을 평생 친구로 만들 기회입니다. 보도 자료에나 담을 법한 헛소리가 아니라 진지하게 하는 말입니다"라고 말했다. 나도 같은 생각이다. 불만 고객을 친구로 바꾸고 단골손님으로 만들 기회가 있다면 그렇게 하지 않을 이유가 있을까?

불평은 인생을 불행하게 만든다

"사람들은 마치 올림픽 경기에라도 나간 듯 열심히 불평해댈 때가 있다(사실, 불평하기는 올림픽 종목이 아니다)."

_ 아이반 마이즈너, 기업가

나와 굉장히 친한 작가 한 명은 재닛 에바노비치(Janet Evanovich)가 쓴 《스테파니 플럼 시리즈(Stephanie Plum)》의 열렬한 팬이다. 그녀가 말했다.

에바노비치의 책에 '투덜이 셜리'라는 인물이 있어. 이름만 들어도 어떤 사람인지 단박에 알 거야. 내 이모도 그런 사람이야. 이모는…… 모든 게 다 불평불만이야. 같이 공감해 줘도 기분이 나아지지 않아. 오히려 불평을 더 쏟아내. 한참 지나고 나서야 이모가 원하는 건 도움이 아니라 화풀이라는 걸 깨달았어.
문제는, 난 바쁘다는 거야. 이모의 불평불만에 귀 기울일 여유가 없어. 늘 사소한 불평만 늘어놓기 때문에 난 이모를 슬슬 피하기 시작했어. 하지만 이모를 외면하면 옳지 않다는 생각이 드는 거야. 그래서 나와 오빠가 어렸을 때 엄마가 했던 것처럼 이모를 위해 뭔가 하기로 했어. 오빠와 내가 투덜거리면 엄마는 "불평할 때는 항상 이유가 있고 감사할 때도 항상 이유가 있단다. 감사를 선택하면 더 행복해질 거야"라고 하셨지.
엄마가 그렇게 말씀하실 때마다 우리는 끙 하는 소리를 내며 눈을 굴리곤 했어. 그런데 있잖아, 결국 오빠하고 난 불평하길 그만뒀어! 이제 나는 이모하고 같이 있으면 마음속으로 이모에게 10분의 시간을 주고 불만을 마음껏 털어놓게 해. 10분이 지나도 이모가 계속 불평을 늘어놓으면 나는 엄마가 하신 말씀을 떠올리고 "이모가 감사하고 싶은 일은 뭐예요?"라고 물어봐.
이모가 계속 투덜거리면 난 이렇게 말해. "이모, 저도 같은 생각이에요. 그리고 저한테 걱정거리가 있는데 이모의 조언을 듣고 싶어요."

카네기멜런대학교의 랜디 포시(Randy Pausch) 교수는 그가 쓴 책 《마지막 강의》에서 그의 자녀에게 전하고 싶은 인생의 교훈을 밝혔다. 포시 교수는 말기 암에 걸렸다는 사실을 알고 자신의 지식 중에서도 핵심을 골라 글로 남겼는데 그중에서도 불평에 대해 이렇게 말했다. "불평에 쏟는 에너지의 10분의 1을 문제 해결에 쓴다면 일이 얼마나 잘 풀릴 수 있는지 알고 놀랄 겁니다. 불평은 전략으로 효과가 없습니다. 우리 모두 가진 시간과 에너지에는 한계가 있습니다. 불평하는 시간은 목표 달성에 조금도 도움이 되지 않습니다. 우리를 더 행복하게 하지도 않습니다."

당신이 여러 사람을 관리하거나 가족을 부양하고 있다면, 랜디의 통찰력에 관해 이야기해 보면 좋을 것이다. 불평은 백해무익하다는 경각심을 일깨워 줄 수 있다. 바로 이 자리에서, 당장 지금부터 누가 누구에게 어쨌느니 불평하느라 귀중한 시간을 낭비하지 말고 AA, AAA 설명 방식을 활용하기로 단단히 마음먹자.

핵심 요약

당신이 웨딩플래너라고 가정해 보자. 야외 결혼식이 열리는 날인데 비가 내린다. 모두 제정신이 아니다. 당신에게 불평하고 화풀이한다. 어떻게 해야 할까?

하지 말아야 하는 말	해야 하는 말
말싸움한다 "제 탓이라 하지 마세요. 저는 날씨를 통제할 수 없는 사람이에요."	**동의한다** "맞습니다. 당신의 결혼식 날에 날씨가 이렇게 되길 아무도 바라지 않았어요."
해명한다 "비가 올 확률이 30퍼센트라고 했잖아요."	**사과하거나 인정한다** "날씨가 이래서 얼마나 실망스러우실지 상상하기도 힘들어요."
비난하거나 공격한다 "저한테 화풀이하지 마세요. 전 잘못이 없어요."	**행동한다** "이럴 때를 대비한 계획이 있어요. 일단 모든 걸 실내로 옮겨요."
법적 책임을 지게 하겠다는 말을 듣는다 "아니요, 저를 고소하더라도 환불해 드리지 않습니다."	**AA 설명 방식(인정한다, 행동한다)을 쓴다** "원했던 상황과 다르다는 걸 알아요. 그리고 오늘을 기분 좋게 기억할 멋진 날로 같이 만들어 봐요."

상대의 쉴 새 없는 수다를 끝내고 싶다면

"어떤 사람이 장황하게 말을 늘어놓는 이유 중 하나는
자신이 얼마나 똑똑한지 상대방에게
깊은 인상을 남기려고 하기 때문이다."

_마크 굴스턴(Mark Goulston), 정신과 의사이자 자기계발서 작가

"우리 회사 엔지니어 릭은 똑똑하긴 하지만 언제 말을 멈춰야 할지 모르는 사람 같아요. 사람들은 그가 다가오는 모습을 보면 서둘러 자리를 피할 정도예요. 애먼 사람 붙잡고 귀가 닳도록 지껄일 게 뻔하거든요. 그는 승진하고 싶어 하지만, 혼자서 지겹게 떠드는 걸 그만두는 법을 배우지 않으면 승진하지 못할 거예요. 어떻게 해야 할까요?"

어떤 대형 기술회사에서 내게 릭을 상담해 줄 수 있는지 묻는 이메일을 보내왔다. 나는 요청을 받아들였고, 릭은 하루 동안 상담하고 교육받으러 내 사무실에 찾아왔다. 세션이 시작되고 한 시간이 지나자 나는 릭이 왜 아무 얘기나 불쑥불쑥 꺼내는지 알 수 있었다. 릭은 체계적이지 않았다. 말을 꺼낼 때 규칙이 없었고, 자기가 하는 말이 적절한 말인지 또는 일부러 하는 말인지, 사람들이 듣고 싶어 하는 말인지 또는 들어야 할 말인지 확인하지 않고 머릿속에 떠오르는 대로 마구 내뱉었다.

나는 릭이 엔지니어여서 숫자를 중요시한다는 걸 알고 있었으므로, 사람들과 대화할 때마다 걸리는 시간을 측정해 보자고 제안했다. "생각해 보세요. 트위터는 글자 제한이 280자예요. 그보다 길면 메시지가 전송되지 않아요. 이제부터는 사람들과 소통할 때마다 시간을 측정하세요. 한 번에 3분 이상은 절대 말하지 않도록 타이머를 책상에 놓고 시간을 재도 괜찮아요."

릭은 이마를 찌푸렸다. "하지만 제가 하고 싶은 말이 그보다 오래 걸리면 어떻게 하죠?"

"그러면 중간에 말을 끊고 '질문 있으세요?', '더 자세히 알고 싶으세요?' 아니면 '어떻게 생각해요?'라고 물어보세요. 그렇게 하면 상대방 생각을 말할 기회를 줘서 일방적인 독백이 아니라 양방향 대화를 할 수 있어요."

바로 그때 멀리서 천둥 치는 소리가 들렸다. 폭풍우를 굉장히 무서워하는 내 강아지 잭 러셀 테리어는 숨을 헐떡이며 겁에 질려 왔다 갔다 했다. 나는 릭에게 물었다. "강아지에게 썬더 셔츠를 입히는 동안 잠깐 쉴까요?"

"썬더 셔츠가 뭔가요?" 릭이 물었다.

"강아지가 사방을 뛰어다니며 미친 듯이 에너지를 발산하지 않고 안정감이 들도록 입히는 옷 같은 거예요. 갓난아기를 속싸개로 싸는 것과 비슷하죠."

릭은 크게 소리 내 웃었다. "샘, 그게 바로 당신 일이군요. 내가 말하는 방식에 썬더 셔츠를 입혀서 내가 두서없이 말하고 다니며 사람들을 미치게 하지 않게 하는 거겠네요."

"바로 그거예요. 파킨슨의 법칙을 들어 봤어요? 업무 처리를 위해 할당된 시간만큼 업무를 끝내는 시간도 늘어난다는 법칙이에요. 말하는 것도 마찬가지예요. 시간제한이 없으면 계속 말하고 싶어질 수 있어요. 여럿이 대화할 때도 마찬가지예요. 타이머를 들고 다들 한 번에 최대 3분만 말할 수 있다고 알리는 게 좋아요. 아니면 휴대전화의 타이머를 짜증 나는 알람 말고 친근한 소리로 설정하고 '이제 그만. 다음 사람 차례'라고 알리는 거죠. 이렇게 하면 엘모어 레너드(Elmore Leonard) 작가가 말했듯이 '사람들이 대충 건너뛰는 부분을 생략'하는 데 도움이 될 수 있어요."

장황한 독백을 끝내자

"엄격한 틀 안에서 일해야 하면 상상력이 최고로 발휘되어
가장 풍부한 아이디어를 생각해 낼 수 있다.
완전한 자유가 주어지면 그 결과물은 이도 저도 아닐 가능성이 크다."

_T. S. 엘리엇(T. S. Eliot), 시인

‘무분별한 도시 확산(urban sprawl)’이란 말을 들어 봤는가? 장기적인 개발 계획 없이 무질서하게 도시가 팽창하는 현상을 말한다. 말도 마찬가지다. 무슨 말을 하고자 하는지 목표도 없이 머릿속에 떠오르는 대로 말로 내뱉는 것은 ‘무분별한 언어 확산(verbal sprawl)’이다. 말이 길어질수록 사람들은 감명받지 않고 짜증만 더 낸다.

이제부터는 당신이 하는 말에 썬더 셔츠를 입혀 보자. 1분이나 2분, 3분간 이야기하고 입을 다물자. 상대방이 이야기하도록 두자.

그리고 혹시 “샘, 문제는 내가 아니라 내가 상대하는 고객이나 동료예요. 그 사람들은 절대 입을 닫지 않으려 해요”라고 생각하고 있다면 이제 곧 다룰 ‘요령 있게 끝내는 방법(tactful termination)’을 시도하자.

혼자 주절대는 상대를 조용히 만드는 일곱 가지 단계

“대화할 때 그의 불행은 바로 이것이다.
그는 어떻게 끝내야 할지 모르고 말을 계속한다.”

_ **새뮤얼 존슨(Samuel Johnson), 작가**

앞서 나는 협력하는 분위기를 만들어 내는 데 적극적인 경청이 얼마나 중요한지 설명했다. 그런데 상대방이 우리의 선한 마음을 이용해 말을 멈추지 않으려 하면 어떻게 해야 할까? 어떤 사람의 일방적이고 장황한 말 때문에 갈등이 생기면 어떻게 해야 할까?

그때는 패턴 차단을 해야 한다. 상대방이 나를 붙잡고 말을 줄줄 늘어놓는다면, 지금부터 소개할 '요령 있게 끝내는 방법'을 써서 좀 더 공평하게 대화를 다시 시작하자.

1. 양측의 욕구 충족이 균형을 잃고 있는지 확인한다.

어떤 사람이 20분 동안 쉬지 않고 계속 말하고 있다면 그 사람의 욕구는 충족되고 있다. 당신의 욕구는 어떤가? 당신과 말하려고 기다리는 다른 고객들의 욕구는 어떤가? 회의에 참석한 다른 직원들의 욕구는 어떤가? 한 사람이 당신의 시간을 독차지하고 있어서 답장을 받지 못한 이메일은 어떤가?

이럴 땐 욕구의 저울이 불균형을 이룰 것이다. 정의의 저울을 마음속에 그려 보자. 로마 신화의 유스티티아 여신은 정의의 여신으로 두 개의 접시가 양쪽에서 균형을 이룬 저울을 손에 든다. 이 두 접시는 어떤 일이 있어도 한쪽으로 치우치지 않고 모든 증거를 공정하고 객관적으로 고려하겠다는 의지를 상징한다.

내가 배운 가장 중요한 것 중 하나는, 모든 관계의 성공 여부는 욕구의 저울을 '균형 있게' 유지하는가에 달려 있다는 점이다.

상대방이 접시를 하나 가지고 있다고 가정하자. 당신도 접시가 하나 있다. 상대방 혼자 계속 말하고 또는 모든 결정을 내리고 당신은 의견을 제시하거나 기여할 기회가 한 번도 없다면 그 욕구의 저울은 한쪽으로 기울어진다. 상대방의 욕구는 충족되지만, 당신의 욕구는 충족되지 않는다.

이런 경우 상대방이 끊임없이 혼자 내뱉는 말을 중단시키고 재치 있게 마무리하는 것은 이기적이지 않고 현명한 행동이다. 한 사람이 대화를 독점하고 혼자 말하는 것이 아니라 두 사람의 욕구가 모두 충족되도록 욕구의 저울을 다시 균형 있게 잡아 주는 일은 당신의 권리이자 책임이다.

그런데 말하는 중간에 끼어들면 무례하다고 배운 사람이 많다. 그런 인식을 바꾸자. 누군가가 혼자서 말을 멈추지 않고 다른 사람들이 말하려는 욕구를 짓밟고 있다면, 끼어드는 행동은 무례한 게 아니라 옳은 일이다.

2. 상대방의 이름을 부르며 말을 끊는다.

상대방이 눈치껏 알아듣길 바라며 미묘한 신호를 보내지 말자. 짜증나서 발로 바닥을 툭툭 치거나 휴대전화를 대놓고 빤히 보는 행동은 상대방에게 그 뜻이 제대로 전달되지 않을 것이다. 끊임없이 자기 할 말만 하는 수다쟁이라 하더라도 공손하게 신호를 보내면 바로 통한다. 그들에게 대인관계 상황 인식력이 있었다면 처음부터 그렇게 오랫동안 수다 떨지 않았을 것이다. 만약 그들이 말하는 중에 당신도 그냥 입을 열면 그들은 짜증이 나서 더 시끄럽게 말할 것이다. 하지만 사람들은 누가 자신의 이름을 부르면 잠시 멈추므로 당신은 말을 할 기회를 얻는다.

3. 상대방의 말을 요약한다.

당신이 말할 기회를 덜컥 잡아 버리면 당신이 말하려고 상대방의 말을 끊은 것처럼 보이므로 상대방은 불쾌해 할 것이다. 상대방이 한 말을 다시 정리해서 말하면 상대방은 자신의 말이 잘 전달되었고 자신이 말하고자 하는 요점을 당신이 이해했다는 사실을 알 것이다.

4. "…하자마자" 또는 "…좋겠는데"로 마무리한다.

뭔가 조치해야 한다면 "전화를 끊자마자 물류센터에 연락해서 이 문제를 처리해 달라고 알리겠습니다"라고 말하자. 대화를 마치는 즉시 처리할 사항을 상대방에게 알려 주면 그는 당신이 이 문제를 조속히 해결하도록 당신을 빨리 놓아줄 것이다.

상대방이 자신의 말에 푹 빠져 있거나, 정말 화가 났는데 당신이 공감하며 잘 들어 주자 감사해서 계속 말을 이어간다면 "…좋겠는데"라고 말하자. "호세, 시간이 더 있으면 좋겠는데 지금은 직원 교육이 있어요. 좀 더 알아본 후 다시 연락해도 될까요?"라고 말하자. "좋겠는데"라는 말을 쓰면 당신이 대화를 마무리한다는 사실을 부드럽게 만들어 준다.

5. 친절한 문장을 써서 단호하게 끝낸다.

"이 사안을 알려 줘서 고마워요", "내일 다시 얘기하길 기대할게요"와 같은 친절한 문장은 갑작스럽게 대화를 끝낸다는 부정적인 느낌을 완화해 준다. 따뜻한 목소리로 어조를 내리며 말을 마치자. 머뭇거리며 "괜찮죠?"라고 말하면 대화의 공은 상대방에게 넘어가 지루한 대화가 또 시작될 것이다. "이 문제를 해결해서 다행입니다" 또는 "방금 하신 제안을 책임자에게 전달할게요"처럼 따뜻하게 표현하면 상대방은 자신의 말이 냉정하게 잘렸다는 생각이 들지 않는다.

6. 몸을 움직여 그 자리에서 벗어난다.

그래도 상대방이 말을 멈추지 않으려 한다면 좀 더 강하게 나서야 한다. 의자에서 일어나거나 뒤로 몇 발자국 물러나 "얘기 끝났어요"라고 분명히 말하자. 당신은 말 그대로, 또 비유적으로 그 사람과 거리를 두고 신체를 활용한 패턴 차단을 하는 것이다. 당신이 외면한다고 상대방이 생각하지 않도록 눈은 계속 마주치자. 당신이 자리를 피한다고 상대방이 느끼지 않도록 "다시 만나서 반가웠어요" 같은 말을 하자. 당신이 곧 해야 할 일을 언급하자. 상대방이 버림받았다는 느낌을 받지 않도록 "5분 뒤에 교육이 시작돼요. 늦지 않게 지금 노트를 챙겨야겠어요"라고 말하자.

7. 말을 갑자기 멈춰야 할 때를 미리 알려 준다.

상대방에게 시간이 얼마나 남아 있는지 미리 알려 주자. "타라, 나는 조금 뒤 정각에 고객에게 전화해야 한다는 걸 미리 알려 드려요. 다음 단계를 어떻게 할지 논의할 시간이 10분 남았어요"와 같은 표현을 써서 말하자. 여럿이 이야기할 때도 같은 기법을 써서 서로의 균형을 맞출 수 있다. 어떤 사람이 자신의 몫보다 말을 더 많이 해서 얘기가 다른 데로 새고 있다면 이렇게 말할 수 있다. "프란체스코, 이제 20분 남았어요. 논의할 의제가 세 가지 남았으니 그 얘기로 넘어가요."

수다쟁이는 사랑을 곧 시간으로 생각한다

"세상의 절반은 할 말이 있지만 할 수 없는 사람들,

그리고 나머지 절반은 할 말이 없는데도

계속 말하려는 사람들로 구성되어 있다."

_로버트 프로스트(Robert Frost), 시인

콰메가 말했다. "요령 있게 끝내는 방법이 비즈니스에서 어떤 효과가 있는지 알겠어요. 하지만 끊임없이 수다 떠는 사람이 부모님이라면 어떻게 하죠? 엄마는 일요일마다 '안부' 전화를 하세요. 제가 가만히 있으면 엄마는 몇 시간이고 수다를 떠세요. 엄마가 외로우시다는 건 잘 알지만, 저도 제 나름의 삶이 있다고요."

당신과 가까운 사람이 밑도 끝도 없이 수다를 떠는 성향이 있다면 전체적인 관계의 맥락에서 욕구의 저울을 살펴봐야 한다. 예를 들어, 당신은 엄마를 사랑하므로 엄마에게 주는 선물이라 생각하고 엄마의 말에 귀를 기울일 수도 있다. 엄마가 당신을 위해 해 준 그 모든 일을 떠올리면서 엄마를 위해 이 정도는 할 수 있다고 생각하는 것이다.

그렇지 않더라도, 당신 생각은 옳다. 한계가 있다. 전화할 때마다 몇 시간씩 수다를 떨고 싶어 한다면, 당신은 엄마를 원망하거나 아예 전화를 받지 않을 수도 있다. 그건 누구에게도 도움이 되지 않는다.

산드라는 당시 대학생이었던 아들과 이 문제에 대해 솔직한 대화를 나누다가 큰 깨달음을 얻었다고 했다.

아들이 전화로 물었어. “엄마, 엘로의 연락처가 필요해요. 아직 냉장고에 붙어 있어요?” 그래서 확인하고 번호를 알려 줬지. 그랬더니 아들은 전화를 끊으려 하더라고. 하지만 정말 오랜만에 통화한 거라서 아들에게 물었어.

“K 코치하고 같이 듀크대 농구 경기 봤니?”

“네, 흥미진진했어요.”

그러더니 전화를 또 끊으려 했어. 그래서 또 질문했지.

“열심히 준비하던 그 중요한 시험은 결과가 어땠니?”

“B 받았어요.” 그러더니 이렇게 말하는 거야.

“엄마, 엄마는 대화를 먼저 끝낸 적이 한 번도 없어요.”

그 말을 듣고 그대로 얼어붙었어. 이런. 난 내가 아들의 말에 늘 귀 기울이고 있고, 또 어떻게 되었는지 궁금하다는 걸 알려 주고 싶어서 그렇게 물어봤다고 말했어. 난 아들을 아끼고 또 아들에게 중요한 건 내게도 중요하다는 걸 알아주길 바라니까. 그래서 “그건 소통하는 방식이야”라고 말했어.

아들이 그러더라고. “엄마, 우린 소통했잖아요. 엘로의 연락처를 여쭤 보니까 알려 주셨어요. 그걸로 된 거예요.”

밀레니얼 세대를 대할 때 가장 중요한 말을 그렇게 배웠어. 바로 “알겠어요”야. 나는 긴 시간 동안 얘기해야 소통하는 것으로 여겼어. 그렇지만 아들 생각에 우리가 조금이라도 얘기하면 소통한 거야. 이젠 아들이 내게 물어볼 게 있거나 알려 줄 소식이 있어서 전화하면 내가 “알겠어”라고 할 때가 많아. 그리고 먼저 대화를 끝내지. 요즘은 누가 더 자주 전화하는지 알겠지?

동기부여 연설가인 지그 지글러(Zig Ziglar)가 한 말 중에 이런 말이 있다. "아이들은 사랑(Love)을 T-I-M-E이라 씁니다." 아이들은 부모와 함께 보내는 시간을 사랑으로 생각한다는 뜻이다. 마찬가지로 수다쟁이들은 소통을 '오랫동안 수다 떠는 시간'과 동일시하곤 한다. 그러나 산드라의 이야기가 말하듯 길게 대화하는 것이 곧 양질의 소통을 하고 있다는 것을 의미하지는 않는다. 욕구의 저울이 균형을 잃었다면 둘 중 한 사람은 불행하기 때문이다.

그렇다면 욕구의 저울 균형을 유지하면서 그들의 전화를 계속 받으려면 어떻게 해야 할까?

타미카가 말했다.

"제 친구는 이혼 소송 중인데요, 늘 이혼 얘기만 해요. 친구의 심정은 이해가 가요. 하지만 저도 이젠 참을 만큼 참았어요. 친구가 최근 몇 번 같이 저녁 먹자고 했지만 전 바쁘다고 거절했어요. 친구의 전남편이 친구에게 한 온갖 못된 짓을 들어 줄 여유가 없기 때문이에요."

나는 이렇게 제안했다. "그건 '적극적인 호의'라고 합니다. '수동적인 호의'가 아닌 데는 다 이유가 있죠. 친구를 피하지 말고 사실-감정-소망 순으로 이야기를 해 보세요. '우린 지난 3개월 동안 네 이혼과 전남편의 이야기만 나눴어. 네 심정은 충분히 이해가 가. 그렇지만 이젠 이야기 주제를 바꿀 수 있을까? 난 요즘 어떻게 지내는지 알려 주고 싶어. 그리고 스트레스 해소 겸 우리 둘이서 마사지를 받는 건 어때?'라고요."

"아, 생각지도 못한 접근이네요."

"친구는 처음엔 약간 충격받을 수도 있어요. 하지만 당신은 그녀에게 좋은 일을 하는 겁니다. 친구가 당신을 붙잡고 밑도 끝도 없이 자신의 문제를 얘기한다면 아마 다른 사람들에게도 분명 그렇게 할 거예요. 그 사람들은 이 문제를 친구에게 알릴 용기가 없을 수도 있고, 그러면 그녀를 피할 거예요. 당신은 친구에게 대인관계 상황을 인식하게 하고 더 공평한 관계를 만들 기회를 주는 거예요. 친구에게 도움이 될 겁니다."

핵심 요약

당신이 고객 콜센터에서 일한다고 가정해 보자. 말을 너무 길게 하면 평가가 나빠진다. 반대로 고객의 말을 끊어 무례하다는 항의를 받아도 평가가 나빠진다.

하지 말아야 하는 말

상대방이 계속 혼자 말하게 내버려 둔다
"이 여자분은 내가 한마디도 하지 못하게 하는군."

상대방이 언제 끝날지 모르게 계속 말하는 동안 마냥 기다린다
"와, 숨도 쉬지 않고 말하네."

아무 말도 하지 않는다
"이 여자분은 대답이 아니라 들어 줄 사람이 필요하구나."

불만을 퍼붓도록 그대로 둔다
"여기서 말을 끊으면 더 화를 내겠지? 스스로 그칠 때까지 그냥 듣자."

해야 하는 말

대화를 끝내야 하는 이유를 떠올린다
"나는 먼저 이 문의를 빨리 해결하고 나서 다음 고객에게 넘어가야 해."

상대방의 이름을 부른다
"워커 부인, 이 문제를 알려 주셔서 감사합니다. 그리고……"

"…하자마자"를 써서 말을 끊는다
"워커 부인, 이 전화를 끊자마자 담당자에게 연락해서……"

욕구의 저울을 머릿속에 떠올린다
"10분 동안 혼자 말하게 뒀으니 이제는 내가 말할 차례야."

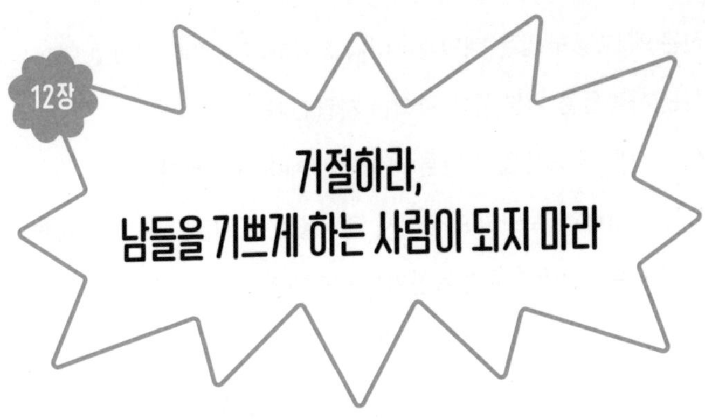

12장
거절하라,
남들을 기쁘게 하는 사람이 되지 마라

"사람들을 기쁘게 하려고 애쓰지 말아요.
당신은 초콜릿이 아니에요."
_커피 머그잔 글귀

"저는 제가 사는 지역사회에서 활발하게 활동해요. 그러다 보니 사람들은 제게 각종 위원회와 행사의 대표를 맡아 달라고 요청할 때가 많아요. 저는 사회에 봉사하는 일이 중요하다고 생각하지만, 이젠 지쳐 쓰러질 지경이에요. 사람들이 당신이 해야 할 일이라고 간청할 때 어떻게 거절할 수 있을까요?"

"어떤 일이 처리되길 원하면 가장 바쁜 사람에게 그 일을 주어라"라는 격언이 있다. 이 얘기가 바로 당신 얘기라면, 다른 사람들의 우선순위를 당신의 우선순위와 균형을 맞출 방법을 찾아보자.

여기 몇 가지 질문에 대답하자.

- 당신은 왜 그렇게 많은 대의명분이나 프로젝트에 “예스”라고 답하는가?
- 당신은 사람들을 기분 좋게 하려는 사람인가?
- 당신 자신은 돌보지 않고 다른 사람들만 계속 돌보는가?
- 필요한 사람이라고 느끼고 싶어서 달력을 온갖 일정으로 가득 채웠는가?
- 당신의 좌우명은 “모두 행복한가요?”인가?

만약 이 질문들에 대부분 “그렇다”라고 답했다면 당신은 거절해야 할 때도 거절하지 못하고 일을 너무 많이 떠안는 사람이라는 뜻이다.

질문을 바꿔 보겠다. 당신은 힘이 있다고 생각하는가?

힘이 있다는 말은 앞으로 발생할 일과 당신의 미래에 영향을 줄 수 있을 것 같다는 느낌이다. 당신은 살아가면서 얼마나 자주 힘을 갖고 있다고 느끼는가? 아니면 당신과 당신 삶에 일어나는 일을 통제할 수 없다는 느낌이 더 자주 드는가?

어떤 일을 할지 말지 결정할 때는 ‘의지’의 다양한 의미를 이해하는 일이 중요하다. 메리엄-웹스터 대학생용 사전에서는 의지의 명사형 뜻을 “자신의 행동이나 감정을 통제하는 힘” 또는 “권위나 힘을 가진 사람의 선택이나 결정”이라고 정의한다.

어떤 사람이 당신에게 어떤 일을 하라고 부담을 줄 때 이 점을 명심하자. 상대방의 의지에 굴복할 것인가? 아니면 당신의 의지를 행사할 것인가? 이상적으로 둘 다 하는 방법이 있다. 그 방법을 소개하겠다.

당신은 남들을 기쁘게 하려는 사람인가?

"나는 사랑받기를, 또 그렇게 되기 위해
내가 하는 일을 얼마나 좋아하는지."

_ 찰스 램(Charles Lamb), 수필가

만약 당신이 남들을 기쁘게 하고 또 달랬던 사람이라면 순간의 압박감을 이기지 못하고 인정받고 싶어서 사람들에게 굴복할 수도 있다. 하지만 그렇게 한다면 별로 같이 있고 싶지 않은 사람들로 가득한, 원치 않는 삶을 살아가야 할 수도 있다.

그런데 우린 왜 그렇게 할까?

남들을 기쁘게 하려는 사람들은 불행한 가정에서 사랑이나 지지를 제대로 받지 못하고 자란 경우가 많다. 그들은 말을 잘 듣고 고분고분해야 부모의 관심을 받을 수 있다고 생각했으므로 착한 아이가 되기 위해 최선을 다했다. 어른이 되어서도 어렸을 때 받지 못한 인정을 얻기 위해 다른 사람들에게 잘 보이려고 애쓴다.

남들을 기쁘게 하려는 사람들은 타인의 인정에 중독된 경우가 많다. 어떤 사람이 자기를 좋아하지 않으면 그들은 혹시 뭔가 '잘못한' 일은 없는지 서둘러 자기 검증을 한다. 그리고 상대방의 호감을 얻기 위해 자기 자신을 그 사람에게 맞춘다. 누군가가 화를 내면 '평화롭게 지내기 위해' 상황을 바로잡겠다고 애쓴다. 그 결과, 안타깝게도 그들은 종종 다른 사람들에게 굴복하고 그들이 하자는 대로 따르며 자신의 소망과 욕구, 권리를 희생한다. 정말 중요하고 또 신경 쓰이는 일인데도 "그건 중요하지 않아", "상관없어" 같은 말로 자신의 의견을 최소화할 때가 많다.

그들은 전형적인 '아니야. 네가 먼저 해' 성격 유형을 가진 사람들이다. 남들을 기쁘게 하려는 사람들은 누구하고도 사이가 멀어지는 위험을 감수하고 싶지 않아서 가족, 직장 동료, 지인, 심지어 낯선 사람들에게도 절대 거절을 하지 못한다. 기금 마련 행사를 준비하거나 자선 바자회를 또 앞장서서 준비하고 싶지 않아도 "아니오" 대신 "예"라고 답한다.

짐작이 가겠지만, 이렇게 되면 큰 타격을 입는다. 겉으로 보기에 그들은 어떤 일이든 다 맡아 할 준비가 된 듯 보이겠지만, 마음속으로는 이용당하고 있다고 생각할 수 있다. 하지만 그들은 불평하지 않으며 사람들의 애정을 멀리할 위험을 감수하지도 않을 것이다. 피로에 지쳐 탈진하더라도 자기 자신만 알고 있을 것이다. 자신의 관대한 마음과 행동을 모든 사람이 당연하게 여기는 것 같아 마음의 상처를 자주 받기도 한다.

거절에는 이유가 필요없다

"순응하면 주어지는 보상은

당신만 빼고 모두가 당신을 좋아한다는 사실입니다."

_리타 메이 브라운(Rita Mae Brown), 페미니스트 작가

나는 이 주제에 대해 존중센터(The Center for Respect) 설립자인 마이크 도미트르츠(Mike Domitrz)를 인터뷰했다. 마이크는 대학에 다닐 때 여동생이 강간당했다는 전화를 받았다. 그 당시에는 미투 운동이 일어나기 전이어서 여동생이 마땅히 받아야 할 도움을 줄 자원이 없었다. 마이크는 이미 벌어진 일을 되돌릴 수 없어 무력감을 느꼈고, 다른 사람들에게도 이런 일이 일어나지 않도록 뭔가 하기로 마음먹었다. 그는 데이트 세이프(Date Safe) 프로그램을 개발하여 전 세계에 배포했다. 이 프로그램의 전제는 "먼저 물어보라"이다.

나는 몇 년 전에 마이크가 이 프로그램을 발표하는 걸 봤고, 그가 발표장에 있는 모든 사람의 마음을 사로잡는 모습에 깊은 인상을 받았다. 마이크는 인기 많은 남학생과 여학생을 무대 위로 불러 두 사람이 데이트하다가 종종 벌어지는 커플 간의 역학 관계를 역할극으로 보여 달라고 요청했다. 바로 한 사람은 '로맨스'를 서두르고, 다른 한 사람은 관심이 없거나 준비되지 않아서 옥신각신하게 되는 그 흔한 상황 말이다.

마이크가 말했다. "가장 근본적인 문제는 상대방을 '실망하게' 만들고 싶지 않은 사람들이 많다는 겁니다. 여러분은 정당한 이유로 사람들을 실망하게 할 권리가 있다는 걸 잘 알아 두세요. 어떤 일을 하고 싶지 않으면 거절할 수 있는 목소리와 선택권이 있습니다."

나는 그에게 물었다. "상대방이 계속 압박한다면요?"

마이크가 대답했다.

거절하는 이유를 제시하지 마세요. 상대방을 이기려 하고 자기 마음대로 하려는 사람들은 거절하는 이유를 극복해야 할 장애물로 여기기 때문입니다.

이 사실은 10대 청소년이든 성인이든 마찬가지입니다. 상대방이 성관계를 갖길 원하는데 당신은 "싫어. 피곤해"라고 거부하면 그 상대방은 "걱정하지 마. 그냥 누워만 있어. 내가 알아서 다 할게"라고 달랠 겁니다. "난 아직 너를 잘 몰라"라고 거절하면 상대방은 "날 못 믿는 거야?"라고 화낼 겁니다.

당신이 어떤 이유를 대든 상대방은 그 대답을 찾을 겁니다. 당신이 거절하는 이유를 내세울수록 상대방은 승낙하라고 더 압박할 겁니다. 여기서 핵심은 "싫다고 했잖아. 내가 싫다면 싫은 거야"라고 단호하게 말하는 겁니다.

마이크의 프로그램에 참여한 어떤 여성이 그에게 이렇게 말했다고 했다. "지금 제가 얼마나 기분이 홀가분한지 모르실 거예요. 저는 남편을 행복하게 해 주는 것이 아내의 의무라고 늘 생각했어요. 제게 거절할 권리가 있다고, 싫다면 싫은 거라고 말씀하셨을 때 큰 깨달음을 얻었어요."

당신 역시 거절하고 싶지만 승낙해야 할 것 같은 압박감을 느낄 때가 온다면 잠시 시간을 내서 다음 질문들을 깊이 생각해 보자. 그것이 성관계처럼 개인적인 일이든 또는 점심시간을 길게 보내고 싶어 하는 동료를 위해 일을 대신 처리해 주는 것과 같은 직장 일이든 상관없이 동일하다.

"네"를 강요받을 때 고려해야 할 기준

"'거절하면 어쩌지' 하는 두려움은

대부분 타인의 인정을 받으려는 욕구에서 비롯된다.

다른 사람의 의견을 자존감의 근거로 삼지 말라."

_ **하비 맥케이(Harvey Mackay), 비즈니스 저술가**

다음 질문들은 당신이 정신적 에너지와 시간, 자원을 소모하는 어떤 일을 하겠다고 결정하기 전에 모든 각도에서 충분히 생각하도록 도와준다. 스스로에게 질문해 보자.

1. 내가 이 일을 하려는 이유는 무엇인가?

- 그 사람에게 신세를 진 일에 대해서 공정한 대가를 치르고 싶은가?
- 그 사람을 배려한다는 사실을 구체적으로 표현하고 싶어서인가?
- 상대방은 그 일을 요청할 만한 자격이 있어서인가?
- 내가 그 사람을 존경하거나 감사하고 있어서인가?
- 특별한 일을 기념하는 선물이어서인가?
- 그것이 옳은 일이라고 마음속으로 알고 있어서인가?
- 강요받지 않고 내가 기꺼이 하기 때문인가?
- 그 사람이나 그들의 대의명분에 긍정적으로 도움이 되고 싶어서인가?
- 내게 도움이 되고 내가 원하는 것을 얻을 수 있어서인가?
- 그것이 직무와 관련된 합리적인 요구 사항이어서인가?

위의 질문에 대해 "네"라고 대답하려는 쪽으로 마음이 기울어진다면 당신이 동의하는 이유는 정당하다.

2. 아니면 다음과 같은 이유로 "네"라고 답하려는가?

- 그 사람의 인정을 받으려 애쓰고 있는가?
- 그 사람이 내게 화를 내는 걸 원하지 않는가?
- 의무감 때문에 승낙해야 할 것 같은가?
- 어떻게 거절해야 할지 방법을 모르는가?
- 상대의 감정을 상하게 하고 싶지 않은가?
- 동의하지 않으면 사람들이 무시할까 봐 신경이 쓰이는가?
- 그 사람은 "다른 사람들 모두 동의했어요"라며 나를 압박하는가?
- 동의하지 않으면 그 사람이 한바탕 소란을 피울까 걱정이 되는가?
- 나는 사람들이 부탁하면 늘 동의하는 편인가?
- 나는 거절할 힘과 분명한 태도, 용기, 에너지가 없다고 생각하는가?

위의 이유로 부탁을 받아들인다면, 당신은 당신만의 'P.I.N.'을 무시한 것이다. 여기서 'P.I.N.'이란 우선순위(Priorities), 관심사(Interests), 요구 사항(Needs)을 말한다. 당신만의 P.I.N.을 잘 알아두자! 이런 상황에서 그 사람이 원하는 걸 들어주면 당신에게 도움이 되지 않는다. "아니요, 괜찮아요"라고 말해야 당신에게 가장 도움이 된다.

"네" 또는 "아니오"를 객관적으로 평가하는 방법

"가장 오래되고 또 짧은 단어인 '네'와 '아니오'는 생각을 가장 많이 해야 할 단어다."

_피타고라스(Pythagoras), 고대 철학자

앞에 소개한 질문하기에 더해 간단한 연습을 할 수도 있다. 종이 한 장을 준비해 가운데 부분에 세로로 선을 그어 두 칸으로 나눈다. 왼쪽 칸 위에는 '다른 사람들의 요구 사항', 오른쪽 칸 위에는 '나의 요구 사항'이라고 적는다.

어떤 일을 해 달라는 부탁을 받고 망설이는 상황을 떠올려 보자. 왼쪽 칸에는 과거에 이 사람이나 지역사회를 도왔거나 봉사했던 방식, 그들에게 원하는 걸 제공하면 그들의 요구 사항이 충족되는 이유를 모두 적어 보자. 다음으로는 오른쪽 칸에 당신의 요구 사항을 모두 나열하자. 여기에는 건강, 수면, 가족 및 친구와 함께 보내는 시간, 개인적인 또는 직업 관련 책무, 활기차게 활동하고 뭔가 배우는 시간 등이 있다.

이 두 개의 칸을 검토해 보면 당신은 자신의 우선순위를 희생하면서 다른 사람이나 지역사회를 위해 봉사하고 있다는 것을 알 수 있다. 이 작업을 하면 어떤 일을 요청받았을 때 "아니요, 괜찮습니다"라고 말하더라도 이기적이지 않고 오히려 현명하다는 걸 깨달을 것이다.

이제는 누구와도 사이가 멀어지지 않고 거절하는 방법에 대해 알아보자.

확실하게 거절하는 네 가지 방법

"사람들이 자신의 힘을 포기하는 가장 흔한 방식은 자신에게 힘이 전혀 없다고 생각하는 것입니다."

_ 앨리스 워커(Alice Walker), 퓰리처상 수상 작가

1. 거절한 뒤 대안을 제안한다.

특정 요청 사항은 거절하고, 당신에게 더 유리한 대안을 제시하자. "제안해 주셔서 감사합니다. 위원장은 맡지 못하겠어요. 그 대신 제가 위원장이었을 때의 모범 사례를 새 위원장님께 기꺼이 조언하겠습니다."

2. 거절하고 다른 방법을 써서 그들의 요구 사항을 충족한다.

그들의 요구 사항을 들어줄 수는 없어도 그들의 요구 사항을 충족시킬 아이디어가 있다고 알려 주자. 이렇게 말하는 방법도 있다. "저는 위원회를 이끌 수 없지만, 위원장직에 관심을 보인 베니시아를 추천합니다. 베니시아는 적임자입니다." 이렇게 하면 사람들에게는 새로운 리더가 생기고, 당신은 자유 시간이 많아지며, 베니시아는 원하던 위원장 자리를 얻으므로 모두에게 이득이 된다.

3. 죄책감을 느끼지 말고 정중하게 거절한다.

그동안 베풀고 또 베풀어 왔다면, 그리고 설령 베풀지 않았더라도 불편해하지 않고 거절할 권리가 있다. 다른 사람들을 골치 아픈 문제에

서 구출하는 것은 당신이 책임질 일이 아니다. 어쩌면 미소를 지으며 이렇게 말할 수도 있다. "제안해 주셔서 감사합니다. 저는 연말까지 매일 저녁과 주말 시간을 비우기로 가족들에게 약속했어요. 가족과의 약속을 지키고 싶습니다."

4. 절충하는 표현을 써서 말한다.

"제 도움이 절실히 필요하다는 건 알지만, 지금 당장 제가 이 위원회를 이끌 수는 없어요. 지금도 하는 일이 너무 많아서요" 같은 표현은 피하자. 그보다는 "제 도움이 필요하다는 건 알겠어요. 제가 힘을 보태 드릴 시간 여유가 있으면 좋겠어요. 한 가지 제안할게요……"처럼 좀 더 요령 있게 절충하는 표현을 쓰자.

상대방이 당장 승낙하라고 압박할 때 대처 방법

"당신이 잘되길 바라지 않는 사람들이 있다면,

그들은 당신에게 필요한 사람들이 아닙니다."

_게일 킹(Gayle King), 방송인

사람들은 당신이 충분히 생각하지 않기를 바라기 때문에 빨리 결정하라고 일부러 재촉할 때가 있다. 그들은 당신이 잘되길 바라는 게 아니라 자신이 잘되길 바란다. 당신을 끈질기게 압박해서 굴복시키고, 다른 때 같았으면 거절했을 제안을 얼떨결에 수락하도록 영향력을 행사한다.

만약 그런 일이 일어나고 있다면, "지금 당장 대답하기를 원한다면, 대답은 '아니오'야"라고 응수한 내 친구 주디 그레이(Judy Gray)의 말을 활용해 보자. 조금도 흔들릴 필요가 없다. 즉시 답변하라고 규정된 경우가 아니라면, 당신은 결정할 시간을 요구할 권리가 있다.

지금 당장 "아니오"라고 대답할 생각을 하니 민망해서 몸이 움츠러든다면, 자연스럽게 그 말이 입에서 떨어질 때까지 집에서 큰 소리로 말하는 연습을 하자. 그러면 필요할 때 "지금 당장 대답하기를 원한다면, 대답은 '아니오'야"라고 더 편하게 말할 것이며, 상대방은 당신이 비열하게 구는 게 아니라 진심임을 이해할 것이다.

선의로 베푼 행동이 선을 넘는 요구로 돌아오지 않게 하려면

"당신이 받아야 할 것보다 적은 것에 만족하는 순간,
만족한 것보다 더 조금 얻는다."

_모린 다우드(Maureen Dowd), 칼럼니스트

컨설팅 경험이 풍부한 어떤 컨설턴트는 사람들 때문에 곤란한 상황을 종종 겪는다고 했다. "저는 업계에서 꽤 많이 알려져 있습니다. 제 '성공 비결'을 알고 싶어 하는 사람들이 많아요. 함께 커피를 마시며 제 조언을 구하고 싶다는 요청을 하루도 빠짐없이 받습니다. 저는 제

경험을 사회에 환원하는 걸 중요하게 생각해서 업계 협회를 통해 젊은 기업가들에게 이미 멘토링을 하고 있어요. 하지만 제 조언을 듣길 원하는 사람 모두와 '잡담'을 나눌 시간은 없습니다. 어떻게 하면 좋을까요?"

나는 그에게 이렇게 말했다. "그건 의사나 변호사, 기업가들처럼 성공한 전문가들이 거의 모두 겪는 문제입니다. 이런 부탁을 받을 때마다 시간을 그냥 흘려보내지 않도록 기준을 마련하는 편이 좋습니다. 이렇게 '한계가 분명한' 기준이 있으면 이 문제를 적극적으로, 또 정중하게 처리하는 데 도움이 될 수 있어요."

• 공식적인 약속을 잡는다.

사람들이 당신의 '의견'을 알고 싶어서 전화나 이메일로 '간단한 질문'을 하거나 커피를 '사겠다'라고 말하면 "다음 주에 시간이 됩니다. 이 안건을 무료로 논의할 수 있도록 15분 정도 비워 둘게요"라고 말해서 공식적인 절차를 밟는다.

이렇게 하면 여러 가지 효과가 있다. 상대방에게 당신이 바쁘다는 사실을 알리고, 당신을 만나려면 따로 일정을 예약할 필요가 있다는 점을 분명히 할 수 있다.

만약 상대방에게 바로 전화를 걸거나 이메일을 간단하게 써서 빨리 답장하면 어떤 일이 일어날까? 당신은 판도라의 상자를 열고만 셈이다. 즉, 당신은 24시간 연중무휴 언제든지 연락할 수 있는 사람이라는 선례를 남기게 된다. 상대방은 후속 질문을 또 던질 테고, 조언을 더 해 달라고 언제든지 요청할 것이다. 당신은 상대방이 요청하면 언제든지 응한다는 위험한 기준을 설정했기 때문이다. 그들은 필요할 때마다 바로 도움을 요청하는 일이 잘못되었다고 여기지 않고 계속해서 당신의 조언을 '구하는' 걸 아무렇지도 않게 여길 것이다. 어쨌든 전에도 효과를 봤으니 말이다.

• '무료'로 제공할 수 있는 시간을 먼저 알려 준다.

상대가 무료로 조언을 요청하면 "이 문제에 대해 컨설팅해 드리겠습니다. 15분짜리 무료 일정을 예약하시면 기꺼이 질문에 답변해 드릴게요. 이후에도 계속 전략을 짜고 싶으시면 컨설팅 비용에 대해 논의하고 어떻게 하실지 결정하시죠"라고 답한다. 이렇게 하면 무료 컨설팅 시간을 얼마나 제공할지 그 한계가 명확하게 설정된다. 동시에 당신의 우선순위 그리고 힘들게 배운 전문 지식에 대해 보상받을 권리를 존중하는 것이기도 하다.

• 쓸데없는 잡담을 하지 않는다.

약속을 잡고 만나면 "주어진 시간을 최대한 활용하려면 어떤 사안에 집중해야 할까요?"라고 먼저 질문한다. 잡담은 금물이다. 시간이 15분밖에 없다면 사람들은 잡담하고 싶어 하지 않는 게 보통이다. 이 시간이 최고로 생산적이었다고 상대방이 생각하도록 그의 우선순위에 집중한다.

• 대화를 녹음한다.

통화를 녹음하라고 상대방에게 제안한다. 수년간의 경험에서 얻은 조언을 해 줄 때 '상황에 딱 들어맞는' 말을 하는 몰입 상태에 도달하는 경우가 많다. '황금처럼 귀중한 조언'을 녹음하거나 기록하지 않으면 그 완벽한 말이나 훌륭한 통찰을 잃을 수 있다. 뿐만 아니라 통화를 녹음하면 다시 들으면서 처음에 놓친 내용을 파악할 수 있다. 녹음하면 언제나 변치 않는 핵심 가치가 전달되므로 함께한 시간의 가치를 두 배로 높일 수 있다.

• 무료 시간이 지나면 대화를 정리한다.

대화가 15분 정도 진행되면 "스티브, 지금까지 즐겁게 대화했는데 시간상 질문 하나만 더 받을 수 있어요. 무엇에 집중하고 싶어요?"라고 묻는다. 15분이 지나도 상대방이 말을 계속하면 중간에 말을 끊어도 괜찮다. "스티브, 도움이 되었기를 바랍니다. 전 약속이 있어서 이제 마무리해야 해요. 관심이 있다면 제 매니저가 컨설팅서비스 관련 상세 내용을 보내 드릴 겁니다"라고 말한다.

마지막으로 내가 즐겨 사용하는 방법은 바로 '산책 겸 대화'다. 상대방은 '회사 업무 얘기'를 하고 싶어 하는데, 내가 그를 정말 도와주고 싶다면 함께 걸으면서 이야기하자고 제안하는 것이다. 사실 나는 식사보다 운동이 더 필요하고 중요해서, 몇 년 전부터 이 '산책 겸 대화'를 시작했다. 낮이고 밤이고 책상 앞에만 앉아 있는 사람들이 많아서 꽤 좋은 방법이다. 내가 존경하는 사람이 점심을 사겠다고 제안하면 나는 그러지 말고 함께 산책하자고 한다. 그리고 디지털기기를 가져와서 대화를 녹음하라고 제안한다.

물론 원격으로도 할 수 있다. 상대방과 통화하는 동안 산책하겠다고 말하고, 상대방에게도 그렇게 하라고 제안하자. 화상 회의의 피로감을 줄이기 위해서라도 이 대화는 화상 통화 말고 전화 통화로 제한한다.

자, 누가 당신에게 어떤 부탁을 들어 달라고 압박하는가? 당신의 P.I.N.(우선순위, 관심사, 요구 사항)을 파악하고 양측의 욕구를 균형 있게 충족시키기 위해 당신은 어떻게 책임 있게 나설 것인가? 스스로에게 질문하자. "나는 아직 마음을 정하지 않았는가?", "나중에 마음이 바뀔까?" 상대방의 부탁에 대한 대답이 "아니오"라면 단호하게 "제 결정을 존중해 주세요"라고 말하고 지금 거절하는 편이 당신과 상대방에게 도움이 된다.

핵심 요약

당신에게 멋진 보트가 있다고 가정해 보자. 친구가 낚시하러 가겠다면서 그 보트를 빌려 달라고 했다. 당신은 친구가 보트를 잘 관리하리란 믿음이 가지 않지만, 친구는 보트를 빌려 달라고 계속 부담을 준다.

하지 말아야 하는 말	해야 하는 말
마지못해 받아들인다 "알았어. 하지만 깨끗이 쓰고 연료 탱크는 채워 놔."	**단호하게 거절한다** "토니, 내가 들어 둔 보험은 다른 사람이 보트를 몰아서 생긴 사고를 보장하지 않아."
친구의 요구 사항만 충족시킨다 "아버지와 낚시하러 가고 싶다니 내 보트를 빌려 줄게."	**친구와 당신의 요구 사항 둘 다 충족시킨다** "토니, 다음 주말에 네 아버지를 모시고 같이 낚시하러 가자."
지금 답해야 한다고 압박감을 느낀다 "이봐, 날 힘들게 하지 마. 그건 내 보트잖아."	**시간을 들인다** "지금 당장 알아야 한다면, 내 대답은 '아니오'야."
무례하게 말한다 "내게 죄책감이 들게 해서 보트를 빌리려 하다니 넌 정말 나쁜 놈이야."	**요령 있게 말한다** "토니, 보트를 왜 빌리고 싶어 하는지 알겠어. 그리고 분명히 말하는데 난 다른 사람에게 빌려 주지 않아."

3부

티 나지 않게 내 뜻대로 상대방을 움직일 수 있을까?

"사람들이 당신을 대하는 방식은 그들의 업보이며,
당신이 어떻게 대응하는지는 당신의 업보다."

_웨인 다이어, 자기계발서 저술가

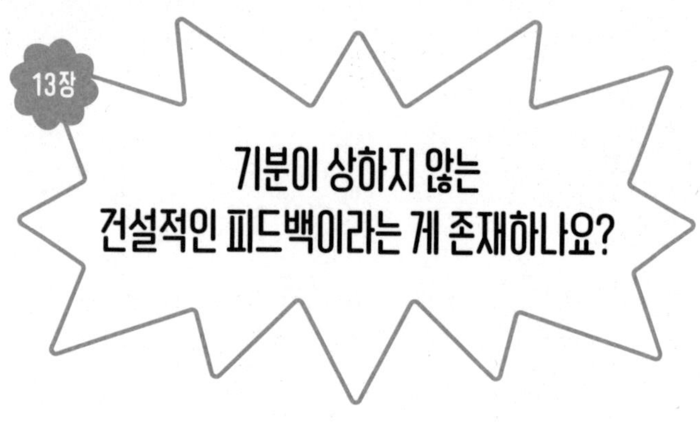

13장
기분이 상하지 않는
건설적인 피드백이라는 게 존재하나요?

"당신의 가장 좋은 선생님은
가장 마지막으로 저지른 실수다."
_랄프 네이더(Ralph Nader), 소비자 보호 운동가이자 변호사

"저는 비영리단체에서 자원봉사자들을 교육하는 일을 합니다. 그런데 요즘 사람들은 너무 예민해서 사소한 피드백에도 막 화를 내요. 어떻게 하면 그 사람들이 화를 내게 하지 않고 피드백을 줄 수 있을까요?"

좋은 질문이다. 어떻게 하면 사람들이 기분 나빠하지 않고 더 좋은 성과를 내도록 도와줄 수 있을까?

파괴적이지 않고 건설적인 피드백을 주는 비법을 알려 준 로드 레이버에게 깊이 감사드린다. 앞에서 언급했듯이 나는 사회 초년생 시절에 영광스럽게도 그의 밑에서 일한 적이 있었다. 테니스 캠프 행사

가 끝난 다음 날, 로드는 내게 잠깐 테니스를 같이 치지 않겠냐고 했다. 역사상 가장 위대한 테니스 선수 중 한 명과 같이 테니스를 치자고? 말이 떨어지기 무섭게 나는 진심으로 "네!" 하고 외쳤다. 그건 몇 주 동안 열심히 일한 내게 그가 보답하는 방식이었다.

로드는 내가 테니스 코트를 좌우로 뛰어다니며 포인트를 따게 했다. 마지막으로 그는 공을 약하게 올려 쳐서 내가 쉽게 오버헤드를 하게 했다. 하지만 잘하려는 의욕만 앞선 나는 공을 끝까지 쳐다보지 않고 공을 쳐 보내려는 곳만 바라보는 큰 실수를 저지르고 말았다.

결국 나는 공을 그냥 잘못 친 게 아니라 아예 헛치고 말았다. 너무 창피해서 후회하고 자책했다. "고개를 똑바로 들어야 했어. 그 정도는 알잖아! 바보같이 실수하다니."

그때 스포츠맨십으로 유명한 로드가 나를 불러 무척 심오한 말을 건넸는데, 그 말이 지금도 생생하다. "샘, 챔피언들은 '해야 했어'란 말을 절대 하지 않아. 챔피언들은 실수하면 즉시 어떻게 하면 원래대로 돌아갈지, 다음번엔 제대로 할 수 있는지에 집중해."

고마워요, 로드. 코트 안에서나 밖에서나 진정한 신사시군요. 그의 말이 옳다. 이 상황에서 "해야 했어"라는 표현은 이미 벌어진 사건에 관련된 말이므로 앞으로의 목적 달성에 아무런 도움이 되지 않는다. 과거를 되돌릴 수 있는 사람이 있을까?

그러므로 당신은 물론 누군가가 실수를 하면, 로드의 조언대로 어떻게 하면 다음번에는 원래대로 돌아와 제대로 할 수 있을지에 집중하는 편이 가장 좋다. 그건 비평가가 아니라 코치가 되는 방법이다. 부끄럽게 행동하지 않고 제대로 행동하게 하는 방법이기도 하다.

"해야 했어"는 무례하게 말하는 방식이다

"누군가를 비난하기 전에 그 사람의 신발을 신고 2킬로미터는 걸어가야 해요. 그렇게 하면 그 사람을 비난하더라도 당신은 이미 먼 곳에 와 있는 데다 그 사람은 신발도 없어서 쫓아오지 못해요."

_잭 핸디(Jack Handey), 코미디언

이쯤 되면 우리 모두에게 유머가 필요할 듯하다. 그래도 잭 핸디의 말에 일리가 있다. 다음에 어떤 사람을 비난하고 싶으면 더 멀리 하이킹이라도 가야 할지도 모른다.

특히 새로운 업무를 하는 사람에게 피드백을 줄 때는 더욱 그렇다. 전에 해 본 일이 아니므로 그들은 당연히 일 처리를 잘하지 못할 것이다! 그들의 자존심은 구겨질 것이다. 실수하길 좋아하는 사람이 누가 있겠는가?

잘못한 일을 비난한다면 그들은 우리 말이 옳더라도 우릴 원망할 것이다. 방어하려 들거나 공격적으로 나올 것이다. 그러니 실수했다고 창피하게 만들지 말고, 앞으로 더 효율적으로 업무를 처리할 방법을 코칭해서 실수로부터 배우도록 하는 편이 더 효과적이다.

글렌이라는 영업관리자는 그 말에 동의하지 않았다. "저는 신입 직원 교육을 담당합니다. 저는 직원들의 실수를 바로잡는 게 제 일이라 생각했어요. 제가 잘못을 지적하지 않으면 그 사람들은 어떻게 배우겠습니까?"

나는 이렇게 답했다. "부디 그런 생각을 바꿔 주세요. 직원들이 잘

못하면 잔소리를 쏟아내 그 사람들 머릿속에 남게 하지 말고, 정확하게 하는 방법을 가르치는 게 당신이 해야 할 일입니다."

잠시 테니스 경기 비유로 되돌아가 보자. 사람들에게 "뒷발에 체중을 싣고 공을 치지 마세요"라고 지적하면 실제로는 더 그렇게 하게 된다. 테니스 선수에게 "위험한 샷을 치겠다고 애쓰지 말아요"라고 주의를 시키면 그 생각이 뇌리에 박혀 계속 더 그렇게 한다.

잔소리꾼이 되지 말고 코치가 되어 "공 쪽으로 더 가세요", "코트 안쪽으로 공을 치세요"라고 제안하자. 큰 목소리로 이렇게 말하면 동작 교정 효과를 얻는 데 도움이 된다.

상사가 "슬라이드에 정보를 너무 많이 담지 마. 게다가 너무 빨리 넘겨서 아무도 내용을 읽을 수 없었어"라는 의견을 주면, 직원은 발표 자료를 작성하는 데 들인 시간에 대한 언급이 없는 일방적인 피드백 때문에 불쾌할 수도 있다.

만약 상사가 "발표 자료를 만드느라 시간과 노력을 많이 쏟았군. 수고했어. 그리고 앞으로는 자네가 준비한 훌륭한 정보를 모든 사람이 잘 이해하도록 자료를 열 장까지만 만들고, 각 슬라이드의 글머리 기호는 최대 세 개, 글자 크기는 24폰트로 지정하는 게 어떻겠나?"라고 하면 직원은 좀 더 잘 받아들일 것이다.

노력을 칭찬하며 결과를 코칭하는 이 방식에 주목하자. 다른 사례들을 더 들겠다.

- "우리 회사의 새로운 웹사이트 디자인을 해 주셔서 감사드립니다(노력). 이해관계자들이 우리 회사의 가치를 잘 알도록 회사 미션을 소개하는 섹

션을 추가해 주시겠습니까(결과)?"

- "기금 모금 행사를 위한 고객서비스 지침을 만들어 주셔서 감사합니다(노력). 모든 사람이 잘 알도록 기부금 모금 원칙을 추가해 주시겠습니까(결과)?"

어떻게 돌아가는지 알겠는가? 사람들은 자기가 한 일을 인정받는다고 생각하므로 화내지 않고 당신의 피드백을 받아들일 수 있다.

기분이 나쁘면 더 많은 일을 할 동기가 생기지 않는다

"교정하면 많은 것을 성취하지만, 격려하면 더 많은 것을 성취한다."

_요한 볼프강 폰 괴테, 작가

어떤 워크숍 참석자가 말했다. "강사님께서 제 영어 선생님에게 그 말을 해 주시면 좋겠어요! 저는 작년에 한국을 떠나 미국에 왔고, 제가 사는 동네 근처 커뮤니티칼리지에서 야간 수업을 듣고 있어요. 문제는 제가 실수할 때마다 선생님이 모든 사람 앞에서 일일이 교정하세요. 제가 잘할 땐 그냥 넘어가고 틀린 것만 지적하세요."

나는 미소를 지었다. "'내가 옳으면 아무도 기억하지 않는다. 내가 틀리면 아무도 잊어버리지 않는다'라고 말한 야구 심판 더그 하비(Doug Harvey)와 같은 생각이신 것 같네요."

"맞아요. 그래서 수업 시간에 질문하길 주저하게 돼요."

그녀의 말이 옳다. 피드백의 비율이 중요하다. 우리는 잘하지 못하는 것에 대해서만 지적당하면 움츠러들 때가 많다. 비판은 의욕을 꺾고 호기심을 억제한다. 우리는 동료 앞에서 창피를 당할 위험을 감수하고 싶지 않으므로, 바보처럼 보이지 않도록 우리 존재를 숨겨 버린다. 더 나쁜 것은 그렇게 지적받고 나면 우리가 '할 수 있었을' 또는 '해야 했을' 일이 무엇인지 알 때가 많다는 점이다. 사후 비판은 언어 공격처럼 느껴질 수 있다.

그러므로 과정을 보상해 주고 질책하는 말을 추천하는 말로 바꾸는 것이 중요하다.

- "집에서 열심히 공부하는군요"(과정을 보상).
- "그리고 말을 더 천천히 하고 단어와 단어 사이를 끊어 말한다면 당신의 말을 더 잘 이해할 수 있습니다"(추천하는 말).

차이가 느껴지는가? 순서가 중요하다. 사람들이 계속 노력할 동기가 부여되도록 먼저 보상한 다음, 더 나아질 방법을 구체적으로 추천하자. 건설적인 피드백은 잘 활용하면 기분 나쁘게 하는 말이 아니라 제안이 된다.

받고 싶은 피드백 유형을 요청하자

"다른 사람이 쓴 초안을 고치려는 열정이

이 세상에서 가장 뜨거운 열정이다."

_H. G. 웰스(H. G. Wells), 작가

워크숍에 참석한 어떤 여성이 말했다. "제가 속한 글쓰기 모임 사람들도 이 워크숍에 참석하면 좋겠어요."

"무슨 말이죠?"

"지난달에는 제가 쓴 원고를 비평받을 차례였어요. 그런데 사람들은 비평하는 일을 너무 심각하게 받아들였어요! 제 원고에 대해 칭찬은 한마디도 없었어요. 수업이 끝나갈 즈음엔 원고를 쓰레기통에 처박아 버리고 싶을 정도였어요. 사람들이 제 글을 쓰레기 취급해서였죠. 전 글쓰기를 포기하고 싶었어요."

"그런 일을 겪었다니 유감이에요." 나는 그녀를 위로했다. "비평하는 자리라고 하면 다들 뜯어고칠 점만 지적하게 돼죠. 글을 쓰기 위해 피눈물 나는 노력을 얼마나 쏟아붓는지에 대해서는 말하지 않고요. 앞으로는 동료들 앞에서 다른 사람의 글을 만신창이로 만들어서 도중에 그만두는 사람들이 나오지 않도록 지침이 필요해 보여요."

나는 그녀에게 다음 방법을 추천했다.

• 원하는 유형의 피드백을 요청한다.

당신은 이렇게 말할 수도 있다. "저기, 몇 달 동안 이 글을 썼어요. 그리고 전 마음이 좀 약해요. 그 글은 아직 작업 중이고 완벽하지 않으니 너무 심한 비평은 말아 주세요." 또는 이렇게 말할 수 있다. "출판사에 원고를 보내기 전에 부족한 부분이 뭔지 듣고 내용을 수정하고 싶어요."

• 균형 잡힌 피드백을 요청한다.

앞에서 언급했듯이 비평과 칭찬의 비율은 중요하다. 이렇게 말하면 어떨까. "마음에 드는 부분 그리고 제가 잘한 점을 말씀해 주시면 감사드리겠습니다. 그렇게 해 주시면 여러분은 제가 글을 쓰는 데 힘을 북돋워 주시는 겁니다."

• 잘못된 점만 지적하는 피드백보다는, 효과가 있을 만한 내용을 제안해 달라고 요청한다.

어떤 구절에 빨간색으로 밑줄을 긋고 "이 대화 내용은 현실성이 없어요"라고만 평하지 말고 그 대화를 좀 더 현실감 있게 만드는 구체적인 방법을 알려 달라고 요청하자. 누군가 "이 장은 내용이 너무 늘어집니다"라고 말하는 게 아니라 어느 부분을 삭제하면 좋을지 제안해 준다면 정말 고마울 것이다.

이 여성은 내가 알려 준 지침들을 글쓰기 모임 사람들에게 공유했고, 그들은 이제부터 그 지침들을 따르기로 했다는 연락이 왔다. 몇몇 멤버는 그 끔찍한 일을 감당하기 싫어서 자신의 글이 비평을 받기 전에 글쓰기 과정을 그만두려 했다고 솔직히 털어놨다고 했다.

당신도 알겠지만, 내가 추천한 이 지침들은 작가들뿐만 아니라 모든 사람에게 적용할 수 있다. 아무도 그렇게 매서운 피드백은 받고 싶지 않기 때문이다. 나중에 당신이 누군가에게 피드백할 일이 생긴다면 어떤 종류의 피드백을 원하는지 물어보자. 분명 당신의 의견은 환영받을 것이다.

그래도 '거친 대화'를 해야 할 때가 있다면

"우리는 실수를 너무 자주 저질렀습니다."

_요기 베라(Yogi Berra), 야구 선수

"그건 좀 세상 물정 모르고 하는 얘기 같습니다." 전에 함께 일했던 매니저가 내게 말했다. "어떤 사람이 실수해서 금전적으로 큰 손해를 보면 어떻게 합니까? 그래도 그들의 '노력을 칭찬'하는 건 앞뒤가 맞지 않는 얘기예요. 다음이라는 것 자체가 없으니 가볍게 꾸중하고 넘어가긴 싫어요! 자신의 실수 때문에 금전적 손해가 발생했다는 걸 알아야 합니다."

맞는 말이다. 그러나 어떤 사람이 얼마나 심하게 일을 망쳤는지 몇 번이고 푸념한다고 해서 돌이킬 수는 없다. 분통을 터뜨리면 잠시 만족스러울 수는 있겠지만, 그 사람과의 관계는 영원히 손상을 입을 수 있다. 그 사람은 동료들 앞에서 자신을 모욕한 당신을 절대 용서하지 않을 수도 있다. 또한 이 광경을 본 사람들도 이런 일이 자신에게 일어나지 않기를 바라는 마음에 조심조심 당신 눈치를 보게 된다.

그와 동시에, '거친 대화'가 타당하고 또 필요할 때가 있다. 페어팩스카운티 상공회의소 소장이었던 주디 그레이가 내게 말했다. "돌이킬 수 없는 큰 실수를 저지른 사람을 '봐주면' 다른 관련자들은 심각한 잘못을 처리하지 않고 넘어가려는 상사를 경멸할 수 있어요. '부드럽게' 넘어가지 말고, 그 직원을 공식적으로 질책하고 나중에 이런 일이 또 발생하면 어떤 결과가 있을지 경고하는 편이 더 적절할 수도 있어요. 그리고 나중에 그 직원을 해고할 경우를 대비해야 할 수도 있고요. 나라면 그 실수를 인사 기록에 반영하고, 향후 또 실수하면 그의 일자리에 어떤 영향을 미칠지를 정리한 문서에 그가 서명하게 할 겁니다."

'거친 피드백'을 제공하는 단계별 절차대로 하고 싶다면, 동기부여 연설가 에린 위드(Erin Weed)가 제안하는 '머리, 심장, 복부(Head, Heart, Core) 접근법'을 시도해 보자. 이 방법 덕분에 관계를 위험에 빠뜨리지 않고 거친 진실을 말하는데 도움이 되는 깨달음을 얻었다.

당신이 피드백을 줘야 하지만, 뭐라 말해야 할지 몰라서 미루고 있는 사람은 누구인가? 여기 소개하는 세 단계를 활용해 마음속으로 그 대화를 연습하자.

1. 머리와 사실

한 손을 머리에 얹는다. 비난하는 것처럼 들리는 "당신"이란 단어를 쓰지 말고 사실만을 말한다. 중립적인 목소리로 말한다.

예) "그 파일이 없어져서 데이터를 다시 입력해야 하니 일주일이 지체될 겁니다."

2. 심장과 감정

한 손을 왼쪽 가슴에 얹는다. 상대방이 어떻게 느껴야 하는지 대신, 당신이 어떻게 느끼는지 알린다.

예) "이미 끝낸 작업을 또 해야 한다니 실망스럽습니다."

다음과 같이 비난하는 말은 하지 않는다.

예) "당신 실수를 만회하려고 우리 모두가 주말 내내 일해야 한다니 당신은 창피한 줄 알아야 합니다."

3. 복부와 소망

한 손을 복부에 얹고 원하는 바를 말한다.

예) "이런 일이 또 일어나지 않도록 어떻게 할 생각인지 듣고 싶습니다. 이 작업을 마치기 위해 우리가 협력해서 일하길 바랍니다."

이렇게 하면 당신이 두려워했던 껄끄러운 대화를 하는 데 도움이 될 것 같은가? 공정하고 단호하게 이 문제를 처리해서 고마워하는 상대방의 모습을 머릿속에 떠올릴 수 있는가? 이렇게 하면 서로에게 유익한 가르침의 순간을 맞이할 수 있을까? 그러길 바란다!

당신 자신의 실수도 털어내고 앞으로 나아가라

"지금까지 몇 년 동안 자신을 비난해 왔어도 효과가 없었다.

자신을 인정하고 어떤 일이 일어나는지 보자."

_루이스 헤이(Louise Hay), 자기계발서 작가이자 출판인

그렇다. 이 접근법은 자신과의 대화에도 효과가 있다. 이제부터 자기 자신에게 실망한다면 혹독하게 비난하거나 모욕하지 말고 머리, 심장, 복부 접근법을 써서 그 경험을 통해 스스로를 코칭하자. 이 방법은 교훈을 얻고 앞으로 나아가는 데 도움이 될 수 있다.

한 여성이 질문했다. "'다음'이 없다면 어떻게 하나요? 제 친구는 외래 진료를 받으러 갔다가 마취에 이상 반응을 보여 그날 저녁 급작스레 사망했어요. 저는 저 자신을 용서하지 못해요. 친구가 그날 병원에 같이 가자고 했지만, 전 못 간다고 했거든요. 제가 친구의 죽음을 막을 수는 없었겠지만, 적어도 친구와 같이 있을 수는 있었을 거예요."

내가 대답했다. "먼저 친구분 일은 정말 유감이에요. 당신 그리고 그 친구분 가족이 얼마나 힘들었을지 상상하기도 힘들어요." 나는 잠시 말을 멈추고 부드럽게 제안했다. "당신 자신에게 친절하게 대할 수 있을까요? 머리, 심장, 복부 접근법을 써서 당신의 감정을 이야기하고 후회한다고 말하고 용서를 구하는 건 어떨까요?"

그 여성은 그 주가 끝날 무렵 감사하다는 내용의 이메일을 보내왔다. 그녀가 이 접근법을 실천한 방식을 소개하겠다.

1. 머리와 사실

"너는 그날 내게 같이 가자고 했어. 그리고 난 같이 가지 않았어."

2. 심장과 감정

"난 널 실망시켰어. 그리고 네가 날 필요로 할 때 네 곁에 없었어."

3. 복부와 소망

"시간을 거슬러 올라가 '당연히 같이 가야지'라고 말할 수 있으면 좋겠어. 이젠 그렇게 할 수 없지만, 난 네 아이들과 계속 연락하며 네가 얼마나 특별한 사람이었는지 알려 주고 우리의 우정을 기리고 싶어. 그리고 네 이름으로 연간 장학금을 만들어 젊은 여성들을 도와주려고 해."

그녀가 말했다. "처음에는 도저히 입이 떨어지지 않아서 머리와 심장, 단전에 손을 얹고서 깊이 묻어 두었던 말을 꺼냈어요. 이렇게 한다고 해서 친구가 다시 돌아오지는 않지만, 적어도 이젠 자책하지 않아요."

그녀의 말이 옳다. "해야 했어"라는 말은 비난하는 말이다. 사람은 실수하기 마련이다. 문제는 실수했을 때 어떻게 하면 그 실수를 학습 기회로 만들 수 있을까 하는 점이다. 뭔가를 제안하고, 비판하지 않고 코칭하며, 과거를 창피스럽게 하지 말고 미래를 설계할 수 있을까? 이제부터 가능할 것이다.

핵심 요약

당신은 중요한 투자 유치를 앞두고 동료와 함께 발표를 준비했다. 그런데 동료가 알람 소리를 듣지 못하고 늦잠을 자서 발표장에 지각하고 자료마저 챙기지 못했다. 그 바람에 당신은 발표하는 내내 말을 더듬었다.

하지 말아야 하는 말	해야 하는 말
하지 않았다고 나무란다 "호텔에 모닝콜을 해 달라고 했어야 지."	**제안한다** "다음에는 서로 전화해서 잠에서 깼는지 확인하기로 하자."
창피하게 한다 "알람 소리를 듣고도 그대로 잤다니 도저히 믿지 못하겠어."	**새로운 행동 수칙을 만든다** "이제부터는 중요한 발표 전날에는 일찍 쉬도록 하자."
잘못을 비난한다 "왜 USB를 주머니에 넣어 두지 않은 거야?"	**어떻게 하면 잘할 수 있는지 코칭한다** "앞으로는 우리 둘 다 USB를 챙겨 두어야겠어."
당신과 상대방을 기분 나쁘게 한다 "이젠 널 믿지 못하겠어."	**당신과 상대방 기분이 더 나아지게 한다** "투자자들에게 연락해서 10분만 시간을 더 내 달라고 부탁하면 어때?"
파괴적인 피드백을 한다 "넌 이번 일을 정말 크게 망쳤어. 난 이번 일을 극복할 수 있을지 모르겠다."	**건설적인 피드백을 한다** "우린 지금까지 잘해 왔어. 이번 일에서 교훈을 얻고 앞으로 계속 나아가자."

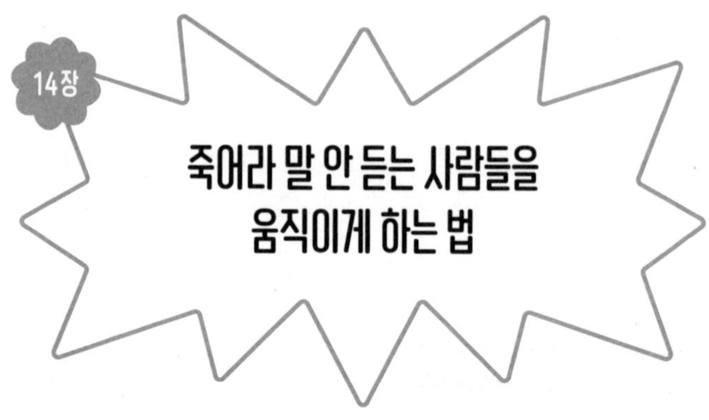

14장 죽어라 말 안 듣는 사람들을 움직이게 하는 법

"이봐요, 요즘 시대에 사람들에게 뭔가 하라고
강력히 요구하는 건 통하지 않아요."
_존 메이어 (John Mayer), 싱어송라이터

"아이들은 왜 제 말을 듣지 않을까요? 제가 무슨 말을 해도 늘 꾸물거리고 반항하기 일쑤예요. 같은 말을 두세 번씩 하는데도 여전히 말을 듣지 않아요. 그러면 저는 화가 머리끝까지 나서 상황이 더욱 나빠져요. 도와주세요!"

사람들이 협조하게 할 방법과 관련하여 전혀 생각지도 못했을 사례를 한번 보자. 나는 잭 러셀 테리어 강아지를 애견 훈련소에 데려갔다. 첫 번째 세션에서 강아지는 새로운 친구들을 보고 너무 흥분해서 잠시도 쉬지 않고 요란하게 짖었다.

나는 어떻게 했을까? "짖지 마!" 하고 소리를 빽 질렀다(맞다. 그게 얼마나 우스꽝스러웠는지 알고 있다).

강사가 내게 와서 말했다. “짖는 개에게 소리를 지르면 도움이 되지 않아요. 개는 이렇게 생각해요. ‘잘됐다. 이제 우리 둘 다 짖는군.’ 개가 따라 하길 바라는 행동을 본보기로 보여 줘야 해요. 낮은 목소리로 천천히 말해야 합니다.”

“그게 어떻게 도움이 되겠어요? 우리 개는 너무 날뛰고 돌아다니느라 내겐 신경도 쓰지 않아요.”

“앉으라고 명령하면 앉아요?”

나는 “평소에는 그래요”라고 대답했다.

“그렇다면 개에게 앉으라고 한 다음, 앉는 순간 보상을 주세요. 잘하지 못할 때 말고 잘하고 있을 때 더 신경 쓰세요.”

이럴 수가. 나는 강아지를 학교에 데려간다고 생각했는데, 오히려 내가 전문가에게서 행동 수정 그리고 패턴 차단 수업을 받고 있었다.

하지 말아야 하는 행동보다 해야 하는 행동을 강조해라

“변화에는 의지력이 필요하다고 생각할 수도 있지만,

‘원하는 힘’이 필요할 가능성이 더 큽니다.”

_조지 A. 시한(George A. Sheehan), 의사이자 시니어 운동선수

행동 수정의 근간은 의지력을 ‘원하는 힘(want power)’으로 바꾸는 것이다. 그렇게 하는 방법이 하나 있다. 우리는 다른 사람들(혹은 강아

지)이 하지 말았으면 하는 행동에 집중하지 말고, 했으면 하는 행동에 집중해야 한다.

당연한 말로 들리지만, 이와 정반대로 하는 사람들이 많다. 이런 식이다. 내가 아침 산책을 하며 동네 공원을 지나가는데, 마침 공원 놀이터에서 어떤 엄마가 어린 두 아들과 놀고 있었다. 아이들이 자갈을 던지자 엄마는 하지 말라고 했다.

어떻게 되었을까? 아이들은 아랑곳하지 않고 계속 자갈을 던졌다.

그러자 엄마는 목소리를 높였다. "자갈 던지지 말라고 했잖아!" 그래도 효과가 없었다.

그다음에 엄마는 위협했다. "던지는 걸 그만두지 않으면 더 못 놀아. 집에 갈 거야!"

아이들은 엄마의 말을 계속 무시했다. 엄마는 공원 벤치로 성큼성큼 걸어가 두 아들의 물건을 챙기며 큰 소리로 말했다. "이제 됐어. 참을 만큼 참았어. 내 말을 듣지 않았으니 집에 가." 아이들은 항의했지만, 엄마는 단호했다. "너무 늦었어!" 엄마는 쿵쿵대며 공원을 떠났고 아이들은 그 뒤를 줄레줄레 따라갔다.

아무도 원하는 걸 얻지 못했다. 엄마는 기분이 나빠졌고, 아이들도 마찬가지였다. 누가 알겠는가? 세 사람 모두 이번에 기분 좋지 않은 일을 겪었으니 그 엄마는 이제 놀이터에 가는 게 내키지 않을 수도 있다.

엄마가 어떻게 말했다면 더 나은 결과를 얻었을까? 이렇게 했더라면 더 좋았을 것이다.

- 아이들의 주의를 끌기 위해 이름을 부른다.

  이름을 부르는 것은 상대방을 멈추게 하는 방법이다. 사람들 대부분은 누가 자신의 이름을 부르면 하던 일을 멈추고 집중한다.

- 아이들이 그녀를 쳐다볼 때까지 기다린다.

  사람들이 쳐다보지 않는다면, 그건 귀를 기울이지 않는다는 뜻이다. 엄마는 “내 눈을 똑바로 봐”라고 말할 수도 있다. 이 말은 “내가 하는 말을 잘 들어”보다 더 효과적이다.

- “이번 한 번만 말할 거야”라며 말을 시작한다.

  그냥 말을 시작했다면 아이들은 계속 자갈을 던지느라 엄마의 말을 귀담아듣지 않았을 것이다.

- 어떤 행동을 하길 바라는지 분명히 말해서 패턴 차단을 한다.

  아이들에게 그만하라고만 말하지 말고 “난 아이들이 어떻게 하길 바라는 건가?”라고 스스로에게 확인한 뒤 명확하게 말로 표현하는 게 효과적이다.

- 요구사항을 가능한 한 시각적, 현실적으로 만든다.

  당신이 사람들에게 하길 원하는 행동을 그들이 머릿속으로 그려 볼 수 있으면 협조하는 데 도움이 된다. 엄마는 “내가 셋까지 셀 테니까 너희들은 지금 돌멩이들을 땅에 내려놔. 같이 미끄럼틀 타자”라고 말할 수도 있었을 것이다.

엄마가 자신의 의지를 강요하지 않고 어떤 행동을 해야 하는지 이처럼 더 분명하게 제시했더라면 아들들은 잘 따랐을 것이다. 그리고 세 사람 모두 공원에서 즐겁게 하루를 보냈을 것이다.

명령은 그만두고 질문하자

"어떤 결정을 지지할지는
그 결정이 우리에게 명령으로 내려진 것인지,
또는 우리가 명령으로 내리는 것인지에 따라 달라집니다."
_샘 혼

어떤 사람이 꾸물거리고 있는 상황을 생각해 보자. 당신은 그 사람에게 어떤 행동을 하지 말라고 말하고 있는가? 아니면 잘못된 행동을 지적하거나 해야 할 일을 알려 주고 있는가? 그런 것들은 명령으로 받아들여질 수 있다. 명령받기를 좋아하는 사람이 있을까?

이 장의 첫 부분에서 존 메이어가 강조했듯이, 강력히 요구하기는 효과적인 리더십 스타일이 아니다. 사람들이 마지못해 따르지 않고 기꺼이 협조하기를 원한다면 "해야 합니다"라는 명령 대신 "해 주겠어요?"라는 요청으로 바꾸는 편이 좋다. 또한 사람들에게 싫은 행동을 당장 그만두라고 하지 말고 당신이 바라는 행동을 하도록 요청하는 편이 좋다.

당신은 어떤 매장의 매니저라고 가정해 보자. 다음은 직원들이 당신에게 협조하게 하는 몇 가지 방법이다.

- "진열대에 상품들을 채워야 해요."
  → "퇴근하기 전에 진열대를 채워 주겠어요? 내일 오전 10시에 문을 열 때 매장이 준비되어 있도록요."

- “조이스 씨가 일찍 퇴근해야 한다니까 오늘 밤은 당신이 매장을 닫아야 해요.”

  → “조이스 씨가 병원 예약이 있어 일찍 퇴근해야 하니 오늘 밤은 당신이 매장을 닫아 주겠어요?”
- “너무 늦기 전에 재고를 파악하세요.”

  → “윌, 이번 주까지 틈틈이 재고를 파악해 주겠어요?”
- “당신한테 또 이렇게 말하고 싶지 않아요. 직원 휴게실에서 담배를 피우지 마세요.”

  → “한 번만 말할게요. 담배를 피우고 싶으면 이 건물 밖에 흡연 장소에서 피우세요.”

이 문장들은 공손하고 명확한 표현들이다. 사람들은 ‘명령받는다’라는 느낌 없이 자신에게 기대되는 행동이 무엇인지 이해한다. 그들은 우리가 모두 원하고 필요로 하고 마땅히 받아야 하는 존중을 받고 있으므로 더욱 협조하게 된다.

당신은 내 상사도 아니잖아요?

“인생은 그리 짧지 않지만, 예의를 갖출 시간은 항상 충분하다.”

_ 랠프 월도 에머슨, 시인이자 수필가 겸 철학자

한 외과 의사가 반발했다. “잠깐만요. 수술하는 중에는 사소한 것에 신경 쓸 시간이 없어요. 간호사에게 '메스를 건네주겠어요?'라고 부탁할 수는 없다고요. 너무 거추장스럽잖아요. 환자의 생명이 달려 있어요. 제가 필요한 것을 빨리 말하고 팀원들은 즉시 따라야 합니다."

나는 이렇게 대답했다. "그 얘기를 꺼내 주셔서 감사해요. '명령하지 말고 부탁하라'라는 조언에는 분명 예외가 있어요. 생사가 걸린 상황이면 책임자가 명령하고 모든 사람은 당장 그 명령에 따르는 것이 타당합니다. 문제는, 혹시 명령하는 게 습관이 되어 모든 사람을 그런 식으로 대하는 것 아닐까요?"

그 의사는 얼굴이 창백해지더니 "아……, 사과드립니다. 선생님 말씀이 맞아요. 명령하는 게 습관이 되어서인지 집에서도 아내와 아이들에게 그렇게 대해요"라며 인정했다.

군 장교, 고위 임원, 유명인들은 사람들에게 점프하라고 명령하는 데 익숙해져서 "얼마나 높이요?"라는 반응만 받아들인다. 하지만 이는 불쾌하고 오만한 행동으로 받아들여질 수 있다. 사람들에게 할 일을 지시하는 습관은 우리가 그들보다 '우월하고' 가장 많이 안다는 믿음에서 비롯된다. 그게 사실이더라도 별로 요령 있는 행동은 아니다.

상사라고 해도 다른 사람에게 명령하는 것은 역효과를 낳을 때가 많다. 사람들은 겉으로는 '시키는 대로 하겠지만', 마음속으로는 당신을 원망할 것이다. 어린아이에게 하듯 명령을 받으면 자신의 존엄성이 모욕당하는 느낌이 들기 때문이다. 명령하지 말고 협조를 요청하면 사람들은 월급을 받고 있기 때문이 아니라 스스로 원해서 당신의 요청을 따를 것이다.

그리고 사람들에게 어떤 일을 하지 말라고 하는 대신, 어떤 일을 해 달라고 요청하면 속으로 원망하지 않고 요청받은 대로 행동할 가능성이 더 커진다.

세미나에 참석해서 이 내용을 들은 한 참석자가 상기된 표정으로 이렇게 말했다.

> 선생님 말씀을 아내에게 들려줄 생각을 하니 무척 기대되는데요. 이 세미나를 듣고 우리 결혼 생활에서 로맨스가 사라진 이유를 깨달았어요. 우린 서로에게 끊임없이 할 일을 지시하고 있었네요. 이런 식으로요. "강아지를 동물병원에 데려가야 해. 집에 오는 길에 드라이클리닝한 옷도 찾아와야 해. 어린이집에서 아이들도 데리고 와야 하고."
> 서로를 만만하게 여겼던 거죠. 안 그래요? "익숙하면 경멸을 받는다"라는 말을 들어 보셨죠? 가까운 사람들에게 이래라저래라 명령하면 경멸을 받을 뿐입니다. 10년을 같이 살다 보면 애정보다는 명령이 훨씬 더 많아지죠. "배관공에게 전화했어야지", "축구 그만 봐"처럼요. 원하지 않는 행동을 한다고 화를 내지 말고, 원하는 행동을 요청하면 우리 부부의 로맨스를 회복하는 데 어떻게 도움이 될지 이젠 알았어요.

구체적으로 말할수록 결과가 좋다

"공상과학소설을 쓰기 시작할 때 내게 부족한 점 중 하나가
시각적인 구체성이었다.
상상력이 부족했고 대충 넘어가려는 묘사가 많았다."

_ **윌리엄 깁슨(William Gibson), 작가**

공상과학 작가인 윌리엄 깁슨은 이미 잘 알고 있다. 우리의 제안 내용이 시각적으로 구체적일수록 사람들은 그 내용을 머릿속에 떠올려서 실행하고 결과를 만들어 낼 가능성이 커진다. 이것은 앞으로 당신이 기억했으면 하는 중요한 생각의 전환이자 언어의 전환이다.

어떤 사람에게 "걱정하지 말아요"라고 말하면 그들은 계속 걱정할 것이다. 어떤 사람에게 "또 지각하지 마세요"라고 말하면 그들은 또 지각할 것이다. 어떤 사람에게 "끼어들지 말아요"라고 말하면 그들은 계속 끼어들 것이다.

사람들의 행동을 변화하게 하는 핵심은 당신이 그들에게 하길 원하는 행동을 원하지 않는 행동과 시각적으로 대비하여 머릿속으로 그려 볼 수 있게 하는 것이다. 예를 들면 이렇다.

- "걱정하지 말아요." → "잘 될 거라고 믿으세요."
- "또 지각하지 마세요." → "이번 회의에는 5분 일찍 오세요."
- "끼어들지 말아요." → "에드, 내가 말을 끝내게 해 주세요. 그다음에 당신이 말하세요."

에스더 힉스(Esther Hicks) 작가가 말한다. "당신이 생각하는 것과 얻는 것은 늘 비슷합니다." 당신이 요청하는 것, 그리고 얼마나 건설적으로 그걸 요청하는지도 역시 실제 얻는 것과 비슷할 때가 많다.

그런 이유로, 기상이 악화하여 이륙이 늦어지던 비행기가 결국 터미널로 돌아가야 할 때 조종사는 기내 방송을 이렇게 한다. "기다려 주셔서 감사합니다. 상황이 업데이트되는 대로 바로 알려 드리겠습니다. 그때까지 양해해 주셔서 대단히 감사합니다."

조종사가 긍정적인 감정의 씨앗을 어떻게 뿌리는지 감이 오는가?

조종사가 기내 방송을 이렇게 한다고 가정해 보자. "음, 나쁜 소식입니다. 방금 관제탑으로부터 천둥을 동반한 폭우가 내릴 것이란 소식이 들어와 게이트로 돌아가야 합니다. 얼마나 오래 걸릴지는 모릅니다. 자리에 앉아 기다리셔야 합니다."

첫 번째 안내 방송은 차분한 분위기를, 두 번째 안내 방송은 투덜거리는 분위기를 만들어 낸다.

상대방이 협조하지 않으면 통제권을 공유하자

"공존하지 못하면 존재하지 못한다."

_ **버트런드 러셀(Bertrand Russell), 철학자**

사람들이 협조하게 하는 방법이 또 있다. 갈등은 통제권을 장악하려는 싸움에서 비롯될 때가 많다. 어떤 사람이 협조하지 않는다면 스스로에게 이렇게 질문해 보자. "이건 통제권을 차지하려는 싸움인가?"

만약 그렇다면(아마 그럴 것이다), 나만 통제권을 쥐고 상대방은 전혀 없게 하지 말고 "상대방과 내가 함께 통제할 방법은 없을까?"라고 확인하자.

'일방적인'이란 "한 사람 또는 한 단체가 실행하거나 맡는"이란 뜻이다. 또한 "한쪽으로 치우친"이라고도 정의된다. 사람들이 일방적인 결정에 분노하는 것은 당연하다. 그들은 아무 역할도 없고 발언권도 없으며 진행 상황을 알지도 못한다는 뜻이기 때문이다. 어떤 사람이 그들의 의견을 구하지 않고 안건을 주도한다는 뜻이다. 그러니 하기 싫어 꾸물거릴 만하다.

함께 통제하는 방법은 당신이 받아들일 수 있는 두 가지 선택지를 제시하고 "어느 쪽이 더 좋나요?"라고 묻는 것이다.

예를 들어 어떤 사람이 "예산을 업데이트해야 하는데, 오늘 사무실에 잠깐 방문해도 될까요?"라고 묻는다면 "오늘은 안 돼요, 일정이 꽉 찼어요"라고 답하지 말고 "네, 들르세요. 내일 오전 10시 또는 오후 4시에 가능한데 어느 쪽이 좋겠어요?"라고 묻자.

이 접근법은 만약 당신이 고객서비스 분야에 종사한다면 특히 유용하다. 고객이 불만을 제기하고 있다면 화를 내는 이유 중 일부는 그가 상황에 대한 '통제력을 잃었기' 때문이다. "이렇게 하거나 저렇게 할 수도 있습니다. 어느 쪽이 더 좋으세요?"라고 묻는다면 고객은 마음이 훨씬 누그러질 것이다. 고객은 통제권을 되찾은 데다, 다른 사람이 고객을 위해 결정하는 게 아니라 고객이 직접 결정할 수 있기 때문이다.

이는 사소해 보일 수 있다. 하지만 상대방과 잘 지내면서도 자기 역할에 충실한 사람으로 보일지 또는 상대방의 의견을 묻지 않고 그 자리에서 결정을 내리는 사람으로 여겨질지 결정하는 데 크게 영향을 준다.

어떤 사람이 당신에게 반항하듯 나온다면 당신은 그 사람에게 어떤 일을 하라고, 또는 하지 말라고 지시하고 있는지 지금 바로 확인하자. 그 두 가지 모두 명령이다. 그렇다면 명령 말고 요청을, 질책 말고 요구해도 늦지 않다. 그 사람은 이제 반발하지 않고 협조할 것이다.

핵심 요약

당신이 발표회를 준비하는 댄스 강사라고 가정해 보자. 여름이라 날이 더워서 아이들은 집중하지 않고 지시를 따르지도 않는다. 당신은 인내심의 한계에 도달한다. 어떻게 해야 할까?

하지 말아야 하는 말	해야 하는 말
냉정함을 잃는다 "발표회가 토요일인데, 너희들은 전혀 준비되어 있지 않아!"	**침착함을 잃지 않는다** "얘들아, 발표회가 토요일이야. 너희들은 준비된 것으로 믿는다."
당신이 원하지 않는 행동을 언급한다 "휴대전화 그만 들여다봐. 방해만 되잖아."	**당신이 원하는 행동을 언급한다** "얘들아, 날 쳐다봐. 이걸 제대로 연습해 보자."
명령한다 "집중하지 않으면 화낸다."	**친절하게 요청한다** "앞으로 30분 동안 집중해 주면 고맙겠어."
그만하라고 명령한다 "잡담 그만해."	**시작하라고 요청한다** "5분 뒤에 시작하자."

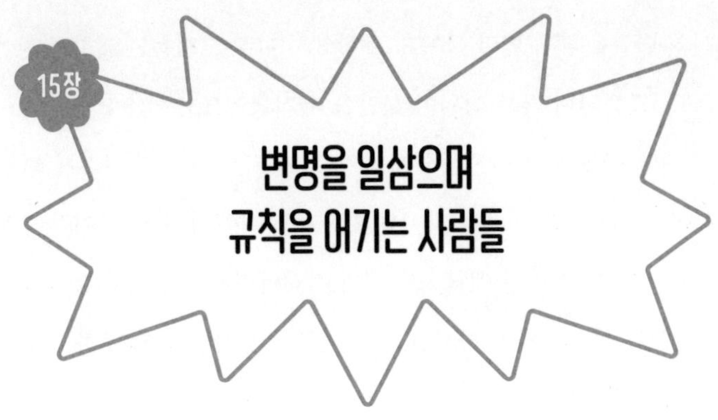

15장 변명을 일삼으며 규칙을 어기는 사람들

"이 세상에 존재하는 변명을 다 들어 봤지만,
말이 되는 건 하나도 없었다."
_밥 그린(Bob Greene), 피트니스 전문가

"지각하는 직원이 있어요. 그 여직원은 늘 그럴듯한 핑계를 대지만, 전 참을 만큼 참았습니다. 책임감이 전혀 없는 사람을 어떻게 대해야 할까요?"

한 여성 사업가가 온라인 강의 중에 이 질문을 던졌고, 그 질문은 왜 어떤 사람들은 약속을 지키지 않는지, 그럴 땐 어떻게 해야 하는지를 놓고 진지한 토론으로 이어졌다.

그 사업가가 말했다.

저는 네일숍을 운영해요. 그런데 직원 한 명이 지각을 밥 먹듯 해요. 전 그녀의 변명을 계속 받아 줬어요. 매장에서 아주 오랫동안 일한 직원이어서요. 그랬더니 다른 직원이 불만을 제기했어요. "이건 불공평해요. 저는 매일 정시에 출근해요. 쉽지 않은 일이죠. 어쨌든 전 그렇게 해요. 프리야는 지각하는 이유를 아이들 탓으로 돌리는데, 저도 아이들이 있다고요. 그렇다고 저는 매일 30분이나 지각하면서 느릿느릿 걸어 들어올 핑계로 삼지 않아요. 하지만 저는 아무런 보상도 받지 못하고 프리야는 꾸중 듣지도 않는데 왜 제가 정시에 출근해야 하는지 의문이 들어요." 그제야 저는 그동안 그 직원을 계속 봐준 게 정말 부끄러워졌어요.

그녀는 무척 흥미로운 문제를 제기했다. 때로는 사람들이 버릇처럼 변명하는 이유는 지금까지 '무사히 넘어갔기' 때문이다. 그들은 왜 변해야 하느냐고 생각한다.

같이 일하는 사람 중에 할 일을 왜 하지 않았는지 자주 변명하는 사람은 누구인가? 무책임한 선례가 이미 자리 잡혔는지, 어떻게 하면 바꿀 수 있는지 알아보기 위해 사람들에게 책임을 지게 하는 절차를 살펴 보자.

사람들에게 책임을 지게 하는 방법

"변명하지 마라.
친구는 변명이 필요 없고 적들은 변명을 믿지 않을 것이다."

_ 존 우든(John Wooden), 농구 코치

1. 행동 기대치에 관한 회사 정책이 처음에 제시되었는지 확인한다.

채용 면접이나 직원 오리엔테이션에서 정시 출근이 논의되었는가?

2. 이 정책이 일관되게 시행되었는지 돌이켜 생각해 본다.

직원이 지각했을 때 또는 일대일 회의에서 이 정책에 대해 언급했는가? 직원이 지각하면 질책을 받았는가? 혹은 말만 하고 그냥 넘어가는 바람에 직원은 아무런 불이익을 받지 않았는가?

3. 위 질문들의 대답이 "아니오"라면 이 직원은 지각해도 괜찮다고 생각하고 있는 것이다.

그 직원은 "정말 신경 쓰인다면 뭐라고 말하겠지" 또는 "칼라도 지각하지만 아무 일도 없는 걸 보니 괜찮겠지"라고 생각한다.

4. "내 탓이오(Mea culpa)"라고 목소리를 낸다.

'Mea culpa'는 라틴어로 "내 잘못"이라는 뜻이다. 지금까지 제시하거나 시행하지도 않은 정책을 갑자기 사람들에게 지키게 하면 공정하지 않다. 충족되어야 하는 직무 기대치로 이 점을 명확하게 하지 않은 책임을 지자.

5. 새로운 행동 기대치를 시행할 시작 날짜를 정한다.

사전 예고 없이 '막무가내로 밀어붙이고' 직원이 즉시 행동을 바꾸기를 기대하면 안 된다. 카풀 시간 조정이나 어린이집에 아이를 맡기는 문제 등 정당하게 조정해야 할 사항이 있을 수 있다.

6. "이제부터는 달라질 겁니다"라고 말하고 지키지 않으면 받아들여야 할 결과를 밝힌다.

이러한 행동 기대치가 충족되지 않으면 어떤 일이 일어날지 공식적으로 설명하고 "이 일로 저를 시험하지 마세요. 변명이나 예외 없이 그에 대한 책임을 져야 합니다"라고 말한다.

7. "알겠습니까?"라고 묻는 것만으로는 부족하다.

"우리 합의를 어떻게 이해했습니까?"라고 질문해서 상대방이 앞으로 어떻게 다르게 행동할지 직접 말하게 하고, 이를 따르지 않으면 어떤 결과가 생길지 알고 있음을 인정하게 하자. 지각하는 문제가 너무 오랫동안 계속되어 왔다면, 당신은 상대방에게 새로운 정책을 안내했고 상대방은 행동을 바꾸겠다고 약속한 내용을 기록한 문서에 상대방이 서명하게 할 수도 있다.

8. 이렇게 준비한 일들이 '어영부영 사라지지' 않도록 후속 미팅 일정을 잡는다.

달력을 꺼내 이 문제를 다시 검토할 날짜와 시간을 정해서 당신의 말이 진심이며, '모르는 척 넘어가지' 않고 계속 봐주지도 않으리란 걸 상대방이 알도록 하자.

그들은 당신의 동정심을 이용할 수도 있다

"합리화는 현실을 인식하는 게 아니라,

현실을 자신의 감정에 맞추려고 시도하는 과정이다."

_ 아인 랜드(Ayn Rand), 작가이자 철학자

무책임한 선례가 이미 자리 잡혔는지, 바꿀 수 있는지 알아보기 위해 질문들을 던진 결과, 어떤 점을 깨달았는가? 아인 랜드가 강조했듯이 변명하는 사람들은 당신이 그들의 근거에 동의하기를 바라며 현실을 그들의 이유에 맞추려고 한다.

변명으로 일관하는 사람들은 어떻게든 상황을 역전시키려 하며, 규칙을 시행하게 했다는 이유로 당신이 죄책감을 느끼게 만드려고 할 수도 있다. 자신의 잘못된 행동을 인정하지 않고 당신을 동정심이 없는 사람으로 보이게 하려고 애쓴다. '사람들에게 책임을 지게 하는 방법'을 따른다면 그들이 당신을 끔찍한 사람이라 확신시키려 해도 당신이 하려는 일을 계속하는 데 도움이 된다.

매트는 근무 시간에 비디오 게임을 하다 여러 번 적발된 직원에게 책임을 묻는 대화를 할 때 이 대화가 유용했다고 했다. 그전에 이 직원과 '전문가에게 필요한 자질'에 대해 여러 차례 대화한 것은 아무런 효과가 없었다.

매트는 그 직원에게 변화해야 할 부분에 대한 기대치를 제시했다.

저는 분명히 선을 그었습니다. 이제 더는 근무 시간에 게임을 하면 안

되고, 몇 시간씩 자리를 비워도 안 된다고 했죠. 그런데 믿을 수가 없었어요. 그 직원은 자신의 행동을 계속 합리화하며 "별일 아니잖아요"라고 주장하기만 했습니다.

그래서 저는 이렇게 말했습니다. "트레버, 그건 큰 문제야. 나는 우리 회사 정책을 설명했고, 모든 직원은 그 정책을 책임감 있게 따라야 해. 우리 고객들은 프로젝트 일을 하라고 돈을 주지, 게임이나 하라고 돈을 주지 않아. 자네는 합의 내용을 잘 이해했고, 이 회사에서 계속 일하려면 그 사항을 지켜야 한다는 걸 분명히 해야 해."

변명을 일삼는 사람들의 패턴이 말해 주는 것들

"의미 있는 비즈니스 거래를 하려면
오랫동안 쌓아 온 신뢰가 필수 요소다."

_도리 클라크(Dorie Clark), 비즈니스 작가

레노라라는 워크숍 참가자가 말했다. "그 의견에 동의하지만, 저는 실전에 적용하기가 너무 어려웠어요. 한 직원에게 근무 중에 계속해서 사적인 전화를 할 수 없다고 말할 때마다 그 직원은 늘 울먹이며 변명을 줄줄 늘어놓아요. 진실을 말하는지 알 수 없어서 믿기 어려워요."

레노라는 중요한 점을 지적했다. 무슨 일이든 핑계를 대는 사람은 사람을 조종하는 데 능숙해서 신뢰하기 어렵다. 그들은 "당신은 이 일이 얼마나 힘든지 알지 못해요" 또는 "그래도 아이 학교에서 전화가 와서 받아야 했다고요" 같은 변명을 할 수 있다. 그들의 목표는 어떻게든 그들이 아닌 당신의 잘못으로 만드는 것이다.

경력이 풍부한 채용 담당자인 리가 나섰다.

> 10년 동안 사람들을 채용하면서 한 가지 패턴을 발견했어요. 어떤 사람들은 "대학을 졸업하자마자 일류 기업에서 일할 수 있어서 저는 운이 좋습니다", "멘토가 되어 주신 상사와 함께 일해서 기쁩니다"처럼 한결같이 긍정적인 용어를 써서 말합니다. 별로 좋지 않은 상황에서도 그들은 무엇을 배웠는지에 집중하죠. 예를 들어 "코로나 19 대유행 동안 이직률이 높았지만, 우리 팀은 탄력적으로 인력 공백을 채웠습니다"라고 말해요. 저는 그런 구직자들을 추천하고 채용합니다. 그 사람들은 부족한 부분을 보완했으니까요. 기업 인수나 경기 침체 같은 힘든 시기에도 잘 적응합니다.
>
> 그와 반대로 조직에 해를 끼쳐 온 구직자들도 있습니다. 그들은 피해자인 척 연기해요. 전에 일했던 한 회사만 끔찍한 게 아니라 모두 다 끔찍했다고 하죠. 저는 이런 지원자들은 고객사들에 절대 소개하지 않습니다. 전에 일했던 모든 회사가 그들을 형편없이 대했다면, 새로 취직한 회사에서도 형편없이 대한다고 불평하는 건 시간문제일 뿐이에요.

당신은 이 새로운 통찰, 즉 변명을 일삼는 패턴은 그 사람이 어떤지 알려 주는 예측 변수라는 점을 근거로 어떻게 행동하겠는가?

어떤 사람과 개인적으로 또는 업무적으로 관계를 만들어 갈지 결정할 때는 그 사람이 과거 다른 사람들과의 관계를 어떻게 이야기하는지 잘 듣고 그 주된 내용을 파악하자. 그 사람이 전에 대했던 사람들 대부분에게 문제가 있었다고 험담한다면, 그다음 험담 대상은 바로 당신이다.

결과를 피하지 말고 받아들이게 하자

"조만간 모든 사람은 결과의 연회에 앉게 된다."

_로버트 루이스 스티븐슨(Robert Louis Stevenson), 소설가

하이디라는 친구가 내게 말했다.

> 엄마로서 내가 할 일은 아이들이 변명하며 그냥 넘어가지 못하게 하는 거야. 집에서 그렇게 한다면 학교에서도, 직장에서도, 모든 인간관계에서도 그렇게 할 거야. 그러면 아이들한테 좋지 않겠지.
>
> 그런데 내 아들이나 딸이 변명할 때도 있어. 좀 전에 우리 딸이 새빨간 매니큐어를 부엌 바닥에 엎질렀어. 난 더러워진 바닥을 보고 화가 났지. 우리 집에는 매니큐어를 늘 욕실에 둬야 한다는 규칙이 있거든. 그런데 우리 딸은 오히려 나한테 뭐라 뭐라 하는 거야. "엄마, 왜 그렇게 화를 내요? 사고였어요. 일부러 그런 게 아니라고요. 깜박했어요."
>
> 난 딸한테 말했어. "사람들은 모두 깜박할 때가 있어. 그렇다고 네가 규칙을 어겼다는 사실은 변하지 않아. 사고에는 결과가 따라. 엎지른 걸 깨끗이 닦고 매니큐어를 가지고 와. 넌 규칙을 기억해야 하니까 이제

매니큐어는 다음 달부터 쓰도록 해."

이제부터는 어떤 사람이 변명한다고 해서 봐주고 넘어가면 그들에게 호의를 베푸는 것이 아니라는 사실을 잘 기억하자. 그 사람이 저지른 무책임한 행동에 책임을 지게 해야 그 사람에게 평생 호의를 베풀 수 있다. "그건 바보 같은 규칙이에요"라고 투덜댄다면 "어쨌든 규칙은 규칙이니 당신도 다른 사람들처럼 규칙을 따라야 합니다"라고 말하자.

하이디가 말한다. "지금 책임을 물으면 앞으로 더 책임감 있게 행동하는 데 도움이 돼. 내 아이들이 결과를 회피하지 않고 받아들이게 할 때마다 아이들의 인격 형성에 기여하는 거야."

하이디의 말이 옳다. 결과의 연회에 빨리 앉을수록 나중엔 그럴 일이 줄어든다.

핑계를 대면서 성실할 수는 없다

"정말 뭔가 하고 싶다면 방법을 찾을 것이다.
그렇지 않다면 핑계를 찾을 것이다."

_ 짐 론, 자기계발 전문가이자 동기부여 강사

성실성이라는 면에서 책임감을 생각하면 도움이 된다. 이 깨달음을 얻게 도와준 아들 앤드루에게 감사의 인사를 전한다. 나의 새해 결심은 체중 감량이었다. 앤드루는 나를 응원하는 의미에서 헬스장 멤버십을 마련해 줬고, 일주일에 세 번 아침마다 거기서 나를 만나기로 했다. 하지만 열심히 운동하겠다고 다짐한 사람들 수백만 명과 마찬가지로, 나도 처음 몇 주 동안은 잘 지켰지만 바쁘다 보니 처음의 그 좋은 의도는 사라졌다. 몇 달 후 앤드루가 전화했다. "엄마, 살 빼고 싶은 거 맞아요?"

이런 말 하기 부끄럽지만, 나는 헬스장에 가지 않는 이유를 줄줄 늘어놓았다. 앤드루는 내 말을 믿지 않았다. 사실 앤드루는 내가 처음에 가졌던 마음가짐을 다시 생각해 보라며 짐 론의 인용구를 읊었다. 앤드루가 물었다. "엄마가 짐 론의 명언을 저한테 들려주셨잖아요. 엄마, 운동을 다시 시작할 방법을 찾으실 거예요? 아니면 핑계만 찾으실 거예요?"

고맙다, 앤드루. 하기로 한 일을 하지 않는 것 역시 거짓말이라는 걸 일깨워 줘서. 정말 성실하게 살고 싶다면 나는 나 자신과의 약속을 지키고 헬스장에 가야 한다. 핑계를 대거나, 나와의 약속을 성실하게 지키는 것 중에서 하나만 선택할 수 있다는 사실은 약속을 지키게 하는 촉매제 역할을 한다. 둘 다 선택할 수는 없다.

로리 뷰캐넌(Laurie Buchanan) 작가가 말한다. "당신이 바꾸지 않는 것이 무엇이든 그 역시 당신의 선택입니다." 다음에 누가 변명한다면 짐 론 또는 로리 뷰캐넌의 명언을 인용해서 우리가 하기로 한 일에 전념하는 것은 우리가 한 약속을 지키는 방법임을 상기시켜 주는 것도 좋겠다. 상대방은 그 자리에서는 듣기 싫어할 수도 있지만, 궁극적으로는 성실하게 살도록 도와줘서 당신에게 고마워할 수도 있다.

핵심 요약

당신이 강아지 유치원을 운영하면서 하루에 두 번씩 강아지들을 산책을 시키기 위한 아르바이트생 두 명을 고용했다고 가정해 보자. 그런데 당신은 이들이 강아지들을 산책시키지 않고 길모퉁이 뒤에서 휴대전화로 문자를 보내고 SNS를 하는 모습을 발견했다.

하지 말아야 하는 말	해야 하는 말
기대치를 설정하지 않는다 "강아지 산책이 그렇게 어려운 일인가?"	**기대치를 설정하고 지키게 한다** "면접 때 30분 동안 공원을 두 번 돌며 강아지들을 산책시켜야 한다고 한 말 기억하지?"
이유를 듣고 마음이 흔들린다 "무척 덥긴 해. 오늘은 산책시키지 않아도 돼."	**결과를 요구한다** "맞아, 오늘은 무척 더워. 강아지들도 그렇고 너희들도 모두 물을 충분히 마셔 둬."
결과를 회피한다 "이번엔 그냥 넘어가겠어."	**결과를 받아들이게 한다** "너희들, 어떻게 하기로 나와 처음에 약속했지?"
당신의 결정을 밀어붙인다 "난 너희들한테 지나치게 힘들게 하진 않잖아."	**책임감을 느끼게 한다** "스티브, 신진, 강아지들에게 무엇이 최선이고, 이 일을 계속하려면 어떻게 해야 하는지 생각해 봐."

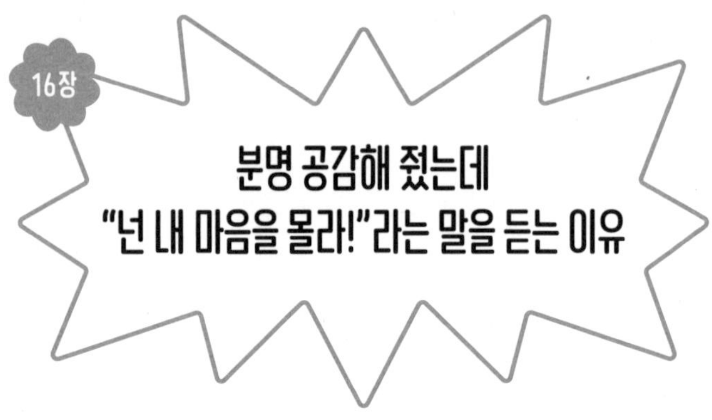

16장

분명 공감해 줬는데 "넌 내 마음을 몰라!"라는 말을 듣는 이유

"공감은 심술궂은 마음과 정반대입니다.
공감은 누군가의 고통이 자신의 고통만큼
의미 있다는 걸 이해하는 능력입니다."

_바바라 킹솔버(Barbara Kingsolver), 작가

"딸아이가 최근 남자 친구와 헤어졌는데 너무 슬퍼하고 있어요. 저는 아이를 위로하면서 누구나 다 이별을 겪는다고, 넌 이번 일을 이겨 낼 수 있다고 했더니 딸아이는 오히려 저한테 화를 냈어요. 이해를 할 수가 없어요. 저는 그저 도와주려고 했을 뿐인데."

미리 말하자면 이 장에서 말하려고 하는 내용은 아마 내 인생에서 가장 큰 교훈 중 하나일 것이며, 난 아직도 배우는 중이다. 우리는 아끼는 어떤 사람이 기분이 좋지 않다면 그 사람의 기분이 나아지게 해 주고 싶다는 충동이 제일 먼저 든다. 하지만 그 사람은 기분이 나아지길 원하지 않는다. 그것보다 누가 자기 얘기를 '들어 주길' 원한다. 우리의 조언이 아니라 우리의 귀를 원하는 셈이다. 그 사람은 이런 일이 전에 우리에게도 일어났다는 이야기는 듣고 싶지 않다. 자기 기분이 어때야 하는지, 혹은 다른 사람들 기분이 어땠는지 그런 얘기 말고, 자기 기분이 어떤지 나타내고 싶다.

한 엄마가 내게 말했다.

그건 엄마인 제가 가진 모든 본능과 모순되지만, 그 말씀이 맞아요.

제 딸은 치아 교정기를 꼈는데 무척 신경을 써요. 딸이 울먹거리며 "학교 친구들 모두 날 놀릴 거야"라고 하더군요.

저는 정말 좋은 뜻으로 이렇게 말했죠. "그 애들은 놀리지 않아. 네가 치아 교정기를 끼고 있다는 사실조차 눈치채지 못할걸."

아이는 울음을 터뜨렸어요.

"치아 교정기가 정말 싫어. 괴짜처럼 보이잖아."

내가 뭘 잘못했나요? 저는 딸아이를 이렇게 위로해 줬어요.

"나중에 예쁘고 가지런한 치아를 갖게 되면 교정하길 잘했다고 생각할 거야."

그랬더니 딸아이는 자리를 박차고 나가며 소리를 질렀어요. "엄마는 내 얘기를 한마디도 듣지 않아."

저는 진심이었어요. 하지만 딸아이가 원한 건 조언이 아니라 공감이었다는 사실을 깨달았어야 했어요.

속마음을 알아준다는 느낌을 주는 피드백 루프

"속마음을 알아주면 더할 나위 없이 기쁘다."

_ 랠프 월도 에머슨, 시인이자 수필가 겸 철학자

당신도 이랬던 적이 있는가? 슬퍼하는 사람을 위로하려 했다가 퇴짜 맞은 적이 있는가? "생각만큼 그렇게 나쁘진 않을 거야", "자, 좋은 쪽으로 생각해 봐"처럼 좋은 뜻을 담은 말은 슬픈 사람의 기운을 북돋는 게 아니라 오히려 무기력하게 만든다는 사실을 우리는 모르고 있다. "처음부터 완벽하게 잘하기를 바라지 마" 혹은 "내일이 되면 기분이 나아질 거야" 같은 말로 사람들을 위로하려 하면 오히려 그들은 입을 닫아 버리고 만다.

다음에 누군가 괴로워하고 있으면 기분이 나아지게 해 주겠다고 억지로 말을 붙이며 애쓰지 말고 피드백 루프(Feedback Loop) 방식을 써서 속마음을 자연스럽게 털어놓도록 도와주자. 피드백 루프란, 속마음을 알아줬다는 생각이 들도록 상대방이 한 말을 약간 바꿔 말하는 방법이다. 상대방의 말을 되풀이하여 말하면 속마음이 더 점점 드러나게 된다.

예를 들어 아이가 "난 친구가 하나도 없어"라고 슬퍼하는데 "적어도 한 명쯤은 있겠지"라고 달래면 도움이 되지 않는다. "친구가 하나도 없다고 생각하니?"라고 말하는 게 낫다.

그러면 아이는 이렇게 말할 수도 있다. "응, 점심 먹으러 가기 싫어. 같이 먹을 친구가 없어."

이 문제를 해결하려는 유혹을 뿌리치자. 아이가 한 말을 질문으로 다시 말해 보자. "그럼, 점심을 같이 먹을 친구가 없니?"

"응. 같이 어울리는 친구들이 없으니까 난 이 세상에 없는 것 같아."

당신은 '하지만 난 도움이 되지 못하는데'라고 생각할 수도 있다. 아니다. 당신은 도움이 되고 있다. 당신은 아이에게 정말 필요한 것, 즉 자기가 어떻게 지내고 있는지 이야기할 기회를 주고 있다. 당신은 아이가 자신의 기분을 표현할 기회를 주고 있다. '표현하다'라는 단어는 "겉으로 나타낸다"로 정의된다. 아이는 가슴 속에 묻어 둔 감정을 몸 밖으로 나타냄으로써 그 감정을 혼자만 알고 있지 않게 된다.

"내 말을 이해했구나"라는 반응을 이끌어 내라

"우리는 사람들이 우릴 위해 나서기보다는 함께 느끼기를 원합니다."

_조지 엘리엇(George Eliot), 작가

피드백 루프의 장점은 상대방에게 신경 쓰고 있다고 말만 하는 게 아니라, 실제 행동으로 보여 주는 방식이라는 점이다.

• 상대방에게 계속 집중한다.

당신 혼자서 거의 다 말하고 있다면 그건 대화를 활발히 이끌어가는 게 아니라 독차지하는 셈이다. 내가 어렸을 때 엄마는 "가장 많이 말하는 사람이 가장 즐거워한단다"라고 말씀하시곤 하셨다. 어떤 사람이 슬퍼할 때는 당신은 전체 대화 시간의 20퍼센트만 이야기하고 그 사람이 80퍼센트만큼 이야기하도록 목표로 삼자. 어떻게 하는지 힌트가 필요하다면? '나'라는 단어를 최소한으로 써서 대화하자. "글쎄요, 내 생각에는……", "나는 이렇게 제안……", "내게도 그 일이 벌어졌던 게 생각나네요"라고 말하면 당신은 대화의 주인공을 상대방이 아닌 당신 자신으로 바꾸고 만다.

• 상대방의 말을 앵무새처럼 똑같이 따라 말하지 않고 살짝 바꿔 말한다.

이런 생각이 들 수 있다. '상대방이 한 말을 써서 대답하면 짜증 내지 않을까?', '그거, 방금 자기가 한 말이지 않냐고 생각하지 않을까?' 상대방은 당신이 자기가 한 말을 써서 대답한다고 짜증 내지 않는다. 오히려 그건 '의미의 교환', 즉 소통이 이루어졌다는 걸 말로 확인해주는 것이다.

• 상대방이 진심으로 "예!"라고 대답하는 게 목표다.

한 음절로 된 이 긍정의 말이 전 세계에서 똑같이 쓰인다니 놀라울 따름이다. 당신이 어떤 언어로 말하든 상대방이 방금 한 말을 따라 말하면 상대방은 바로 그거라고 거의 반사적으로 동의한다. 그건 서로 통하는 순간이다. "내 말을 이해했구나!"라는 뜻이다. 그것은 사람들이 치료사를 찾아가 돈을 내고 상담하는 이유 중 하나이기도 하다. 치료사는 다른 사람들의 비판 없이, 어떻게 느껴야 하고 뭘 해야 하는지 충고를 들을 필요 없이 자신의 감정을 후련하게 털어놓을 수 있는 유일한 사람인 경우가 많기 때문이다.

세미나에서 이 내용을 들은 어떤 남자가 자신의 이마를 가볍게 탁 치더니 입을 열었다.

> 남동생에게 사과해야겠어요. 남동생 부부에게는 잠을 거의 안 자는 갓난아기가 있어요. 남동생이 제게 전화하더니 이렇게 하소연하더라고요. "지금은 우리 부부 인생 최고의 시기가 되어야 하는데, 둘 다 너무 지쳤어."
>
> 제가 뭐라고 대꾸했는지 아세요? "너도 나와 같은 신세가 되었네." 이렇게 농담도 던졌어요. "이건 앞으로 18년 동안의 네 인생을 예고하는 것에 불과해." 그리고 전 불난 집에 부채질하고 말았어요. 우리 막내딸은 두 살이 될 때까지도 밤에 자꾸 깼다고 말했거든요. 그 말을 들은 남동생이 전화를 확 끊어 버릴 만도 했죠.
>
> 일을 마치고 집에 가면 남동생에게 전화해서 사과하려 해요. 그리고 "난 입을 꾹 다물고 네 얘기를 들을게"라고 말할 겁니다.

"괜찮다"는 말이 가면일 때도 있다

"가끔 '난 괜찮아'라고 말할 때
누군가가 내 눈을 똑바로 바라보며 '사실대로 말해 줘'라고 하면 좋겠다."

_작자 미상

위에 소개한 문구는 티셔츠와 커피 머그잔 프린트에서 자주 찾아볼 수 있다. 이 말도 자주 보인다. “사람들은 평균적으로 하루에 네 번, 1년에 1,460번 거짓말을 하는데 가장 흔한 거짓말은 ‘난 괜찮아’이다.”

산드라 조제프(Sandra Joseph)는 이를 보는 시각이 독특하다. 그녀는 10년 동안 브로드웨이 〈오페라의 유령(The Phantom of the Opera)〉에서 크리스틴 역을 맡았다. 우리 둘은 그녀가 테드엑스(TEDx) 강연에서 무슨 내용을 어떤 제목으로 말할지 논의하고 있었다. 그녀가 말했다. “팬텀은 ‘추한 얼굴’을 가면으로 숨겨요. 자신의 진짜 모습을 보면 아무도 그를 사랑할 수 없으리라 생각한 거죠. 하지만 마지막에 가서 팬텀이 가면을 벗자 크리스틴은 진정한 그의 모습을 보고 많은 결점에도 그를 사랑하게 돼요. 어쨌든, 우린 모두 결점이 있잖아요.”

산드라는 강연 제목, 그리고 뒤이어 나온 그녀의 책 제목을 뭐라고 정했을까? 《중요한 것의 가면을 벗기며(Unmasking What Matters)》로 정했다.

사람들은 슬퍼지면 “난 괜찮아”라는 가면을 벗고 그 아래 숨겨진 진심을 드러내길 두려워할 때가 많다. 하지만 그렇게 할 때 우리는 사람들과 더 가까워진다. 우리의 인간적인 상태를 다른 사람들과 나누면 서로의 공통점이 무엇인지 깨닫고 서로 얼마나 닮았는지 재발견한다. 사람들에게 자신의 내면 감정을 말로 표현할 기회를 주면 “바로 그거야!”라며 서로 통할 때가 많다.

그들은 혼자만의 공간을 원할까?
아니면 도움을 원할까?

"우울해하는 사람이 있다면 절대 그 이유를 묻지 마세요.
우울한 감정은 나쁜 상황에 대한 직접적인 반응이 아니라,
그냥 날씨 같은 겁니다."

_스티븐 프라이(Stephen Fry), 배우이자 감독

어떤 치료사가 내게 말했다. "슬픔과 우울감을 구분하도록 하세요. 그 두 가지는 같지 않아요."

내가 물었다. "어떤 사람이 굉장히 우울해한다면 어떻게 해야 좋을까요?"

"혼자만의 공간이 필요한지, 도움이 필요한지 물어보세요."

"무슨 뜻인가요?" 나는 다시 질문했다.

"이 이야기는 한 가지 사례일 뿐이긴 하지만 참고할 만한 부분이 있어요. 제 환자 중 한 명은 가족을 무척 사랑하는 아버지예요. 그 남자가 우울해하면 아내는 그를 기분 좋게 하려고 안 하는 일이 없어요. 아내는 남편이 좋아하는 음식을 요리하고, 좋아하는 음악을 틀어주고, 밤에 친구들과 놀라고 아이들을 돌봐요. 하지만 아내는 남편의 기분을 나아지게 하려고 애쓰면 오히려 그의 기분이 더 나빠진다는 걸 이해하지 못해요."

"왜 그런가요?"

"그 남자는 우울감을 없앨 수 없어서 부끄러워해요. 마치 자신은

색맹인데 사람들이 끊임없이 세상이 얼마나 형형색색으로 아름다운지 말해 주는 것 같다고 해요."

"그러면 어떻게 해야 도움이 되나요?"

"그에게 혼자만의 공간을 원하는지 도움이 필요한지 물어보면 돼요. 가끔은 커튼을 닫고 이불 속으로 기어들어 가 잠을 자고 싶어 할 수도 있어요. 가끔은 아내와 같이 소파에 앉아 아무 말도 하지 않고 싶어 할 거예요. 무엇보다도 그가 가장 원하는 건 아내가 위로해 주겠다고 일부러 애쓰지 않고 그냥 옆에 있어 주는 거예요."

주변에 슬픈 사람들이 있는가? 그 사람들을 도와주려 노력했지만, 그들은 당신의 도움을 원하지 않는다는 사실을 안 적이 있는가?

도와주는 것은 구해 주는 것처럼 받아들여질 때가 있다. 그래서 도움을 받는 사람은 무력감을 느낄 수 있다. 우리가 아끼는 사람이 힘들어하면 우리는 무슨 수를 써서라도 그 사람을 돕고 싶어진다. 이러한 본능은 좋은 의도에서 비롯되지만, 의도와 반대되는 영향을 끼칠 수 있다.

그 사람에게 뭘 원하는지 물어보자. 혼자만의 공간? 도움? 이야기 들어 주기? 조언? 그저 옆에 같이 있어 주기? 앞에 열거한 것들은 충분치 않아 보일 수도 있다. 하지만 그게 그 사람이 원하는 거라면 그걸로 충분하다.

위로하는 말, 용기를 주는 말

"기분이 엉망진창이고 속이 뒤집혀도 괜찮다.
그것은 당신에게 결점이 있다는 뜻이 아니다.
당신은 인간이라는 뜻일 뿐이다."

_ 데이비드 미첼(David Mitchell), 소설가

말이 나왔으니 말인데, 어떤 사람이 슬퍼할 때 어떻게 해야 하는지에 대한 선택지가 또 있다. 나는 영광스럽게도 데스몬드 투투 대주교와 달라이 라마가 등장하는 영화 〈미션: 기쁨-힘든 시대에 행복을 찾아서(Mission: Joy-Finding Happiness in Troubled Times)〉을 한 영화제에서 볼 기회가 있었다.

영화 뒷부분에서 어떤 학교 학생들이 투투 대주교의 80세 생일을 축하하는 깜짝 파티를 열어 준다. 그때 고국에서 추방되어 이 학교에 다니고 있는 한 티베트 소녀가 자리에서 일어나 고향에 돌아가고 싶은 마음이 얼마나 간절한지 이야기한다. 그 아이는 가족이 무척 보고 싶다고 이야기하던 중에 그만 울음을 터뜨리고 말을 잇지 못한다.

투투 대주교는 그 소녀를 진정한 연민의 눈길로 바라보며 위로한다. "내 마음이 무척 아프구나."

달라이 라마는 이렇게 말한다. "굳세게 버티렴. 이렇게 교육받을 수 있어서 넌 얼마나 운이 좋은지 그 사실에 집중하자. 훗날 네가 가족들에게 도움이 될 기회야."

그 순간, 달라이 라마의 대답은 약간 냉담하고 퉁명스럽게 들린다.

하지만 해설을 맡은 더글러스 에이브럼스(Douglas Abrams)는 두 사람의 서로 다른 반응을 균형 있는 시각으로 설명한다. 그는 "투투 대주교는 소녀에게 위로의 말을 전했지만, 달라이 라마는 용기의 말을 건넨 것"이라고 논평한다.

그의 설명을 듣자마자 내 마음속에 잔잔한 감동의 물결이 퍼져 나갔다. 이 두 가지 피드백은 둘 다 그 상황에 적절했다. 그렇지 않은가?

그 소녀는 투투 대주교에게서는 인정받고, 달라이 라마에게서는 힘을 얻었다고 느꼈다. 만약 지지만 받았더라면 그 소녀는 자신의 이야기만 매달렸을 수도 있었다. 보상을 받는 행동은 반복되기 때문이다. 슬픔에서 벗어나지 못해 점점 우울감에 빠져들고 향수병이 더 심해졌을 수도 있었다. 반면, 투투 대주교와 달라이 라마에게서 어떻게 해 보라는 제안만 들었더라면 그 소녀는 무시당했다고 느꼈을 것이다. 자신이 나약하고 문제 있는 사람으로 느껴져 말을 꺼낸 것을 후회했을지도 모른다.

내 생각에 달라이 라마는 그 소녀가 이미 공감을 얻었다는 사실을 알고 피드백의 균형을 맞추기 위해 격려하기로 한 듯하다.

지지와 제안. 인정과 행동. 둘 다 상황에 맞춰 순서대로 진행된다.

다음에 어떤 사람이 기분 좋지 않을 때 가장 원하는 게 무엇인지 당신 자신에게, 또 그 사람에게도 질문하자. 어쩌면 그 사람은 누군가가 그의 진짜 감정을 알아내기 위해 시간을 낼 정도로 그를 아낀다는 사실을 가장 알고 싶어 할 수도 있다. 그 사람은 누가 그의 이야기를 들어 주길 원한다. 조언을 듣고 싶은 게 아니다.

피드백 루프 방식을 써서 이를 알아낼 수 있다. 상대방이 "네!" 하거나 "그 얘기를 털어놓으니 기분이 나아졌어요"라고 하면 당신은 그 사람에게 도움이 된 것이다.

만약 그 사람이 자신만의 이야기에 갇혀 있는 듯하다면 달라이 라마처럼 다른 시각으로 바라볼 방법을 제안하는 편이 더 건설적일 수도 있다.

"필요한 게 있어?"라고 물어보는 것만으로 충분하다

"당신을 도와줄 적임자들이 있다면 무엇이든 할 수 있다고 믿으세요."

_ 미스티 코플랜드(Misty Copeland), 무용가

선택지가 하나 더 있다. 재니스라는 친구는 그녀도 남편도 공감 능력이 무척 떨어진다고 솔직히 말했다. 이들 부부는 "자기 일은 혼자 힘으로 해 나가야 한다"는 사고방식에 격하게 공감하며, 그 덕분에 살아가면서 큰 도움이 되었다고 말한다. 하지만 세월이 흐름에 따라 그들은 둘 중 한 명이 힘들어 할 때 다른 한 사람은 잘 도와주지 못하고 있다는 걸 깨달았다.

재니스가 말했다. "조가 감기에 걸리면 난 이렇게 말해. '이런, 정말 안됐다. 그래도 학교에서 엘레나를 데리고 올 수 있지? 오는 길에 장도 볼 수 있지?'"

다음으로 재니스가 몸이 좋지 않은 날이면 조도 같은 방식으로 행동한다. "와, 휴지를 엄청나게 뽑아 썼네. 코 푼 휴지를 식탁 위에 쌓

아 두다니 좀 그래. 바로 버려 줬으면 좋겠어."

재니스는 미소를 지었다. "정말 대단하다니까. 안 그래? 클리프턴 강점(CliftonStrengths) 평가를 해 보고 우리 부부의 공감 순위가 무척 낮다는 걸 알았어. 그래서 우린 나름 훈련했지. 이젠 우리 두 사람 중 한 명이 몸이 좋지 않으면 다른 한 사람은 '필요한 거 있어?'라고 물어봐. 그 말이 자연스럽게 나오지 않아도 예전보다는 나아. 게다가 우린 아직 헤어지지 않았으니 효과가 있는 것 같아."

바로 이거다.

마지막으로 당부하고 싶은 것이 있다. 어떤 사람이 슬픈 감정을 넘어 심각한 우울증에 빠진 듯하다면 당신은 관련 기관에 전화하거나 문자로 도움을 요청할 수 있다. 전문가의 도움이 필요하다고 생각된다면 망설이지 말기를 바란다.

핵심 요약

친구가 직장을 그만두고 온라인 비즈니스를 시작했는데 일이 잘 풀리지 않는다고 가정해 보자. 그 친구는 생활비를 간신히 벌 만큼의 수익만 내고 있고, 정말 의기소침하고 우울하다. 당신은 어떻게 해야 할까?

하지 말아야 하는 말	해야 하는 말
친구에게 조언한다 "대출을 받아 봐."	**친구가 하는 말을 듣는다** "요즘 사업이 잘 풀리지 않아 정말 힘들지?"
이유를 댄다 "저기, 사업 1년 차에 실패하는 소기업들이 많대."	**소망을 말한다** "그럼, 유료 고객들이 더 많으면 좋겠다는 거지?"
'나' 또는 '나를'을 써 가며 말한다 "5년 전에 나한테도 이런 일이 일어났어."	**'너'를 문장에 넣어서 질문한다** "너를 어떻게 도와주면 좋을까?"
지적한다 "평생 모은 돈을 여기에 투자하지 말았어야지."	**위로하고 격려한다** "네가 기대했던 대로 일이 풀리지 않아 마음이 아파. 그래도 난 너를 믿어. 넌 할 수 있어."

진심으로 경청하는 사람만이 얻을 수 있는 것들

"다른 사람의 말을 들을 땐 조용히 있는 것뿐만 아니라
집중해서 잘 듣는 것도 중요해요."
_크리스타 티펫(Krista Tippett), 팟캐스트 진행자

"남자 친구는 늘 고개를 숙이고 휴대전화만 들여다봐요. 저한테 온전히 집중할 때가 거의 없어요. 그는 듣고 있다고 하지만, 제가 하는 말의 절반은 귓등으로 흘려버려요. 저는 남자 친구의 관심을 받겠다고 그의 휴대전화와 경쟁하는 것 같아요."

남자 친구의 관심을 받으려고 그의 휴대전화와 경쟁한다니 참으로 아이러니하다. 얼마나 많은 사람이 휴대전화에 중독되었는지, 또 그 사실이 인간관계에 어떤 영향을 미치는지에 대해서는 이 장의 뒷부분에서 살펴보겠다. 그전에 전 세계 수천 명의 사람을 인터뷰하면서 얻은 흥미로운 인사이트를 알려 주겠다.

사람들이 우리가 하는 말에 귀 기울이지 않는다고 생각이 든다면, 우리도 그들의 말을 잘 듣고 있지 않을 가능성이 크다.

그러니 먼저 어떻게 하면 사람들의 말을 더 잘 들을 수 있을지에 집중하자. 그 뒤에 상대방이 우리에게 주목하지 않으면 어떻게 해야 하는지 알아보겠다. 균형 있는 시각으로 판단하기 위해 먼저 다음 질문에 답해 보자.

- 당신의 말을 정말 잘 들어 주는 사람은 누구인가?
- 그 사람은 어떻게 하기에 그렇게 말을 잘 들어 주는가?
- 그 사람은 당신을 어떻게 느끼게 하는가?
- 당신은 그 사람을 어떻게 생각하는가?

이 질문들을 지난 20년 동안 사람들에게 던져 보니 놀라운 사실이 드러났다. 사람들 대부분은 자신의 말에 진심으로 귀 기울여 주는 사람을 한두 명밖에 떠올리지 못한다. 그만큼 드물다.

생각해 보자. 알고 지내는 사람이 수백 명, 어쩌면 수천 명에 이르는 사람들이 많다. 그런데 우리 말에 진심으로 귀를 기울이는 사람은 한두 명에 불과하다고? 그건 무슨 얘기일까?

어떤 사람들은 마음이 조용히 가라앉지 않고 이랬다저랬다 한다. 불교에서는 이를 "원숭이 마음"이라 부른다. 이들의 머릿속은 항상 시끄러운 수다로 가득하다. 어떤 사람이 말을 거는데도 그 사람들은 '저것 봐, 다람쥐다!'라고 생각한다. '가스 불을 끄는 걸 깜빡했나?',

'티미의 축구 경기는 내일 몇 시지?!' 하면서 내면의 끊임없는 수다에 정신이 팔려 있는 한, 우리의 마음은 '있어야 할 자리'에 있지 못하고 이런저런 생각에 휩쓸린다. 우리는 어떤 사람의 옆에 가까이 서거나 화상 회의를 하며 그 사람을 바라볼 수도 있지만, 마음속으로는 지구에서 달까지 두 번 왕복할 거리만큼이나 멀리 떨어져 있다.

진심으로 경청하려면 내가 하려는 말보다 상대방이 말하려는 주제에 일단 관심을 더 많이 기울여야 한다. 상대방의 말을 주의 깊게 들을 때 생길 수 있는 유의미한 연결 사례를 하나 소개하겠다.

내가 말하고 싶다는 마음을 내려놓는게 먼저다

"나는 사람들의 말에 귀를 기울여서 많은 걸 배웠다.
사람들 대부분은 절대 경청하지 않는다."

_어니스트 헤밍웨이(Ernest Hemingway), 작가

앞서 말했듯이 내 아들 앤드루는 '드림스 포 키즈-DC'라는 비영리 단체를 설립했다. 앤드루와 팀원들은 특별한 도움이 필요한 아이들에게 잊지 못할 크리스마스를 선물하려고 파티를 계획했다. 앤드루는 하워드대학교 캠퍼스센터장인 로버타 맥리오드-리브스(Roberta McLeod-Reeves)를 만날 일정이 잡히자 무척 기뻤다. 그녀를 만나 3층짜리 센터 건물을 파티 장소로 사용할 수 있을지 요청할 계획이었다.

로버타를 만나 회의를 시작한 지 3분이 지나자, 앤드루는 그녀가 친절하긴 했으나 사실은 앤드루가 말을 마치기를 기다렸다가 그의 요청을 거절할 생각임을 깨달았다. 앤드루는 말을 잠시 멈추고 그녀의 입장에서 생각해 봤다.

앤드루는 로버타가 이런 생각을 하리라 상상했다. '센터 건물을 무료로 이용하고 싶다고? 여길 예약하고 싶어 하는 단체가 수십 개나 대기 명단에 있다는 걸 알고서 하는 소리일까?'

앤드루는 정신 차리고 집중하지 않으면 바로 거절당하겠다는 걸 깨달았다. 앤드루는 주위를 둘러보다가 로버타의 사무실 벽에 성공한 기업가와 정치인, 교육자가 된 학생들의 사진이 빼곡하게 걸려 있는 걸 알아봤다. 그녀가 중요하다고 생각하는 게 무엇인지 무료로 알려 주는 정보였다.

앤드루는 다시 로버타에게 집중하며 질문했다. "이 일을 어떻게 시작하게 되셨습니까?"

로버타는 자신이 어떻게 자랐는지, 그리고 교육을 받은 것이 자기가 원하는 사람이 되는 데 어떻게 도움이 되었는지 들려줬다. 그녀는 학생들이 마땅히 받아야 할 도움을 받고 기회를 얻도록 도와주는 것이 얼마나 보람 있는 일인지도 이야기했다. 앤드루는 그녀가 이 어린이들의 삶에 긍정적인 영향을 끼쳤다는 사실이 자랑스럽다는 말에 귀를 기울였다.

로버타의 말이 끝나자 앤드루는 간결하게, 그리고 진심을 담아 대답했다. "저희도 그런 일을 하고 싶습니다."

로버타는 앤드루를 잠시 바라보다가 미소를 지으며 달력을 꺼내 들고 물었다. "좋아요, 파티를 열고 싶은 날짜가 언제라고 했죠?"

바라보고, 몸을 기울이고,
눈썹을 추켜세우고, 눈높이를 맞춰라

"내가 귀중한 발견을 했다면,
그것은 다른 어떤 재능보다도 끈질긴 인내심 덕분이었다."

_ 아이작 뉴턴 경(Sir Isaac Newton), 수학자이자 물리학자

앤드루는 자신도 로버타에게 무엇인가를 얻어 내려는 수천 명 중 한 명에 불과하다는 사실을 깨달았다. 로버타는 앤드루가 하는 말을 전에 다른 사람들에게서도 무수히 들었으므로 한 귀로 듣고 다른 귀로 흘리고 있었다. 하지만 앤드루가 말을 멈추고 그녀에게 중요한 것이 무엇인지 관심을 기울인 순간, 두 사람은 뜻이 서로 통했다.

나중에 어떻게 되었는지 궁금한가? 하워드대학교는 앤드루가 요청한 파티를 10번이나 공동 주최했다. 캠퍼스센터를 가득 채운 수백 명의 가족이 춤추고 노래하며 즐겁게 시간을 보냈고, 서로 축하하고 또 축하받았다. 그 자리에 참석하여 아이들이 행복해하는 모습을 바라보며 함께 만들어 낸 결과를 보고 미소 지었던 사람은 누구였을까? 앤드루와 로버타였다.

이 이야기의 핵심은 무엇일까? 사람들이 내게 관심을 두길 원한다면 먼저 인내심을 갖고 그들에게 관심을 기울여야 한다. 그렇게 하는 방법이 바로 'L의 법칙'이다. 즉 바라보고(Look), 몸을 기울이고(Lean), 눈썹을 추켜세우고(Lift), 눈높이를 맞추는(Level) 것이다.

• 상대방의 눈을 바라본다.

M. 스콧 펙(M. Scott Peck)은 "다른 사람의 말을 경청하는 동시에 다른 일을 할 수 없다"라고 말한다. 시선이 닿는 곳에 주의가 쏠린다. 우리 눈동자가 자꾸 움직이거나 다른 데 고정된다면, 사람들은 우리가 집중하지 않는다고 생각하고 주의를 끌기 위해 말을 멈추거나 시끄럽게 할 것이다. 사람들은 우리가 그들의 얼굴을 똑바로 바라봐야 우리가 그들에게 집중하고 있다고 믿을 것이다. 다만 어떤 문화권에서는 사람들의 눈을 똑바로 바라보는 행동은 적절하지 않기도 하다.

• 상대방에게 몸을 기울인다.

컴퓨터 작업을 계속하거나 휴대전화를 만지작거린다면 사람들은 당신이 듣는 둥 마는 둥 하고 있다고 생각할 것이다. 《대화를 잃어버린 사람들》을 쓴 셰리 터클(Sherry Turkle)은 "휴대전화를 테이블 위에 엎어 놓는 것만으로도 당신의 우선순위가 다른 데 있다는 사실을 나타냅니다"라고 말했다. 그러므로 어떤 사람이 당신과 대화하려 하면 휴대전화를 치우거나 컴퓨터 화면에서 눈을 떼는 일이 매우 중요하다. 이렇게 몸을 움직이면 "이 일은 나중에 해도 돼요. 당신이 더 중요합니다"라는 뜻을 알려 준다. 사람을 정면으로 바라보면 신체적·심리적으로 이 사람이 당신의 최우선 순위라는 사실을 나타낸다. 뿐만 아니라, 누군가에게 몸을 기울이는 행동은 말 그대로, 또 비유적으로도 상대방에게 다가가는 것이다. 상대방에게 가까이 가기 위해 '의자 끄트머리로 옮겨 앉는' 자세는 당신이 상대방의 말을 진심으로 듣고 싶어 한다는 사실을 나타낸다.

• 눈썹을 추켜세운다.

표정이 축 처지면 흥미도 떨어진다. 피곤하더라도 눈썹을 추켜세우면 얼굴에 생기가 돌고 무기력한 마음이 사라질 것이다. 당장 시도해 보자. 눈썹을 추켜올리자. 더 활기차게 느껴지지 않는가? 당신은 더 흥미 있는 사람으로 보이고 호기심도 더 생길 것이다. 당신에게, 또 말하는 사람 모두에게 도움이 되는 방법이다.

• 눈높이를 맞춘다.

아무리 공감력이 뛰어나더라도 당신은 키가 크고 상대방은 키가 작거나, 당신은 서 있고 상대방은 앉아 있으면 당신은 상대방을 내리누르는 사람처럼 보인다. 당신은 상대방과 보는 시점이 다르므로, 상대방은 당신이 나와 같은 입장에서 상황을 보고 있다고 믿지 않을 확률이 높다. 상대방은 당신이 눈높이를 맞출 때만 당신이 자신과 같은 생각을 하고 있다고 진심으로 믿을 것이다.

해야 할 일이 산더미처럼 쌓여 있을 때는 온전히 집중하려면 절제력이 필요하다. 한번은 아들 톰과 저녁 식사를 하며 대화하던 중에 그 애가 다른 데 정신이 팔린 듯했다. 나는 "톰, 내 말 듣고 있니?"라고 물었다. 톰은 "그럼요, 엄마. 대충 듣고 있어요"라고 대답했다(톰은 엄마의 말에 '온전히 집중하고(undivided attention)' 있다고 대답해야 했는데, 정신이 산만해서 '대충 듣고(undevoted attention)' 있다고 말실수했다-옮긴이).

당신은 다른 사람의 말을 대충 듣는지 테스트해 보고 싶은가? 스스로에게 이렇게 질문하자. "나는 정말 경청하고 있을까?" 또는 "나는 내가 말할 차례가 오기만을 기다리고 있는 것은 아닌가?" 피아니스트 알프레드 브렌델(Alfred Brendel)은 "경청(listen)이라는 단어와 침묵(silent)이라는 단어에 쓰인 글자가 서로 같다"라고 말했다. 상대방에게 영원히 시간을 내어 주는 것이 아니며, 끝이 있다는 걸 잊지 않기 위해 일정한 시간을 정해 놓고 상대방에게 집중하면 도움이 된다. 스스로에게 이렇게 말하자. '그래, 난 지금 할 일이 많아. 그리고 이 사람은 내게 중요한 사람이야. 앞으로 10분 동안 이 사람만 바라보고 몸을 기울이고 눈썹을 추켜세우고 눈높이를 맞추겠어. 그리고 내게 가장 중요한 존재로 대하겠어.'

나는 정말 경청하고 있을까,
아니면 내가 말할 차례가 오기만을 기다리고 있을까?

"아, 미안해요. 한참 동안 말하고 있었는데
아까 제가 당신이 하려는 말을 끊었어요?"

_핀터레스트 밈

회사의 야유회 기획을 담당하는 마사는 'L의 법칙' 덕분에 부끄러운 실수를 피해서 감사하다고 말했다.

마사는 행사기획위원회 사람들과 진행 상황을 공유하기 위해 화상 회의를 예약했다. 그런데 당일이 되자 보고서를 준비하지 못했다는 이메일들이 속속 도착했다. 마사는 사람들이 얼마나 무책임한지 믿을 수 없었고, 그들을 심하게 질책하기로 마음먹었다.

그런데 알고 보니 식음료 담당자는 마사에게 사과하며 사실은 그 전주에 딸이 소프트볼 경기 도중 공에 맞아 응급 수술을 받았고 아직도 회복 중이라고 했다. 물류 담당자는 코로나 19 증상이 오랫동안 계속되어, 침대에서 거의 일어날 수도 없었다고 했다. 그들은 보고서 준비보다 더 급했던 특별한 상황에 대해 차례대로 설명했다.

마사가 말했다. "다짜고짜 질책하지 않고 경청부터 하길 잘했다는 생각이 들어요."

다른 일들을 모두 잠시 보류하고 누군가에게 온전히 집중하는 것이 중요하지만, 지금 당장 그렇게 할 여유가 없으면 차라리 대화를 다음 기회로 미루자고 요청하자. 가능하면 상대방과 눈을 마주쳐서 당신의 진심이 느껴지도록 하고, "무슨 일인지 정말 듣고 싶은데 지금은 이 프로젝트 납기에 집중하고 있어요. 다음 주에 시간 내서 얘기할 수 있을까요?"라고 말하자.

사람들은 당신이 꼭 해야 할 일이 있다는 걸 이해할 것이다. 사람들이 이해할 수 없거나 용서하지 못하는 것은 "너무 바빠서 시간을 내주지 못한다"는 변명이다.

진작에 얘기를 들어 줬어야 했던 사람은 누구인가? "지금은 안 돼. 나중에 봐. 짧게 말해"라는 말을 너무 많이 듣는 사람은 누구인가? 당신은 그 사람을 다음에 언제 볼 예정인가? 지금 당장 상대방의 눈높이에 맞춰 바라보며 "우린 계속 스치고 지나가기만 했지. 지금 아니면 오늘 늦게라도 잠시 시간 내서 얘기할 수 있을까?"라고 말해 보자.

앨리스 D. 밀러(Alice D. Miller) 작가는 이렇게 말했다. "경청이란 우리가 듣는 이야기에 인간적인 관심을 활기차게 기울이는 걸 의미합니다. 모든 소리가 더욱 풍성하고 풍부하게 울리는 커다란 강당이나 아무것도 걸려 있지 않은 벽이라도 된 것처럼 상대방의 말을 경청해야 합니다."

당신이 아끼는 어떤 사람과 대화를 나눌 때는 눈썹을 추켜세우고 몸을 기울여 그 사람의 말에 적극적으로 관심을 기울이자. 그리고 앞서 다룬 '피드백 루프' 방식을 써서 상대방이 하는 모든 말을 경청하고, 커다란 강당에서 소리가 풍성하게 울려 퍼지듯 따라 말하도록 하자.

완전한 몰입은
누군가에게 줄 수 있는 최고의 선물 중 하나다

"가장 힘 있는 기술 기업 중 어느 곳도

사람들에게 가장 좋은 것이 무엇인지에 대해 답하지 않습니다.

해당 기업에 가장 좋은 것이 무엇인지에 대해서만 답합니다."

_트리스탄 해리스(Tristan Harris), 기술 윤리학자

이 장을 시작할 때 소개한 상황, 즉 휴대전화를 끊임없이 확인하느라 상대방의 말에 귀를 기울이지 않는 남자 친구 이야기로 돌아가 보자. 휴대전화에 중독된 사람은 그뿐만이 아니다.

얼마 전 나는 '인간적인 기술 센터(The Center for Humane Technology)'의 공동설립자이자 넷플릭스 다큐멘터리 〈소셜 딜레마(The Social Dilemma)〉에 출연한 전문가 중 한 명인 트리스탄 해리스를 만났다. 트리스탄은 디지털기기가 어떻게 우리를 끊임없이 '스크롤하기'에 중독되도록 설계되었는지 경고하는 일을 한다. 그는 "기술은 주의 집중 시간의 단축, 양극화, 분노 표출 문화, 대중들의 자기도취, 선거 공작, 기술 중독 등 겉보기에는 서로 관련이 없는 일련의 문제들을 일으키고 있습니다"라고 설명한다.

그는 또 이렇게 말한다. "세상에 유일하게 존재하는 윤리적인 설득은 설득하는 사람의 목표가 설득당하는 사람의 목표와 조화를 이룰 때만 가능합니다." 그런데 대부분의 기술 기업이 가진 목표는 그들이 '사용자'라고 부르는 이들의 목표와 같은 방향을 추구하지 않는다. 그 결과, "인간 본성은 압도당하고 인간성은 핍박받고 있습니다."

그렇다면 우린 무엇을 할 수 있을까? '식사하는 동안 디지털기기 사용 금지' 규칙을 지키는 건 어떨까? 너무 과한 건 아닌가 할 수도 있지만, 트레버 휠라이트(Trevor Wheelwright)가 웹사이트 '리뷰스(Reviews.org)'에 발표한 이 놀라운 통계치를 보면 상황이 얼마나 심각한지 알 수 있다.

- 미국인의 74퍼센트는 휴대전화를 집에 두고 외출하면 불안해한다.
- 미국인의 71퍼센트는 잠에서 깬 후 10분 이내에 휴대전화를 확인한다.
- 미국인의 53퍼센트는 휴대전화 없이 24시간 이상 지낸 적이 한 번도 없다.
- 미국인의 47퍼센트는 자신이 휴대전화에 '중독'되었다고 생각한다.

- 미국인의 35퍼센트는 운전 중에 휴대전화를 쓰거나 들여다보고, 64퍼센트는 화장실에서도 휴대전화를 쓴다.
- 미국인의 48퍼센트는 휴대전화 배터리가 20퍼센트 이하로 떨어지면 공포에 사로잡힌다.
- 미국인의 45퍼센트에게는 휴대전화가 가장 중요한 물건이다.

만약 당신도 심각한 휴대전화 중독이라고 생각된다면 트리스탄이 출연한 다큐멘터리를 보고 나서, 상대방을 인터넷보다 더 우선시하려면 어떻게 해야 할지에 대해 생각해 보는 것도 좋겠다.

핵심 요약

당신이 국제 화상 회의를 진행하고 있다고 가정해 보자. 당신이 사는 지역 기준으로 지금 밤 9시인데, 너무 졸려 눈을 뜨고 있기도 힘들다. 다른 사람들도 힘들어서 잘 듣지 않는 듯하고, 게다가 대부분은 카메라를 끄고 이메일을 확인하거나 다른 일을 하는 듯하다. 어떻게 해야 할까?

하지 말아야 하는 말	해야 하는 말
내 생각에만 신경 쓴다 "이렇게 밤늦게까지 집중하라니 말도 안 돼."	**공통의 안건을 만든다** "앞으로 15분 동안 서로에게 온전히 집중하기로 합시다."
잔소리한다 "딴짓은 그만하고 잘 들으세요."	**바라보고, 몸을 기울이고, 눈썹을 추켜세우고, 눈높이를 맞춘다** "카메라를 켜서 서로 얼굴을 보며 회의합시다."
다른 데 정신이 팔려 대충 집중한다 "아무도 집중 안 하는 것 같은데 뭐 재밌는 거 없나?"	**온전히 몰입하여 집중한다** "눈을 크게 뜨고 귀 기울여 완전히 집중해야겠어."
디지털기기를 꺼낸다 "알림이 왔는데 확인 좀 할게요."	**디지털기기를 치운다** "여러분, 9시 15분에 마무리할 테니 지금 모두 휴대전화를 치워 주시겠어요?"

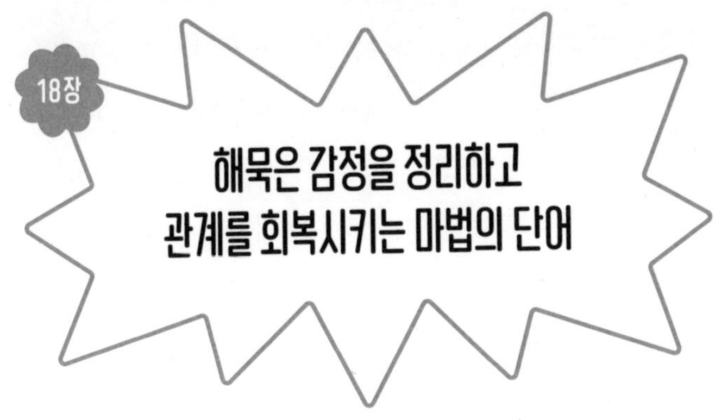

18장

해묵은 감정을 정리하고 관계를 회복시키는 마법의 단어

"오랫동안 원한을 품기엔 인생은 너무 짧다."

_일론 머스크(Elon Musk), 기업가

"큰 실수를 저질렀어요. 여동생이 상을 받는 자리에 깜박 잊고 참석하지 못했는데, 동생은 저를 용서하지 않아요. 몇 번이고 사과했지만, 동생은 들은 체도 하지 않아요. 어쩌죠?"

한 번 무너진 신뢰를 어떻게 하면 회복할 수 있을까? 과거에 어떤 사람을 실망하게 한 적이 있다면, 앞으로는 안 그럴 테니 믿어 달라고 어떻게 설득할 수 있을까? 계속 앙심을 품게 하지 않고 상대방의 마음이 풀어지게 하려면 어떻게 해야 할까?

아주 오래전, 내 마음이 쉽게 풀어지게 하는 방법을 앤드루와 톰이 그렇게 훌륭하게 가르쳐 주리라고는 거의 상상하지도 못했다.

어느 비 오는 날, 여섯 살짜리 앤드루는 심심해서 크레파스로 복도 벽에 울긋불긋 그림을 그렸다. 내가 그걸 보고 기분이 좋을 리 없었다. 잔소리를 한참 퍼붓던 중에 앤드루는 발가락으로 카펫에 동그라미를 그리며 고개를 들더니 떨리는 목소리로 물었다. "다 잊고 새롭게 출발하면 안 되나요?"

그 한 문장으로 나도 모르게 화가 풀렸다.

하루는 또 이런 일이 있었다. 나는 앤드루와 톰을 데리러 학교에 가다가 그만 늦고 말았다. 차를 몰고 진입로에 들어서자 아이들이 기다리는 모습이 보였다. 난 아이들에게 사과했다. "정말 미안해. 일이 좀 있어서……." 이 현명한 꼬마들은 심오한 두 마디의 말로 답했다. "사과를 받아들일게요."

그렇다. 아이들은 나이에 비해 훨씬 어른스러웠다. 지금도 그렇다.

새롭게 출발할래요?

"모욕당해도 계속 마음에 두지 않으면 아무것도 아니다."

_ **공자(Confucius), 고대 철학자**

"새롭게 출발할래요?"와 "사과를 받아들일게요"라는 두 문장만으로 상황을 개선하고 잘못된 부분을 바로잡으며 앞으로 나아가는 데 언제든 도움이 될 수 있다. 이 두 문장은 목적 달성에 도움 되지 않는 행동을 그만두고, 도움이 되는 행동으로 바꾸려는 의도를 말로 나타내는 '코드'의 힘을 보여 준다.

언어 패턴 차단이 더 있는지 궁금한가? "다시 한번 기회를" 또는 "초기화하자"는 어떨까?

잘 풀리지 않았던 대화나 당신을 '모욕'한 사람을 떠올려 보자. 아직도 앙심을 품고 있는가? 그 사람과 갈라서고 말았는가? "다시 한번 기회를" 달라고 하거나 "초기화하자"라고 요청해 볼 만할까? 한 동료가 말하길, 그의 집 냉장고에는 '초기화'라고 써진 빨간색 버튼이 있다고 했다. 기분이 나빠지면 주변 사람에게 괜히 화풀이하지 않도록 냉장고로 걸어가서 그 버튼을 누른다고 한다. 아니면 다른 사람이 대신 눌러 줄 수도 있다. 나도 이런 냉장고를 하나 마련하든지 해야겠다!

서로 어떤 뜻으로 쓰기로 동의한 코드 단어나 문구를 만드는 것은 우리 행동에 의식적으로 이름을 붙이는 방법으로, 지금 무슨 행동을 하려는지 스스로 깨닫고 균형 있는 시각으로 판단해서 다르게 행동할 수 있다.

어쩌면 부모님이 어떻게 하는지 보여 주셨을 것이다. 내 프로그램에 참여했던 카를로스라는 청년이 말했다. "부모님은 어떤 단어를 정해서 '아이들 앞에서는 안 돼요'라는 뜻으로 쓰셨어요. 동시에 어떤 특정한 표정도 지으셨죠. 우리가 부모님을 성가시게 하고 또 부모님이 말다툼을 시작할 것 같으면 두 분은 '나중에'라고 하셨고, 그럼 그걸로 끝이었어요. 아내와 저도 그렇게 하고 있어요. 통제할 수 없이 일이 커지기 전에 상황을 억제하는 데 도움이 돼요."

그것이 바로 코드 단어 또는 문구를 정하는 핵심이다. 바로 대인관계 상황을 인식한 것이다. 감정에 휩쓸려 둘 다 하지 말았어야 했던 말을 내뱉지 않고, 잠시 시간을 내어 그 상황에서 정신적으로 벗어나 멀리서 바라볼 수 있다. 이렇게 하면 두 사람 모두 싸워 봤자 손해라는 걸 깨닫고 일단 멈춘 다음 마음을 가라앉힐 수 있다. 몇 시간 후면 처음에 왜 화가 났는지조차 기억나지 않을 것이다.

당신 그리고 당신이 사랑하는 사람들은 감정이 격해지는 순간에 '제정신'을 되찾는 데 도움이 되는 코드 단어가 있는가? 있다면 무슨 단어인가? 없다면 하나 만들어 보자. 큰 도움이 될 것이다.

다음으로는 다소 특이해도 효과가 있는 코드 단어를 만들어 낸 어떤 가족의 이야기를 소개하겠다.

오해를 풀고 앙심을 품지 않게 만드는 코드 단어

"인간이 커뮤니케이션하는 전반적인 목적은 화해하기 위해서입니다."

_M. 스콧 펙, 정신과 의사이자 작가

한 친구가 말하길, 그녀의 가족은 유튜브 '홀더니스 패밀리(Holderness Family)' 동영상에서 배운 코드 문구를 쓴다고 했다. '우리 부부가 가장 심하게 싸웠을 때(Our Biggest Fight)'이라는 제목의 동영상은 조회수가 거의 백만에 달한다.

그 동영상에서 펜(Penn)과 킴(Kim) 홀더니스 부부는 펜이 치킨윙을 먹으러 가자고 전화한 날 밤의 이야기를 들려준다. 킴은 별로 생각이 없고 일찍 자려 한다. 그래서 킴이 둘러댄 말은? "브래지어를 벌써 벗었어. 다시 입지 않을 거야." 그러자 곧 말싸움이 일어나고, 두 사람은 시시콜콜한 옛날 일을 하나씩 들먹이며 목소리를 높인다. "당신은 호응이란 걸 아예 할 줄 몰라", "우린 외식할 여유가 없잖아. 우리가 무슨 재벌인 줄 아나 봐" 등등 문제의 본질에서 벗어나 싸움 자체를 위한 싸움이 시작된다.

그렇다면 펜과 킴 부부는 이 문제를 어떻게 해결할까? 두 사람은 부부의 결혼 생활 상담사인 목사님이 말한 "클리블랜드에 계속 있어요"라는 비유를 떠올린다. 그 목사님은 "클리블랜드는 겨울이면 꽁꽁 얼어붙을 듯이 추워요. 모두 그곳을 벗어나 다른 데로 가고 싶어 하죠. 클리블랜드가 말다툼이라고 비유해 봐요. 다른 문제로 화제를 옮겨가고 싶겠지만 그렇게 하지 말고 클리블랜드에 남아서 그 문제를 해결해야 합니다"라는 뜻에서 "클리블랜드에 계속 있어요"란 말을 만들었다.

다시 말해, 어떤 사람과 다투기 시작했는데 그 사람이 "작년에도 이랬잖아요, 기억하죠?!"라며 오랫동안 쌓인 악감정을 퍼붓기 시작하면 "클리블랜드에 계속 있어요"라는 코드 문구를 쓸 수 있다.

코드 단어와 문구는 상대방에게 제정신이 들게 하고 과거의 다툼을 언급하거나 이야기가 갑자기 옆길로 새는 것을 막고 나중에 후회할 말이나 행동을 하지 않도록 도와준다.

다음은 다양한 상황별로 조금씩 조정하며 쓸 수 있는 코드 문구 목록이다.

- “이번 건에 대해서는 의견 차이를 인정하도록 하자.”
- “그거 알아? 우리 둘 다 옳아.”
- “이봐, 우린 같은 편이야.”
- “사람마다 생각이 달라.”
- “그게 그거라고.”
- “우린 생각이 다를 뿐이야.”
- “각자의 취향을 존중하자고.”
- “이길 사람은 아무도 없어. 다음으로 넘어가자.”
- “다음 주제로 넘어가요.”
- “그만 싸우자.”
- “나중에 다시 얘기해요.”

그리고 “새롭게 출발할래요?”와 “다시 한번 기회를”, “초기화하자”를 기억하자.

여동생이 상을 받는 시상식을 깜박하고 못 가서 몇 번이고 사과한 그 남자는 이렇게 말하면 좋을 것이다. “동생아, 다시 한 번 기회를 주면 안 될까? 할 수만 있다면 시간을 되돌려서 네가 상을 받는 자리에 참석하고 싶어. 너에게 중요한 상이였다는 걸 알아. 함께하지 못해 정말 미안해. 내가 어떻게 해 주면 좋을까? 당분간 거리를 두고 싶다면 이해할게. 내가 진심으로 미안해 한다는 사실을 알아줘. 우리가 새롭게 출발할 수 있으면 좋겠어.”

'언젠가' 관계를 회복할 때는 오지 않는다

"약한 자는 사람들을 절대로 용서하지 못합니다.

용서는 강한 자의 특성입니다."

_ 마하트마 간디(Mahatma Gandhi), 정치가이자 사회운동가

당신과 친했던 이들 중에서 이제는 관계가 멀어진 사람이 있는가? 상대방 잘못이니 당신은 사과하지 않겠다고 맹세한 적이 있는가? '어리석은' 자존심 때문에 그 사람에게 다가가지 못했는가? 그 사람에게 전화하거나 이메일을 보낼까 생각했다가 그가 한 일을 용서할 수 없어서 하지 않기로 마음먹은 적이 있는가?

솔직히 생각해 보자. 마음속 깊은 곳에서는 '언젠가' 그 사람과 화해할 수 있다고 생각하는가? 그사이에 어떤 일이 생겨서 기회가 사라지고 화해할 기회를 영영 얻지 못한다면 어떻게 될까?

영국 작가인 새뮤얼 존슨(Samuel Johnson)은 "우정을 계속 보수하라"라는 말을 남겼다. 내가 이 책을 쓴 목적 중 하나는 잠시 하던 일을 멈추고 인간관계가 얼마나 중요한지 생각해 보고, 언젠가 말고 지금 당장 우리의 인간관계를 책임지고 보수하길 바라는 마음에서였다. 살다 보면 언젠가 관계를 회복하겠지 하며 기다리지 말자. 그런 날은 절대 없을 수도 있다. 스스로에게 질문하자. 체면을 살릴 텐가, 아니면 관계를 살릴 텐가? 전화를 걸어 이렇게 말해 보자. "무슨 일이 있었는지, 왜 그랬는지는 아예 말도 꺼내지 말자. 우리 다시 친한 자매/형제/친구 사이가 되면 좋겠어. 새롭게 출발할 수 있을까?"

갑자기 잠수 타는 사람을 대하는 법

"넌 떠나려 하지도 않는데 어떻게 널 그리워하겠어?"

_댄 힉스(Dan Hicks)의 노래 가사 중에서

워크숍 중에 한 여성이 손을 들고 질문했다. "만나던 사람이 갑자기 잠수를 탔는데 그 이유를 모른다면 어떻게 해야 하죠? 제가 그 사람 기분을 상하게 했는지, 이제 더는 저와 함께하고 싶지 않다는 건지 모르겠어요. 잠수 타는 것도 앙심을 품는 행동인가요?"

흥미로운 질문이다. 그렇지 않은가?

상대방의 연락이 없으면 왜 그러는지 혼자만의 상상에 빠지기 쉽다. 하지만 실제 일어나는 일과 전혀 관련 없는 이야기를 마음대로 지어내지 말고 상대방에게 직접 묻는 편이 더 좋다. 잠수 타는 사람 입장에서 이야기를 들어 볼 때까지는 일단 그 사람을 믿어 보는 쪽이 훨씬 낫다는 뜻이다.

이건 내 경험에서 나온 얘기다. 어떤 단체에서 대규모 총회를 준비하며 내게 기조연설을 부탁해서 승낙했는데, 그러고 나서 연락이 뚝 끊겼다. 이건 흔한 일이 아니었다. 자세한 내용을 확인하고 싶어 몇 번 전화하고 이메일도 보냈다. 하지만 아무런 연락이 없었다. 담당자가 '잠수를 탄' 기분이 들었다. 어쩌면 그 사람들은 내게 의뢰하지 않기로 마음을 바꿨지만, 어떻게 전달해야 할지 몰라 그러는 게 아닐까 하는 상상까지 했다.

그러다 갑자기 새 프로그램 담당자에게서 그동안 연락하지 못해 죄송하다는 이메일이 쏟아졌다. 그녀는 예전 담당자가 갑작스레 그만뒀고, 그동안 담당했던 업무 기록도 남기지 않았다고 설명했다. 남은 사람들은 어쩔 수 없이 아무것도 없는 상태에서 전임자가 담당한 계약들을 모두 파악하고 진행해야 했다. 그들은 무척 공손했고 이 사태에 대해 굉장히 당황해했다. 성급하게 이메일을 보내 따지지 않아서 정말 다행이었다. 그들은 '아무것도 몰랐고' 내가 짜증을 내야 할 대상이 아니었다.

당신은 어떤가? 최근 어떤 사람에게 전화했는데, 문자 또는 이메일을 보냈는데 아직 답이 오지 않았는가? 연락했지만 아무런 반응이 없는가?

상대방을 일단 믿어 줄 수 있겠는가? 당신은 그 사람의 사연을 모른다. 바쁘거나 휴가 중이거나 긴급한 문제를 처리하고 있거나 또 다른 프로젝트 일로 눈코 뜰 새 없이 바쁜지 알 수 없다.

다시 연락해서 관계를 유지할지, 아니면 어떤 이유로 이 관계를 끝내고 당신은 '떠나도' 되는지 상대방에게 확인하자. 정확하게 아는 편이 추측하는 것보다 낫다.

한 참가자가 말했다. "이 주제를 다뤄 주셔서 감사해요. 제가 뭘 잘못했는지 모르는데 상대방이 잠수 타서 정말 짜증이 나요. 저는 친구 결혼식에서 어떤 사람을 만났어요. 우린 마음이 잘 맞았고, 그 후 몇 달 동안 시간이 될 때마다 만났어요. 그런데 어느 날 그 사람은 주말에 같이 가기로 했던 바닷가 여행을 취소했어요. 그게 그 사람에게서 받은 마지막 연락이었어요. 저 혼자 애태우게 하지 말고 차라리 '당신에게 더는 관심이 없어요'라는 문자라도 보냈어야죠."

왜 갑자기 사라져 버리는지 그 이유를 알려 줄 정도의 예의는 지켜야 한다는 생각이 들 것이다. 하지만 모든 사람이 무례해서, 일부러 당신의 기분을 나쁘게 하려고 그렇게 행동한 것만은 아니다. 2020년 데이팅 앱 힌지(Hinge)가 진행한 설문 조사에 따르면 사용자의 91퍼센트가 적어도 한 번은 잠수를 탄 적이 있다고 응답했다. 그리고 40퍼센트는 "관심이 식었다는 걸 설명할 방법을 몰라서 차라리 사라지는 편이 상대방에게 상처를 덜 줄 것 같아" 잠수를 탔다고 답했다.

어떤 사람이 일정 기간 나를 '피한다면' 이제는 '눈치를 채고' 미련을 버려야 할 때일 수도 있다. 상대방의 연락이 없다면 그건 "이젠 당신에게 그렇게 끌리지 않아요"라고 말하는 방식일 수도 있다.

하지만 누가 알겠는가? 그 사람은 당신을 좋아하지만, 나쁘게 끝난 이전 관계의 충격에서 아직 벗어나지 못해서 새로운 관계를 시작하는 게 겁이 났을 수도 있다. 여기서 핵심은 이 문제에 집착한 나머지 그 사람 생각에 사로잡혀 불행하게 살지 말고, 미련을 버리고 새롭게 출발해야 한다는 점이다.

핵심 요약

당연히 당신이 승진할 차례였는데 동료가 승진했다고 가정해 보자. 당신은 성과가 좋았지만, 그는 적극적으로 로비해서 결국 승진했다. 당신은 배신감을 느낀다. 그를 용서할 수 없다.

하지 말아야 하는 말	해야 하는 말
앙심을 품는다 "그 자식은 내게서 협조받을 생각은 꿈도 꾸지 않는 게 좋을거야."	**앙심을 품지 않는다** "다음에 승진하려면 어떻게 할지 상사와 면담해야겠어."
이건 부당하다는 생각에 사로잡힌다 "내 뒤통수를 치다니 믿을 수가 없어."	**새롭게 출발한다** "팀이 잘 되려면 어떻게 일하면 좋을지 브루스에게 물어봐야겠어."
용서하길 거부한다 "그 자식은 이런 짓을 한 걸 후회할 거야."	**용서하기로 한다** "회사에서 이렇게 결정한 이유가 있겠지. 나는 다시 내 일만 생각하면 돼."
마음에 계속 담아 둔다 "난 침대에 누워 그때 내가 어떻게 말하거나 행동하면 좋았을지 그 생각만 하고 있어."	**코드 단어를 쓴다** "다음이 중요해. 과거에 연연하면 도움이 되지 않아. 나는 앞으로 나아갈 거야."

19장
모두가 합의한 규칙이 없으면
벌어지는 일

“법이 없는 곳에는 자유도 없다.”

_존 로크(John Locke), 철학자

“저는 주택관리위원회 운영위원입니다. 이 위원회에서 오랫동안 일한 회원 하나는 위원회가 마치 자신의 소유라도 되는 것처럼 굽니다. 논쟁을 너무 많이 벌이고 모든 회의를 자기만의 작은 왕국으로 만들어 버려서 회원들이 줄줄 빠져나갑니다. 조언해 주실 수 있으신가요?”

나도 ‘그런 일을 겪어 봐서’ 충분히 공감이 간다. 나는 마우이에 있는 어떤 사설 커뮤니티 위원회에 있었다. 처음 몇 년 동안은 평화로웠고 행복이 넘쳤다. 아이들은 자전거를 타고 친구 집에 놀러 갈 때도 안전했다. 우리는 공원에서 파티를 열었고 이웃끼리 서로 도왔다. 모든 게 훌륭했고 사람들은 친절했다.

그러던 중 연례 회의에서 어떤 집주인이 벌떡 일어나더니 임시 거주자들의 대리 투표권을 모두 모아 '과반수'를 확보했다고 발표하고선 자기 자신을 위원회장으로 임명했다. 우리는 모두 망연자실한 얼굴로 자리에 앉아 있었다. 우리 중 누구도 회의 진행 규칙과 운영 절차를 잘 몰라서 그 남자가 방금 한 일이 합법인지조차 몰랐다.

그 남자는 회의실 앞으로 성큼성큼 걸어와 현 회장에게 이제는 자기가 회장이라며 위원회가 전에 승인한 몇 가지 조치를 철회했다. 시끌벅적한 혼란이 이어졌다. 사람들은 넌더리를 내며 회의실을 나가버렸다. 전 회장은 신발 한 짝을 벗어 연단을 쾅쾅 치며 질서를 유지해 달라고 소리쳤다.

이후 커뮤니티 분위기는 나빠졌다. 한 사람이 떠들썩하게 불협화음을 일으키자 일부 이웃들은 이제 더는 서로 대화하지 않았다. 위원들 대부분과 마찬가지로 나도 위원회를 그만뒀다. 새 위원회장이 자신의 스타일을 바꿀 생각이 없어 보여서였다.

자, 그 뒤로 나는 어떻게 했을까? 다른 사람들은 어떻게 했을까? 우리는 계속해서 최선을 다해 서로에게 바람직한 이웃이 되려고 애썼고 공원에서 파티를 열었지만, 이 한 사람은 우리가 사는 커뮤니티에 오랫동안 나쁜 영향을 끼쳤다.

이렇게 반란이 일어난 이유 중 하나는 이를 금지하는 규정이 없어서였다. 완벽한 세상이라면 모두 명예롭게 행동할 것이다. 하지만 현실에서는 그런 일은 늘 일어나지 않는다. 그러므로 모두가 따라야 하는 행동 규칙을 수립하고 시행하는 일이 매우 중요하다.

모두가 지켜야 할 행동 규칙이 필요한 이유

"우리는 정직과 성실, 진실이 중요하다는 사실,
편법을 쓰거나 자기만의 규칙에 따라 행동해서는 안 된다는 점을 배웠습니다."
_미셸 오바마(Michelle Obama), 작가이자 전(前) 영부인

생각해 보자. 고속도로에서 차를 몰고 가다가 반대 방향에서 집채만 한 트럭이 귀에 거슬리는 굉음을 내며 지나가더라도 위험하다는 생각이 들지 않는 이유는 무엇일까? 보행자들이 차량으로 가득한 길을 건너면서도 횡단보도를 벗어나지 않는 한 안전하다고 생각하는 이유는 무엇일까?

그건 모두가 지키기로 한 교통 법규가 있기 때문이다. 빨강 신호등은 멈춰야 할 때를 알려 준다. 초록 신호등은 언제 가야 하는지 알려 준다. 노랑 신호등은 속도를 줄이라고 경고한다. 스포츠에도 규칙이 있다. 심지어 전쟁에도 교전 수칙이 있다.

하지만 규칙 없는 회의와 조직이 너무 많다. 그러다 보니 무슨 일이든 허용된다.

사람들이 협력하고 안전하다고 느끼고 생산성을 높이게 하려면 모두가 지키기로 한 행동 수칙이 필요하며, 이를 통해 나의 의제를 우리의 의제로 삼을 수 있다.

버닝맨 축제의 비밀

"여기 모인 사람들은 아무것도 없는 상태에서 협업하여 세상을 창조합니다."

_ 래리 하비(Larry Harvey), 버닝맨 창립자

'버닝맨(Burning Man) 축제'는 매년 여름이 끝날 무렵 미국 서부 네바다 사막 한가운데서 열리는 축제로 전 세계에서 약 8만 명의 참가자가 모여든다. 사막에는 임시로 도시가 생겼다가 사라지는데, 사람들은 여기에서 실험적인 공동체 생활을 하게 된다. 이곳에 모인 사람들은 물, 옷, 텐트 등 일주일간 사는 데 필요한 모든 것을 직접 준비해야 하며, 화폐가 아닌 물물교환으로 생활한다.

이 축제를 특별하게 만드는 수많은 요소 중 하나는, 그토록 많은 사람들이 자발적으로 모여 모임을 만들고 운영한다는 점이다. 창립자 래리 하비는 사람들이 행사의 비전에 부합하는 행동을 하도록 모든 참가자를 이끌 열 가지 규칙을 만들었다. 그는 행동 기대치를 미리 정의하는 게 중요하다는 점을 분명히 했다. 이 규칙에 대해 버닝맨 조직 측에서는 이렇게 말한다. "규칙은 사람들이 어떻게 행동해야 하는지 규정하는 명령이 아닙니다. 우리 커뮤니티의 정신과 문화를 반영하기 위해 만들어졌습니다."

참가자들은 이 규칙을 준수하며, 이를 구현할 마음가짐으로 모인다. 그 결과 모두에게 이익이 된다. 그게 바로 핵심이다. 모두가 규칙을 따르기로 동의하면 모두에게 이득이 된다.

버닝맨은 참가자들 사이의 유대감이 높으며, 이 독특한 축제를 즐기기 위해 매년 찾는 이들이 많다. 또한 수많은 사람들이 모이지만, 큰 사고나 불미스러운 일이 생기지 않고 무척 평화롭게 진행된다. 규칙이 명확하게 전달되고 실행되어 축제에 모인 사람들이 신뢰할 수 있는 기풍을 조성하기 때문이다.

물론 모든 사람이 열 가지 원칙 모두를 '늘' 따르지는 않는다. 하지만 상당히 많은 사람이 그 원칙을 따르므로 극심한 혼란은 발생하지 않는다. 이러한 지침은 버닝맨에 모인 사람들이 일탈하지 않도록 막는 가드레일 역할을 한다.

버닝맨처럼 당신이 속한 그룹에도 각종 회의와 모임이 정상적인 경로를 벗어나지 않게 하는 규칙이 있는가? 없다면, 사람들과 함께 브레인스토밍 회의를 열고 만들 의사가 있는가? 문제는 회의를 통해 규칙을 만들자고 하면, 무조건 회의를 부정적으로 생각하는 사람이 많아서 시작부터 난관에 부딪힌다는 점이다.

생산적인 회의 운영을 위한 기본 원칙

"인류가 잠재력을 최대한 발휘하지 못했고 앞으로도 발휘하지 못할 이유를 한 단어로 나타내야 한다면, 그것은 바로 '회의'일 겁니다."

_데이브 배리(Dave Barry), 유머 작가

버닝맨은 1년에 단 한 번 열린다. 우리가 꼭 참석해야 하는 회의 중 일부만이라도 1년에 단 한 번 열리면 좋을 텐데. 2022년 1월 구직 전문 회사인 지피아(Zippia)가 발표한 조사 결과를 보면 "미국에서는 매주 회의가 약 5천 500만 번 열리며, 설문 결과에 따르면 사람들은 이 중 71퍼센트를 비생산적인 회의로 여긴다."

이럴 수가. 71퍼센트가 비생산적인 회의라니, 큰 낭비가 아닐 수 없다. 사람들의 시간과 두뇌를 가치 있게 활용하고 보다 생산적인 회의를 하도록 도와줄 기본 원칙을 몇 가지 소개하겠다.

• 시간 약속을 지킨다.

리처드 브랜슨은 "시간은 새로운 돈입니다"라고 말한다. 시간은 새로운 신뢰이기도 하다. 회의 주최자가 "아직 사람들이 다 오지 않았으니 몇 분 더 기다리겠습니다"라고 말하는 회의에 참석한 적이 있는가? 대체 어떻게 된 일인가? 왜 시간 맞춰 도착한 사람들 말고 지각하는 사람들을 존중하는 걸까? 이렇게 말하자. "여러분의 시간은 소중합니다. 그러니 내일 오전 9시에 회의를 시작한다고 하면 정시에 시작된다는 말입니다. 한 시간 회의라고 하면 오전 10시까지 끝난다고 믿어도 됩니다."

• 분위기를 조성한다.

회의 참석자들은 당신의 기분을 느낄 것이다. 당신이 기분 좋지 않다면 참가자들도 마찬가지일 것이다. 화상 회의를 시작하는데 "모두 음소거하세요"라는 말부터 꺼내면 안 된다. 그건 마치 파티에 초대했는데 사람들이 문을 열고 들어오자마자 "조용히 하세요"라고 말하는 것과 같다. 그게 어떻게 환영이 될 수 있는가? 긍정적인 말로 이렇게 시작하자. "먼저 그동안 성과를 내 주셔서 감사합니다. 여러분의 소식을 기다리고 있습니다. 이제 시작합시다. 유리, 당신이 먼저 시작하겠어요?"

• 기본 원칙을 발표하고 시행한다.

회의 안건과 함께 시간표를 배포하고 지키자. 여기에는 각자 얼마나 오래 발언할 수 있는지 포함할 수도 있다. 처음에는 불편하겠지만, 사람들이 끊임없이 횡설수설하지 않고 핵심 내용을 말하게 한다. 회의 안건에 대해 할 말이 있는 사람들이 모두 의견을 말할 때까지 그 안건에 대해 한 번만 발언하게 하는 기본 원칙을 정할 수도 있다. 또 다른 기본 원칙으로는 욕설을 금지하거나 상대방에게 "틀렸어요"라고 지적하지 않거나 발언 중인 사람을 방해하지 않기 등이 있다.

• 화상 회의를 할 때 특정 시간에는 카메라를 켜자고 요청한다.

온라인 회의 중 느끼는 피로감은 현실이다. 모든 사람에게 회의 시간 내내 카메라를 켜도록 요구하면 현실에 맞지 않을 수도 있다. 그렇지만 최소한 몇 분이라도 함께 얼굴을 보고 이야기하는 시간이 필요하다. 회의가 시작되면 처음 5분 동안은 카메라를 켜서 사람들이 실제 모여 있는 분위기를 만들어 내고, 회의를 끝내기 전에 질의응답 시간 또는 마지막 5분 동안 유대감을 형성하고 결속감을 다지도록 카메라를 다시 켜자고 요청하면 좋다.

데이브 배리를 포함한 우리 모두는 메일 수신함에 회의 참석 요청 메일이 또 도착하면 들릴락 말락 하는 소리로 여전히 불평할지도 모른다. 변하지 않는 것도 있지만, 적어도 이 기본 원칙을 지키면 회의는 덜 고통스럽고 생산성을 높일 수 있다.

사람들이 규칙을 따르지 않을 때 대처 방법

"여성은 자신에게 가장 좋은 게 무엇인지 직감이나 본능으로 알아요."

_마릴린 먼로(Marilyn Monroe), 영화배우

회의를 통해 기본 원칙이 확실히 정해졌더라도 여전히 심리적 또는 신체적으로 안전하다고 느껴지지 않을 수도 있다. 키가 2미터에 달하는 직원을 해고해야 했던, 어떤 회사의 인사담당 임원인 엘리자베스도 마찬가지였다. 그 남자 직원은 상담을 받았고 업무 성과를 개선할 기회가 여러 번 주어졌지만 다 소용이 없었다. 엘리자베스가 그 직원에게 최종 통보를 하고 보안 요원을 시켜 그를 밖으로 데리고 나가자 그는 미친 듯이 차를 몰아 주차장을 빠져나갔다. 타이어에서 끼익하는 마찰음이 울렸다.

그 남자 직원이 해고되고 나자 여직원 세 명이 한 명씩 엘리자베스를 찾아와 그가 이 회사를 떠나서 얼마나 다행인지 솔직히 털어놓았다. 이들은 전에 서로 이야기를 나눈 적이 없었고, 그 남자가 걸핏하면 협박하고 다녔다는 사실도 몰랐다. 이들은 "문제를 일으키고" 싶지 않아서 그를 신고하지도 않았다.

그러나 잊지 마라. 어떤 사람이 당신에게 끊임없이 원칙을 어긴다면 다른 사람에게도 원칙을 어길 것이다. 당신이 생각해야 하는 것은 "나만 불편한가"가 아니라, "이 사실을 신고하려면 어떻게 해야 하는가"이다.

또는 당신이 문제 많고 불량한 단체에 소속되어 있고, 규칙이 아예 없거나 규칙을 어기는 사람들이 많은데도 이에 대해 아무도 조치하지 않는다면 당신의 신체적·심리적 안전을 스스로 지키자. 회사를 당장 그만두거나 관계를 끊으라는 말이 아니다. 뒤에서 소개할 예정인데, "남아야 할까? 떠나야 할까?" 질문을 스스로에게 던져 보길 권한다. 그 질문들은 모든 각도에서 상황을 충분히 생각해 보고 서두르지 않고 현명하게 행동하는 데 도움이 될 수 있다.

핵심 요약

당신이 탁구대를 갖춘 휴게실이 있는 아파트에 살고 있다고 가정해 보자. 한 번에 30분만 써야 한다는 규칙이 명확하게 게시되었지만, 어떤 10대 아이들은 그 규칙을 무시하고 몇 시간 동안 탁구대를 독차지하고 있다. 어떻게 해야 할까?

하지 말아야 하는 말	해야 하는 말
규칙을 어겼으니 불평한다 "저 아이들은 다른 사람들을 전혀 존중하지 않아."	**규칙을 확인하고 지키게 한다** "2분 남았어. 그다음엔 다른 사람들이 이용하게 해."
버릇없이 굴도록 그대로 둔다 "난 포기하겠어. 한 시간 동안이나 기다렸는데도 그만둘 줄 모르는군."	**책임감 있게 행동하게 한다** "탁구채를 넘겨 주면 고맙겠다. 앞으로 30분 동안 내가 칠게."
안전하지 않은 것 같아 목소리를 높이지 않는다 "저 아이가 방금 날 협박하다니 믿을 수가 없군."	**안전하지 않은 것 같아 목소리를 낸다** "관리사무실에 가서 신고해야겠어."
안전하지 않다는 느낌을 무시한다 "그건 아무것도 아니야. 말뿐인 협박에 불과해."	**안전하지 않다는 느낌이 들어 행동한다** "이 애를 믿을 수 없어. 지금 여기서 나가야겠군."

4부

말하자, 머뭇거리지 말고 당당하게

"두려움이 끝나는 곳에서 삶이 시작된다."

_오쇼(Osho), 신비주의자

당신의 능력을 제대로 인정받고 싶다면

"인정받기만 하염없이 기다리는 사람은
순진하다 못해 한심스럽습니다."
_바바라 조던(Barbara Jordan), 미국 하원의원

"저는 오랫동안 일했는데도 회사에서 존재감이 없어요. 원격으로 일해서 더 심해요. 저도 승진 후보에 오르고 싶지만, 팀장은 제가 있는지조차 모릅니다. 전 어떻게 해야 할까요?"

이 이야기에 공감하는가? 그렇다면 당신만 그런 게 아니다. 2022년 3월 〈스터디 파인즈(Study Finds)〉에 실린 글에 따르면 "59퍼센트의 사람들은 자신의 업무를 '진심으로 인정하는' 상사와 일해 본 적이 한 번도 없다"라고 응답했다.

상사가 당신에게 관심을 기울이고 인정해 주기를 기다리고 있는가? 무척 오래 기다려야 할 수도 있다. 바바라 조던이 지적했듯이, 당신이 열심히 일한다는 사실에 주목하고 보상해 줘야 하는 일이 상사의 역할이라고 여긴다면, 그건 너무 이상주의적이고 순진한 생각에 불과하다. 게다가 사무실로 출근해서 일하든, 출근과 원격을 병행하든, 원격으로만 일하든 그것은 상관없다.

이것은 내가 포춘 500대 기업 중 한 기업에서 진행한 프로그램의 주제였다. 나는 그 회사 직원들이 승진하기 위해 어떻게 하면 더 유리한 위치를 차지할 수 있는지 의견을 구할 목적으로 고위 임원 몇 명을 인터뷰했다.

한 임원이 이런 이야기를 했다.

> 샘, 저는 직원들을 도와주려 애쓰지만, 가끔은 직원들이 노력하지 않을 때가 있어요. 예를 들어 작년에 우리 회사는 파리에 사무실을 열었어요. 한 여자 팀원이 교환학생으로 프랑스에서 살았던 적이 있었고 지금도 프랑스어가 유창해요. 저는 그 직원이 회사에 정말 도움이 될 것 같아 후보 자리에 올렸어요.
>
> 그런데 파리로 보낼 직원을 뽑는 회의에서 제가 그 직원의 이름을 꺼내자 아무도 그녀가 누군지 모르더군요. 그러다 한 동료가 마침내 기억해냈죠. "아, 이제야 누군지 알겠다. 그 직원은 내가 주관하는 회의에 참석하긴 하지만, 말을 한마디도 하지 않아요."
>
> 그 직원은 결국 그 자리에 선발되지 못했어요. 자격이 없어서가 아니라 거기 모인 임원들은 그 직원이 회사에 어떤 가치를 더했는지 직접 확인한 적이 없었고, 힘든 업무를 잘 수행하리라 믿음이 가지 않는 사람에

게 위험을 감수하고 싶지 않았기 때문이었어요.

나중에 그 직원을 제 사무실로 불러서 무슨 일이 있었는지 알려 줬고, 회의에서 왜 발언하지 않았는지 물었어요. 그 직원은 이렇게 말하더군요. "저도 노력은 하지만 모두가 목소리를 내려고 경쟁이 치열해요. 저는 말을 꺼낼 기회를 잡을 수 없을 정도로요. 간신히 뭔가 제안해도 다들 아무 말이 없어요. 몇 분 후에 남자 직원이 같은 말을 하면 다들 '굉장히 좋은 생각이야!'라며 칭찬해요. 너무 답답해서 그냥 포기했어요."

그래서 저는 그 여직원에게 말했습니다. "회의에서 의견을 내지 않으면 사람들은 네가 기여한 게 아무것도 없다고 결론 내리겠지? 네 리더십을 현장에서 보여 주지 않으면 승진할 때가 되었을 때 사람들은 널 추천할 수 없어."

나는 그 임원에게 감사를 전하면서 회의 중에 어떤 사람이 자신의 말을 덮어 버리거나 아이디어를 가로챌 때 어떻게 해야 하는지, 자신의 리더십을 의사 결정권자가 확인하려면 어떻게 목소리를 내야 하는지 사람들이 잘 알 수 있도록 이 내용을 교육 과정에서 다루겠다고 약속했다.

모두가 내 이름을 알게 하는 법

"모두가 당신의 이름을 아는 곳"

_ **시트콤 〈치어스(Cheers)〉 주제가 중에서**

여성리더십개발 프로그램에서 참가자들과 나는 수동적인 자세로 일하면서 좋은 성과를 인정받고 보상받기를 바라지 말고, 더 적극적으로 행동할 여러 방법에 대해 논의한 끝에 다음과 같은 결론을 얻었다.

어떤 사람이 중간에 끼어들더라도 물러서지 말자. 상대방의 이름을 부르며 이렇게 말하자. "래리, 내 말을 끝까지 들으세요." 어떤 사람이 당신의 아이디어를 빼앗아간다면 "제리, 내 아이디어가 매우 유익하다고 생각해 줘서 고마워요. 앞서 내가 말한 대로……"라고 말하며 발언권을 도로 가져오자. 다음으로 그 아이디어를 어떻게 운영할 것인지 당신의 비전을 발표하자.

그리고 회의에 참석할 때마다 당신과 당신의 팀이 이룬 긍정적인 성과를 구체적으로 소개하자. 이것은 남들 앞에서 자랑하는 게 아니다. 사람들은 각자의 안건에 몰두해 있으므로 당신의 업적이 그들의 관심을 끌지 못하면 그대로 묻힌다는 걸 잘 알아 두어야 한다.

"우리 부서는 ______했다는 점을 알려 드리겠습니다"라고 말하자. 빈칸은 '분기 목표치를 초과 달성', '고객사 프로젝트를 일정보다 빨리 완료', '예상 매출액이 두 배 증가' 등으로 채울 수 있을 것이다.

우리는 또한 사람들에게 어떤 사람으로 알려졌으면 하는지, 그러니까 의도적으로 개인 브랜드를 갖추는 일의 중요성도 논의했다. 나는 프로그램 참가자들에게 물었다. "의사 결정권자들은 당신이 누구인지 알고 있나요? 알고 있다면 그 사람들이 당신을 떠올릴 때 연상하는 단어는 무엇인가요? 그 사람들은 다음 문장을 어떻게 마무리할까요? '______일이라면 언제든지 [당신 이름]에게 믿고 맡길 수 있어.' 공정하든 공정하지 않든, 그게 바로 당신의 평판이자 브랜드입니다. 그것이 직장 생활에서 성공 또는 실패를 결정합니다."

어떤 사람이 반발했다. "저는 '브랜드'라는 단어가 정말 싫어요. 어렸을 때 저는 목장에서 자랐거든요. 소 떼에게 브랜드('brand'에는 가축의 주인을 표시하는 낙인을 찍는다라는 뜻도 있다-옮긴이)를 찍지, 사람한테는 아니에요."

나는 이렇게 답했다. "그 단어를 좋게 여기지 않는군요. '평판'으로 대체해도 좋아요. 당신은 회의실에 없고, 거기서 의사 결정권자들이 당신에 관해 이야기한다고 가정해 봐요. 그 사람들이 당신의 미래 커리어를 결정할 때 뭐라고 말할까요?"

그 사람들이 당신을 잘 모르거나 마음에 들어 하지 않는다면, 당신에게는 '우연한 브랜드(accidental brand)'가 생겨서 출셋길이 막힐 것이다. 이유야 어찌 됐든 당신이 쌓은 업적과 기술은 눈에 띄지 않거나 가치를 인정받지 못한다. 사람들이 당신 이름을 들으면 "누구라고요?", "그 여자는 지각 대장이던데", "그는 책임지는 일을 절대 하지 않아요" 또는 "그 남자는 다른 사람에게 잘못을 뒤집어씌워요"라고 말하는가?

이 말이 곧 당신은 급한 일을 잘 처리하고 신규 고객을 유치하며 골치 아픈 소동을 해결하고 업무도 깔끔하게 마무리하는 사람이 아니라는 의미는 아니다. 다만 사람들은 그 사실을 '모른다'는 뜻임을 잘 알아 두자. 그들은 자신의 업무 목록을 처리하느라 바쁜 데다, 당신은 그 목록에 없다.

'의도적인 브랜드(intentional brand)'란 당신은 자신이 어떤 사람으로 알려지고 싶은지 명확히 알고 있고, 업무 윤리와 대인관계 기술, 과거 업무 성과가 구체적으로 드러나고 가치를 인정받도록 만드는 걸 말한다. 다시 말해 동료와 고객, 경영진이 당신의 이름을 들으면 "그 친구와 함께 일하는 게 정말 좋아요", "그녀는 항상 기대 이상의 성과를 냅니다", "그분은 영업 목표치를 늘 초과 달성해요", "그는 신입 사원들에게 진정한 멘토입니다"라고 말하는 걸 의미한다.

자, 당신이 이끌고 싶은 프로젝트나 받고 싶은 상을 떠올려 보자. 의사 결정권자는 누구인가? 그들은 당신을 도와줄 만큼 당신을 잘 알고 또 좋아하는가?

평상시 모습에서부터 브랜드를 찾아내라

"우리는 우리 자신이 이끄는 회사의 CEO입니다.
바로 '나' 주식회사를 말합니다.
사업을 하려면 가장 중요한 책무는 '당신'이라는 브랜드의 마케팅입니다."

_ 톰 피터스(Tom Peters), 리더십 전문가

리더십 프로그램의 또 다른 참가자가 질문했다. "제 부서에서는 아무도 제 이름을 몰라요. 수십 명이 그야말로 비좁은 칸막이 안에서 거의 똑같은 일만 하거든요. 어떻게 제가 눈에 띌 수 있겠어요?"

나는 테니스 챔피언 로드 레이버와 일하면서 내 '브랜드'를 어떻게 찾아냈는지 그녀에게 알려 줬다. 예상치 못한 폭풍우가 들이닥쳐 추수감사절 주말에 열기로 한 로드와 정상급 선수 세 명과의 시범 경기를 취소할 수밖에 없었던 날의 일이다. 이 행사를 대대적으로 광고했고 사람들도 많이 오기로 했는데, 경기를 열 수 없다는 사실을 알릴 방법이 없었다.

긴급 회의가 열렸다. 로드가 먼저 말문을 열었다. “샘, 우린 샘이 항상 지혜롭고 해결 방안을 찾아낸다고 믿어. 어떻게 하면 이 상황을 잘 극복할 수 있을까?”

이럴 수가. 로드가 그렇게 생각했다는 점이 내게 큰 의미가 있었다. 며칠 뒤 나는 그에게 어떻게 그런 결론을 내렸는지 물었다. 그는 큰 소리로 웃었다. “거의 모든 회의에서 샘이 그렇게 말하잖아. 뭔가 잘못되면 ‘지혜를 모아서 해결 방안을 찾아봐요’라고 말이지.”

그래서 내 브랜드를 나타내는 단어는 ‘지혜로운 사람’이었다. 부모님께 감사드린다. 두 분은 투덜대지 말고 바쁘게 살라는 사고방식, 적극적으로 책임지고 해결 방안을 찾아야 한다는 사고방식을 내게 심어 주셨다. 내가 그런 사람으로 알려져 있다면 난 괜찮다.

당신은 어떤 사람으로 알려지고 싶은가?

“개인 브랜딩은 당신 이름을 관리하는 일이 가장 중요합니다.
잘못된 정보와 허위 정보, 게다가 반영구적인 구글 기록까지
존재하는 세상에서 당신이 사업자가 아니라 해도 마찬가지입니다.
데이트한다고요? 소개팅 상대가 당신 이름을 구글에서 이미 검색했을 겁니다.
면접 보러 간다고요? 마찬가지입니다.”

_ 팀 페리스(Tim Ferriss), 작가이자 팟캐스터

자, 당신은 어떤가? 로터리클럽 회장이든 노조위원장이든 당신이 뽑혔으면 하는 기회가 다가온다고 생각해 보자.

- 의사 결정권자들은 당신이 누구인지 아는가? 그 사람들은 당신을 떠올릴 때 어떤 단어를 연상하는가?
- 당신을 대표하는 그 단어와 평판(브랜드)은 당신의 목표를 도와주는가? 아니면 방해하는가?
- 의사 결정을 하는 회의에서 당신 이름이 언급된다면 그들은 뭐라고 말할까? "______일이라면 언제든지 [당신 이름]에게 믿고 맡길 수 있어."
- 당신은 어떤 특정 기술, 특징 또는 리더십 특성이 있는 사람으로 알려지고 싶은가? 그 의도적인 브랜드를 종이에 적어 자주 보는 곳에 붙여 놓고 언제든지 눈으로 확인해서 기억에 뚜렷이 남게 하자.
- 그 브랜드에 따라 어떻게 행동할 생각인가? 사람들이 당신을 보고 그 브랜드를 연상할 수 있으려면 당신은 어떻게 대화해야 할까?

의사 결정권자들은 당신의 마음을 읽을 수 없다는 사실을 기억하자. 기회가 주어지길 바란다면, 다음번 의사 결정이 이루어질 때 당신의 이름이 오르내리고 모두가 당신을 적극적으로 밀어주도록 하려면, 사람들 눈에 띄고 목소리를 내고 존중받으려면, 이제 앞으로 당신이 어떻게 하느냐에 달려 있다.

회의에서 사람들이 당신에게 주목하게 만드는 여섯 가지 방법

"개인 브랜드를 구축하는 일이 중요합니다.
왜냐하면, 그것은 당신이 가질 유일한 것이기 때문입니다……
거의 게임이나 다름없습니다. 어느 정도 레벨은 되어야 합니다."

_게리 바이너척(Gary Vaynerchuk), 작가이자 팟캐스터

원격으로 근무한다면 회의는 더욱 중요해진다. 이메일과 전화 통화 말고 회의는 의사 결정권자들이 당신을 마음에 들어 하고, 존중하고 신뢰할지 결정할 유일한 방식인 경우가 많기 때문이다. 함께 일하는 사람들에게 당신의 가치를 보여 주는 여섯 가지 방법을 소개하겠다.

1. 회의 때마다 행동 위주의 제안을 적어도 한 번 이상 발표한다.

'의견'이 아니라 '행동'이라고 한 점에 주목하자. 단순하게 생각이나 느낌을 발표하지 말고, 프로젝트 추진 방안에 대한 구체적인 단계 또는 아이디어를 현실화해서 말하자. 마감일까지 회사 목표를 달성할 수 있는 확실한 방법이면 더 좋다.

2. 잘잘못을 따지지 말고 해결책을 찾는다.

당신은 대화의 흐름을 이유에서 결과로 바꿀 수 있는 믿음직한 사람으로 알려져야 한다. 브랜드 평판 구축에 관한 한, 문제점을 보고하는 사람 말고 해결하는 사람으로 알려지는 편이 가장 효과적이다.

3. 칭찬을 피하지 말고 정중하게 받아들인다.

어떤 사람이 당신을 칭찬하면 "별 것 아니에요"라며 깎아내리지 말고 "감사합니다. 그 말씀은 제게 큰 의미가 있습니다"라고 말하자. 그리고 세부적인 내용을 추가하자. "우리의 목표는 수익을 30퍼센트 늘리는 것이었으므로 유명 고객사 목록을 정리해 연락한 결과, 대형 고객사를 신규로 세 군데나 유치했습니다. 저에게도 정말 기쁜 일이었습니다"처럼 말이다. 그러고 나서 다음 목표 또는 곧 추진할 새로운 계획에 관해 발표하여 당신이 어떻게 계속해서 가치를 더하는지 사람들이 알도록 하자.

4. 코멘트는 2분 이내로 한다.

간결하게 말하는 사람으로 알려지자. 바로 본론으로 들어가 핵심을 말하면 사람들은 당신이 시간을 허투루 쓸 사람이 아니라고 믿고, 당신의 말에 귀를 기울이고 또 당신 전화도 받을 것이다.

5. 누가 중간에 말을 끊으면 물러서거나 말을 중단하지 말고 더 분명한 목소리로 말한다.

상대방의 눈을 똑바로 바라보고 이름을 부르며 "졸라, 내가 보고를 마친 후에 의견을 내주면 좋겠습니다" 또는 "앨, 제안할 게 하나 더 있습니다. 당신은 그다음에 하시죠"라고 말하자. 그런 다음 발언을 마무리하자. 당신은 무례하지 않다. 당신의 목소리를 낼 권리를 행사할 뿐이다.

6. 몸을 웅크리지 말고 똑바로 한다.

축 늘어진 자세로 앉거나 서 있으면 사람들은 당신의 영향력을 의심할 것이다. 자세를 구부정하게 하면 나약하다는 뜻이다. 그렇게 하지 말고 어깨를 꼿꼿이 펴고 뒤로 젖히자. 자신만만하고 리더십이 넘쳐 보이도록 똑바로 앉거나 당당한 자세로 서 있자. 모든 사람이 당신의 말을 한마디도 놓치지 않도록 힘 있는 목소리로 말하자. 말할 때 억양을 올리지 말자. 사람들의 허락을 구할 때처럼 자신 없게 들린다. 권위를 나타내기 위해 말을 끝낼 때 억양을 내리자.

당신이 그곳에 있는 이유를 기억해라

"저는 할 말이 있을 때 조용히 하는 법을 배우지 않았습니다.
사람들이 저를 아는 이유는 제가 말했기 때문입니다."

_우르술라 번스(Ursula Burns), 전(前) 제록스 CEO

2016년 〈워싱턴 포스트(Washington Post)〉의 줄리엣 에일페린(Juliet Eilperin) 기자는 당시 버락 오바마 대통령 밑에서 일하던 여직원들이 회의에서 나온 여성의 의견을 잘 전달하기 위해 '부연 설명(amplification)'이라는 전략을 어떻게 사용했는가에 대해 보도했다. 이 전략은 간단했다. 한 여직원이 핵심 주장을 발표하면 다른 여직원들이 그 말을 처음 꺼낸 여성의 이름을 언급하며 그녀의 발언을 반복하는 것이었다. 이렇게 하면 회의실에 있는 남자 직원들은 그 발언을 인정해야 했고,

그 아이디어를 빼앗아 자신의 아이디어라고 주장하지 못했다.

에일페린은 제니퍼 팔미에리(Jennifer Palmieri) 공보 담당이 들은 오바마 대통령의 말을 인용한다. "바로 여깁니다. 당신은 여기 왔습니다. 여기가 대통령 집무실입니다. 당신이 여기 온 이유가 있으니 생각을 말해 주시죠."

다음에 당신이 회의실에 있을 때는 이유가 있어서 그곳에 있다는 점을 기억하자. 당신의 영향력을 강화하는 유일한 방법은 사람들이 당신의 예리한 업무 감각에 호의적인 인상을 받도록 의견을 발표하는 것이다. 그리고 사람들이 당신 의견에 귀를 기울이도록 하는 동안, '부연 설명' 전략을 써서 다른 사람의 의견도 잘 전달되게 하자.

오라클(Oracle) 온라인 세미나 중에 한 참석자가 질문했다. "샘, 말씀에 전적으로 동의합니다. 그런데 관리자, 동료들이 바다 건너 멀리 떨어져 있는데 어떻게 그들의 눈에 띄고 목소리를 낼 수 있을까요? 저는 그들과 교류가 거의 없고, 그들은 제게 관심조차 없어요."

이러한 상황이라면 기다리지 말고 바로 시작하는 것이 훨씬 더 중요하다. 상사, 동료들과 업무 진행 상황을 공유하기 위해 매주 15분 회의를 하자고 제안할 수 있다. 회의 시간 대부분은 구체적인 업무 진행 상황과 종료된 프로젝트, 좋은 소식을 다루어야 당신은 일을 잘한다는 인상을 전체적으로 남길 수 있다.

회의 시간에 어려운 문제 얘기를 해야 한다면, 비즈니스에서 가장 환영받는 문장인 "어떻게 생각하세요?"를 활용하자. 조언을 구하고 나서 그 조언에 따라 어떻게 조치했는지 다시 보고하자.

한 참석자가 내게 말했다. "전 회사를 그만두려 했어요. 그런데 제가 원하는 걸 매니저에게 말하지 않는다면, 제가 원하는 걸 주지 않는다고 그 사람을 탓할 수 없다는 걸 샘 덕분에 깨달았어요."

회의에 참석하는 게 싫어 빠질 생각을 하고 있었는가? 그렇게 하기 전에 이 장에 설명한 방법들을 실행해 보자. 그러면 의도적인 브랜드를 만들어 당신만의 목소리를 내고 리더십이 주목받게 하며 의견을 인정받을 수 있다.

핵심 요약

당신이 속한 조직에 '핵심 파벌'이 있다고 가정해 보자. 경영진 중 여러 명은 같은 대학 출신이고 함께 골프를 치러 다닌다. 당신은 문제를 절대 일으키지 않는 성실한 직원이지만 재택 근무 중이라서 경영진은 당신이 일하는 모습을 볼 수 없다. 존재감이 없다는 이유로 약간 무시당하고 있다.

하지 말아야 하는 말	해야 하는 말
우연한 브랜드를 만든다 "사람들이 날 어떻게 생각하는지 잘 모르겠는데."	**의도적인 브랜드를 만든다** "내 브랜드를 뭘로 할지 다시 점검해 봐야겠어."
말이 잘리고 소외당한다 "월터가 제 말을 끊은 건 이번이 벌써 세 번째예요."	**의견을 낸다** "월터, 한 가지 더 제안할게요. 그다음에 당신이 말씀하세요."
아무도 당신 이름을 모른다 "존, 내 이름은 레베카가 아니라 로버타예요."	**모두 당신 이름을 안다** "저는 로버타입니다. AT&T 고객사에 대한 좋은 소식을 알려 드리겠습니다."
무시당한다 "음, 모두가 또 내 말을 무시하는 회의군요."	**다른 사람이 한 말을 반복하여 강조한다** "넬, 다른 사업체에 연락하자는 아이디어가 정말 훌륭해요. 그리고……"

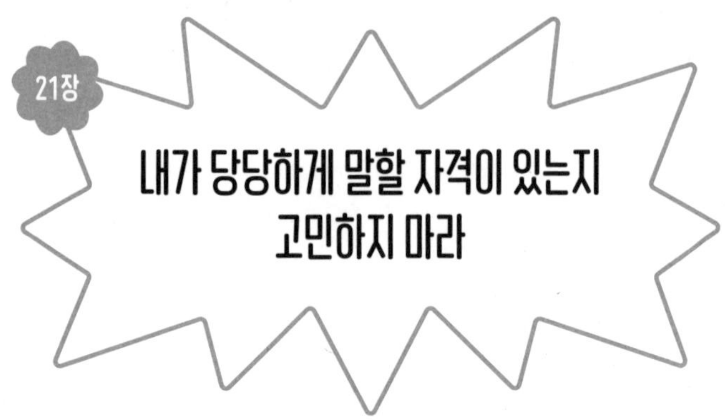

21장
내가 당당하게 말할 자격이 있는지
고민하지 마라

"걱정이란, 비가 오길 기다리며
늘 우산을 갖고 다니는 것과 같습니다."
_위즈 칼리파(Wiz Khalifa), 래퍼이자 작곡가

"프로젝트 리더 자리를 약속받았는데 다른 사람에게 넘어갔어요. 상사에게 이 얘기를 꺼내고 싶지만, 제가 주제넘게 군다고 생각할까 봐 걱정돼요. 그리고 상사의 눈 밖에 나고 싶지 않아요."

위즈 칼리파의 말이 옳다. 걱정은 부정적인 이야기의 한 형태다. 유머 작가 어마 봄벡(Erma Bombeck)이 말했듯이 "걱정은 흔들의자와 같다. 할 일을 주지만, 아무것도 얻는 게 없다."

이 장에서는 생각하는 시간의 부정적인 형태인 '걱정'을 생각하는 시간의 긍정적인 형태인 '소망'으로 바꾸는 방법을 알아볼 것이다.

당신 자신에게 하는 이야기('그 사람은 내가 지나치게 나선다고 생각할까 봐 걱정돼')를 평가하고, 그 이야기가 도움이 되는지 방해가 되는지 판단하고, 생각하는 시간을 활용해서 더 긍정적이고 생산적인 이야기를 하는 방법을 알 기회가 될 것이다.

자신의 스토리를 영원히 바꾼 사람의 대단히 인상적인 사례를 알고 싶은가? 짐 퀵(Jim Kwik)은 세계 최고의 기억 전문가 중 하나로 손꼽힌다. 그는 전 세계 포춘 500대 기업을 대상으로 강연하며, 리처드 브랜슨과 엑스맨 출연진들과 함께 그들의 두뇌를 '개선'하기 위한 작업도 했다.

하지만 그가 처음부터 기억력 전문가로 시작한 것은 아니었다. 어렸을 때 짐은 "뇌에 문제가 있다"라고 알려진 소년이었다.

짐은 대학에 다닐 때 뭔가에 집중하는 일이 거의 불가능했다. 시험 치르기도 버거웠고 좌절감에 빠져 거의 자퇴할 뻔했다. 그는 도움이 될 만한 방법들을 알아봤지만, 전혀 찾을 수 없었다. 그래서 '학습 방법을 배우기'로 마음먹었다. 많은 연습 끝에 그는 기억력이 무척 좋아지고 속독도 잘하게 되었고, 그의 노하우를 알려 달라는 동료 학생들의 요청이 물밀듯 밀려들어 도저히 감당할 수 없을 정도가 되었다. 그래서 한 번에 한 명씩 말고 많은 사람을 도와주기 위해 무료 강의를 하기로 했다. 강의가 있던 날, 그는 두려움에 떨며 캠퍼스를 가로질러 갔다. 한두 명만 앉아 있으면 어떡하지? 무척 창피할 텐데.

짐은 강의가 열리는 캠퍼스 건물에 도착했다. 그는 사람들이 왜 이리 많이 모여 있는지 궁금해하며 군중 사이를 헤쳐 나갔다. 강의실 문 앞에 도착한 짐은 그 군중이 모두 그의 워크숍에 참석하려고 줄을

선 사람들이라는 사실을 깨달았다.

당신은 그 후 이야기를 이미 알고 있을 수도 있다. 짐의 유튜브 채널은 조회수가 수백만 회에 이르며, 그가 쓴 베스트셀러 《마지막 몰입》은 윌 스미스(Will Smith)와 뇌기능장애 전문가 다니엘 아멘(Daniel Amen)의 추천을 받았다. 짐에게 비결을 묻자 그는 이렇게 답했다. "오랫동안 사람들과 함께 일하며 알게 된 사실은 사람들 대부분이 자신의 꿈을 현실에 맞춰 축소한다는 겁니다."

목소리를 크게 내길 두려워하는 건 지금의 현실에 맞춰 꿈에 한계를 두고 축소하는 걸 구체적으로 보여 준다. 새로운 현실을 원한다면 두렵더라도 이제 소개할 방법들을 써서 당신의 의견을 당당하게 말하자.

두렵더라도 당당하게 목소리를 높이는 여섯 가지 단계

"엉망진창이고 복잡하고 두려워도 괜찮으니 어쨌든 나타나세요."

_ 글레넌 도일(Glennon Doyle), 모마스터리(Momastery) 커뮤니티 창립자이자 작가

1. 차분히 생각해 본다. 당신의 스토리는 무엇인가?

스토리는 꼬리표(label)와 같은 말이다. 당신은 수줍음이 많다고 생각하는가? 내성적인가? 어떤 사람이 당신에게 붙인 꼬리표를 당신도 그게 맞는다고 믿어 버린 적이 있는가?

팸이라는 여성이 내게 말했다. "쌍둥이를 임신하고 대학을 중퇴했어요. 아빠는 노발대발 화를 내며 제가 미래를 망쳤다고, 전업주부가 되면 쓸모없는 사람이 되는 거라며 악담을 퍼부었어요. 전 그 후 10년 동안 그 말을 그대로 믿었죠. 그래서 다시 일해야 했을 때 학위가 없다는 사실이 부끄러웠어요. 나 자신을 '관리직을 맡을 만한 재목'으로 여기지 않아서 단순직에만 지원했어요."

2. 스토리가 당신에게 도움이 되는지 방해가 되는지 판단한다.

그 꼬리표는 당신에게 어떤 영향을 끼쳤는가? 당신이 원하는 걸 대담하게 추구하도록 힘을 주는 꼬리표가 있는가? 아니면 특정 직무에 지원하고 새로운 일을 시도하고 특정 사람을 만나는 데 방해되는 자기 패배적인 꼬리표가 있는가? 당신이 스스로에게 들려준 스토리가 사실은 당신이 보유한 기술과 재능, 기여할 수 있는 잠재력과 관계가 없고 오히려 머릿속에서 지어냈을 가능성이 있는가?

3. 당신에게 무한한 스토리를 들려준다.

짐 퀵처럼 살기로 마음먹는다면 어떤 일이 일어날까? 스스로에게 불필요한 한계를 두는 대신, 원하는 것을 명확히 하고 추구한다면 어떤 경험을 할 수 있을까?

4. 오래된 스토리는 과거에 묻는다.

당신 자신을 새로운 가능성으로 들어서게 하는 열쇠는 당신에게 한계를 지웠던 스토리가 슬그머니 되돌아오지 못하게 하는 것이다. "나는 예전에 ______했다. 그리고 이제는 ______하다"라고 말해 보자.

팸은 그녀의 스토리를 업데이트했다. “10년 전에는 아빠의 말을 듣고 자존감이 낮아져 내가 잘할 수 있을 것 같은 직종에 지원할 생각도 하지 못했어요. 그리고 이제는 쌍둥이를 키웠고 애들 학교에서 학부모회 회장을 지낸 데다 학교폭력방지 프로그램 기금을 5만 달러나 모금한 경험을 제가 가진 관리자 자질의 증거로 삼았어요.”

5. 되돌아가거나 자리를 피하거나 물러나지 말고 다가간다.

팸은 이런 이야기도 했다. “전에는 박사 학위를 땄거나 MBA를 마친 사람을 만나기만 하면 떠받들다시피 했어요. 그 사람들이 나보다 더 똑똑하고 중요하다고 여기곤 했죠. 나 자신과 비교하다 괜히 움츠러들어 목소리를 내지 않을 때가 많았어요. 그리고 이제는 그 사람들을 찾아가 의견을 구하고 그들이 가치를 더하게 합니다. 우리는 모두 다른 사람에게 도움이 될 수 있는 무엇인가를 가지고 있어요. 그리고 전 이젠 사람들을 사다리에 일렬로 세워 놓고 저보다 높은 사람들이 있다고 생각하지 않아요.”

6. 당당하게 행동하자.

마리안 윌리엄슨(Marianne Williamson)의 유명한 명언을 들어 본 적이 있을 것이다. “의기소침하게 행동하면 세상에 도움이 되지 않는다. 우리가 우리 자신의 빛을 비추면 다른 사람들도 똑같이 하도록 허락하는 것이다.” 당신도 그렇게 생각해 봤는가? 의기소침하게 행동하면 당신의 재능을 나누지 못할 뿐 아니라 다른 사람들도 그들의 재능을 나누지 못하게 하는 위험한 선례를 남길 수 있다. 다른 사람들도 당신의 모범 사례를 보고 영감을 받아 원하는 것을 큰 소리로 말할 수 있도록 당당하게 행동하자.

스스로에게 물어보라. 나는 무엇을 원하는가?

"인생에서 원하는 것을 얻는 가장 중요한 비결은

당신이 원하는 것이 무엇인지 알고 그것을 가질 수 있다고 믿는 것이다."

_노먼 빈센트 필, 작가

필이 한 말은 무척 단순하고 당연하게 들린다. 하지만 정말 그럴까?

당신은 무엇을 원하는지 아는가? 한 문장으로 말할 수 있는가? 그걸 가질 수 있다고 믿는가? 아니면 두려워서 포기하는가?

《싱크 어게인》을 쓴 아담 그랜트(Adam Grant)는 리치 롤(Rich Roll) 팟캐스트의 〈옳은 것처럼 주장하고, 틀린 것처럼 경청하라(Argue like you're right, listen like you're wrong)〉라는 제목의 에피소드에서 이렇게 말했다. "우리는 지금도 윈도우 95를 사용하는 사람들을 비웃습니다. 하지만 1995년에 가졌던 생각은 아직도 바꾸지 않고 있습니다." 정곡을 찌르는 말이다. 그는 이런 의견도 냈다. "오래전부터 지능이란 생각하고 학습하는 능력으로 여겼습니다. 하지만 격변하는 세상에서는 더 중요할 수도 있는 또 다른 인지 기능이 있습니다. 그것은 바로 다시 생각하고, 그리고 배운 걸 잊는 능력입니다. 학습의 목적은 우리의 신념을 확인하는 게 아니라 발전시키는 것입니다."

그의 말이 옳다. 두려워하지 않으려면 스토리를 다시 생각하고 우리의 효율성을 약화하는 접근법을 잊어야 한다.

버티스라는 여성은 스토리를 다시 생각해 낸 훌륭한 사례를 보여준다.

> 저는 평생 오빠를 무서워하며 살았어요. 다섯 살 많은 오빠는 어렸을 때부터 저를 인정사정없이 괴롭혔어요. 교활하게도 부모님이 계실 때는 절 못살게 굴지 않아서 부모님은 제가 얼마나 심각하게 당하는지 모르셨어요. 오빠는 제가 부모님에게 이르면 '대가를 치르게' 만들겠다고 협박해서 아무 말도 하지 못하게 했어요. 저는 그동안 오빠를 두려워하며 살았어요.
>
> 정말 훌륭한 치료사 덕분에, 저는 이제 성인이 되었으니 오빠와 나의 관계를 다시 생각해 봐야 한다는 걸 깨달았죠. 오빠는 경제적으로 문제가 생겨 돈을 빌리고 싶어 했어요. 오빠는 그 일로 저를 정말 괴롭혔고, 도와주지 않겠다고 하자 저를 나쁜 사람 취급했어요.
>
> 제가 이 일로 고민하자 제 치료사가 이렇게 묻더군요. "오빠에게 돈을 빌려주고 싶어요?" 제 대답은 분명 "아니오"였지만, 저는 오빠의 괴롭힘에서 벗어나고 싶어서 어쨌든 빌려줄 생각을 하고 있었지요. 그러자 치료사가 물었어요. "빌려주고 싶지 않다면서 도대체 왜 빌려주겠다는 생각을 하죠?"
>
> 오빠가 집요한 데다 포기하지 않기 때문이라고 대답하자 치료사가 한마디 했어요. "하고 싶지 않은 일은 무슨 일이 있어도 절대 하지 마세요." 그 말을 듣자 저는 오빠에게 굴복하면 판도라의 상자를 여는 것처

럼 위험해진다는 걸 깨달았어요. 오빠의 협박에 넘어가면 위험한 선례를 남기게 되어 오빠가 돈을 더 빌려 달라고 할 거에요. 전에도 그런 적이 있었거든요.

그래서 오빠에게 돈을 빌려주지 않겠다고 했어요. 그게 제 마지막 대답이었어요. 오빠는 고래고래 소리 지르며 공격적으로 나왔고 저한테 죄책감을 느끼게 하려 했지만 저는 "이제 더는 할 말 없어"라고 했어요.

지금은 기분이 좋아요. 오래전에 그렇게 했더라면 좋았을 거라는 걸 알았어요.

당신은 어떤가? 두려움을 극복하고 스토리를 다시 생각하고 다르게 행동할 때가 되었는가? 아일랜드 극작가인 조지 버나드 쇼(George Bernard Shaw)는 "변화 없이는 진전을 이룰 수 없으며, 마음을 바꿀 수 없는 사람은 아무것도 바꿀 수 없다"라고 말했다.

그의 말이 옳다. 마음을 바꾸면 인생이 바뀐다. 당신이 스스로에게 붙인 꼬리표는 무엇인가? 상대방이 오랫동안 당신을 업신여겼기 때문에, 당신은 상대방이 원하는 것을 주어야 한다는 생각에 그동안 조심조심 눈치 보며 지냈는가? 어떤 상황에서 자신감이 없었기 때문에 당당하게 말하기 두려웠는가? 스팽스(Spanx)의 설립자 사라 블레이클리(Sara Blakely)가 말한다. "저에게 실패란 성공하지 못한 것이 아니라 시도하지 않은 것이었습니다."

불안의 해독제는 행동이다

"행동은 절망의 해독제입니다."

_조앤 바에즈(Joan Baez), 사회운동가이자 싱어송라이터

텔레비전 쇼 〈더 보이스(The Voice)〉의 진행자인 카슨 댈리(Carson Daly)는 불안으로 고통받는데도 용감하게 행동했다. 카슨은 2022년 한 인터뷰에서 자신은 범불안장애(GAD, Generalized Anxiety Disorder)가 있으며 오랫동안 공황 발작을 겪고 있다고 밝혔다. 카슨이 말했다. "시청자들은 제가 오른손을 주머니에 넣은 모습을 보고선 저를 격식 차리지 않는 사람이라 생각할 수도 있어요. 사실을 말하자면, 그때 저는 공포가 파도처럼 밀려와 무대에서 도망치고 싶은 생각을 억누르려고 허벅지 위쪽을 꽉 움켜잡고 있는 겁니다."

카슨은 자신의 증상이 줄어들고, 이 병을 앓는 사람이 많다는 사실에 다른 이들도 위안을 얻고 용기를 갖기를 바라는 마음에서 불안 장애와 싸운다는 사실을 공개했다고 말했다. 두려움과 불안, 공황 발작으로 정신 건강이 나빠진다고 생각되면 카슨처럼 공개적으로 도움을 요청하자. 당신 또는 사랑하는 사람이 전문가와 만날 수 있도록 도와주는 프로그램이 지역사회는 물론 온라인에도 많이 있다. 카슨은 이후 인터뷰에서 "공황 발작과 과호흡은 지금도 가끔 겪지만, 공개적으로 이야기하고 나자 훨씬 좋아졌습니다"라고 말했다.

당신도 자리를 피하거나 물러나지 말고 도와달라는 손을 내밀어 같은 일이 일어나길 바란다. 행운을 빈다.

다음 장에서는 당신이 원하는 것을 요구할 수 있도록 네트워킹, 면접, 프레젠테이션, 협상이라는 네 가지 중요한 상황에서 자신 있게 말하는 기술을 개발하는 방법을 다루겠다. 기술까지 갖추고 있다면 경쟁 우위를 갖추게 할 자신감 있는 태도로 행동할 수 있기 때문이다.

핵심 요약

당신이 지역 시의회에 출마하라는 권유를 받고 있다고 가정해 보자. 당신은 새로운 도전이 겁나지만 진심으로 소중한 이슈에 대해 누군가는 옹호해야 한다고 생각한다. 그리고 그게 나여도 괜찮을 거라고 생각하며 긍정적으로 검토 중이다. 그런데 어떤 친척이 현직 의원들을 이길 가능성이 없고 시간과 돈만 낭비할 거라며 출마하지 말라고 충고한다.

하지 말아야 하는 말	해야 하는 말
두려워한다 "출마했는데 득표수가 꼴찌라면 어떡하지? 창피할 텐데."	**어쨌든 행동한다** "시도하지 않으면 알 수 없어, 게다가 이건 내게 중요한 일이야."
스토리에 한계를 둔다 "그 친척 말이 맞아. 나는 정치 경력이 전혀 없어."	**스토리에 한계를 두지 않는다** "경험을 쌓는 방법은 출마해서 멘토를 찾는 거야."
예전 스토리를 고수한다 "실패하고 싶지 않아."	**새로운 인생에 맞춰 새로운 스토리를 택한다** "시도하지 않으면 실패할 뿐이야."
되돌아가거나 자리를 피하거나 물러난다 "확실한 자격을 더 많이 갖추고 나면 그때 출마해야겠어."	**도와달라고 손을 내민다** "퇴임하는 시의회 의장에게 멘토링을 부탁해 봐야겠어."
의기소침하게 행동한다 "나 같은 사람이 출마한다고? 말도 안 돼."	**당당하게 행동한다** "지역사회를 위해 봉사하고 싶어. 그렇게 하려면 위험을 무릅써야 해."

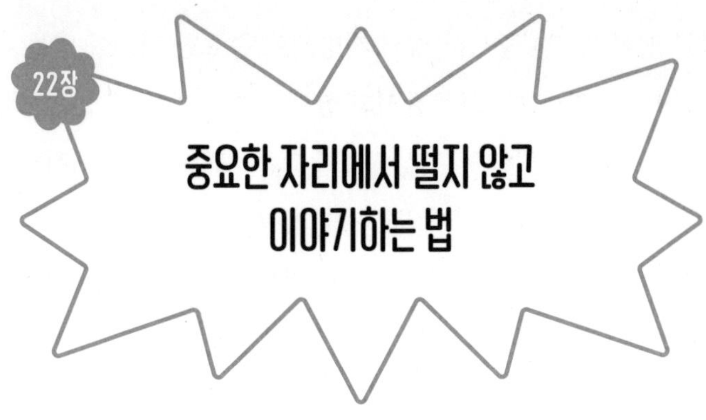

22장 중요한 자리에서 떨지 않고 이야기하는 법

"긴장되지 않으면 오히려 더 긴장해요.
긴장하면 멋진 공연을 할 수 있거든요."
_비욘세(Beyoncé), 싱어송라이터

"저는 엔지니어입니다. 설계도 앞에 있으면 신바람이 나서 즐겁게 일해요. 하지만 사람들 앞에만 있으면 갑자기 꿀 먹은 벙어리가 됩니다. 긴장감을 이겨 내는 방법이 있을까요?"

긴장감에 대한 인식을 바꾸는 일부터 시작하자. 긴장감을 환영하는 사람은 비욘세 말고도 있다. 챔피언 운동선수들은 긴장하지 않으면 걱정해야 한다. 최고의 기량을 발휘하는 데 필요한 운동 에너지를 얻을 수 없다는 뜻이기 때문이다.

영화 〈브로드캐스트 뉴스(Broadcast News)〉에는 위기가 발생했는데 정규 앵커가 부재중이자 앵커 지망생이 중요한 기회를 얻는 유명한 장면이 나온다. 그는 프로듀서와 함께 스튜디오로 걸어가는데, 프로듀서가 그에게 묻는다. “긴장되죠?” 그는 프로듀서가 제정신인지 의심하는 표정으로 대답한다. “아니요, 흥분되는데요.”

바로 그거다. 문제는, “어떻게 하면 긴장감으로 발생한 에너지를 흥분으로 전환해서 최고의 성과를 낼 수 있을까?”이다.

나는 내가 쓴 책 《자신감, 내 인생을 바꿀 두 번째 기회》에서 불안은 ‘모르는 상태’라는 두 단어로 정의할 수 있다고 했다. 무슨 말을 해야 할지 모른다면 불안해서 상대방의 눈치를 보며 조심조심 말해야 할 것이다.

하지만 무슨 말을 해야 할지 알고 있다면 어떨까? 특히 네트워킹, 면접, 프레젠테이션, 협상해야 하는 상황에서 처음 2분 동안 무슨 말을 해야 할지 알고 있어서 침착하고 준비된 태도로 멋지게 해낼 수 있다면 어떨까? 진심을 담되, 모든 사람의 호감과 관심, 존경을 받고 싶다면 각 상황의 첫 2분 동안 무슨 말을 해야 하는지에 대해서 차례대로 설명하겠다.

그 전에 긴장될 때 의심과 두려움에 굴복하지 않고 행동하는 방법에 관한 이야기를 하나 더 소개하겠다. 어떤 엔지니어가 긴장감을 극복하는 방법에 대해 질문한 적이 있어서 항공엔지니어로 일하는 아들 톰에게 조언을 구했더니 아들은 이 멋진 이야기를 들려주었다.

몇 년 전, 톰은 스카이다이빙을 해 보기로 마음먹었다. 톰은 스카이다이빙을 신청한 뒤 훈련을 받았고 마침내 그 중요한 날이 되었다. 톰은 일행과 함께 활주로에 앉아 비행기가 착륙하기만을 기다렸다.

이제 곧 비행기를 타고 하늘을 날 예정이었다. 그런데 한 여성이 구글에서 '스카이다이빙 사고'를 검색했다(도대체 왜 그랬을까?! 아무도 모를 것이다). 그녀는 일행에게 큰 소리로 말했다. "작년에 스카이다이빙 사망 사고가 10건 발생했다는 걸 알아요? 그건 비행기에서 10만 번 뛰어내릴 때마다 0.28건이라는 비율이에요."

그녀의 말을 듣고 '뛰어내릴 준비를 마친' 일행은 나약한 겁쟁이들로 변해 잔뜩 긴장했다. 그 사람들은 갑자기 '내가 왜 목숨을 걸어야만 하지?'라는 생각이 들었다. 몇 명은 그 자리에서 취소했다.

하지만 톰은 엔지니어다. 톰은 계산을 해 봤다. 뭔가 잘못될 확률이 무척 낮았으므로 톰은 기꺼이 운에 맡기기로 했다.

다음으로 '긴장한 겁쟁이'의 운명을 가르는 결정적인 순간은 비행기 탑승구 앞에서 찾아왔다. 하늘을 날아가는 비행기에서 뛰어내리는 걸 머릿속으로 상상하는 것과 실제로 몇 킬로미터 상공에서 허공을 응시하다 그 속으로 발을 내딛는 것은 완전히 다른 문제였다. 하지만 톰은 벌써 확률 계산을 마쳤다. 톰은 아는 정보를 기반으로 이미 결정을 내렸다. 톰은 자신의 선택을 후회하지 않고 편안하게 받아들였다. 그래서 비행기에서 뛰어내렸다.

그러니 생각해 보자. 확률을 계산해 보자. 앞으로 네트워킹, 면접, 프레젠테이션 또는 협상할 기회가 있다면 의심과 두려움에 방해받지 말고 이런 모범 사례를 만들어 내자. 이 책 전체에 걸쳐 다양한 연구 통계치를 많이 인용했는데, 그 모든 연구는 하나의 결론으로 모인다. 즉, 인간관계 기술을 향상하는 것이 직장에서의 인간관계, 파트너이자 부모로서의 유능함, 당신 자신과 당신에게 중요한 것을 지킬 능력을 향상하기 위해 할 수 있는 최선이자 유일한 방법이라는 사실이다. 그러니 두려워하지 말고 더 많은 모범 사례를 만들어 낼수록 당신의 삶은 더욱 만족스러워질 것이다.

많은 사람이 모인 상황에서 긴장하지 않는 법

"저는 사람들을 만나야 하는 자리에 있을 때면 늘 유리잔을 들고 있습니다. 그러면 마음이 편안하고 안정감이 들고 악수할 필요도 없어요."

_ 시트콤 〈열정을 참아라(Curb Your Enthusiasm)〉 중에서

내가 뭘 알아냈는지 아는가? 많은 사람이 모인 상황에서 긴장하고 불안을 느끼는 가장 큰 이유 중 하나는 사람들이 자기소개를 어떻게 해야 할지 모르기 때문이라는 사실이다. 흔히 요점을 효과적으로 전달하는 '엘리베이터 스피치'를 완벽하게 하라는 말을 하곤 하지만, 그렇게 장황하게 늘어놓는 말에 귀 기울이길 좋아할 사람이 누가 있겠는가?

어색한 대화를 진심 어린 대화로 바꾸는 자기소개 방법이 있다면 어떨까? 바로 여기 있다.

이제부터는 누가 "어떤 일을 하세요?"라고 물으면 절대로 그냥 말하지 말자. 사람들에게 우리 직업을 몇 번이나 지겹게 설명하는 일은 지루하고 졸리고 귀찮다.

그 대신 이렇게 해 보자. 몇 년 전, 나는 두 아들과 함께 강연을 갔

다가 일정이 없어서 호텔 로비로 내려갔다. 컨시어지 담당자에게 혹시 주변에 시간을 보낼 만한 괜찮은 곳이 있는지 문의했다. 그 남자는 톰과 앤드루를 한 번 쓱 보더니 대답했다. "D&B's에 꼭 가 보세요."

우리는 마우이에서 왔으므로 그게 무슨 말인지 몰랐다. "네? 그게 뭐죠?"

그게 뭔지 줄줄이 설명하면 우리 셋이 더 혼란스러워 하리란 걸 그 남자는 본능적으로 알았던 게 틀림없었다. 그는 길게 설명하는 대신, 그 상황에 딱 어울리는 질문을 던졌다. "Chuck E. Cheese(어린이 게임 센터가 있는 피자 체인점-옮긴이)에 가 보신 적 있으시죠?"

톰과 앤드루가 힘차게 고개를 끄덕이자 그가 말했다. "D&B's는 어른들을 위한 Chuck E. Cheese 같은 곳입니다." 바로 그거였다. 10초 만에 우리는 그곳이 어떤 곳인지 정확히 알 수 있었고 당장 거기에 가고 싶어졌다(D&B's는 그 담당자에게 마땅히 소개 수수료를 줘야 할 것이다).

왜 이 말이 효과가 있었을까? 그 사람은 한 방향으로만 하는 엘리베이터 스피치(독백)를 양방향 엘리베이터 연결(대화)로 바꿨기 때문이었다. 우리의 대화에 이 방법을 적용해 보자. 예를 들면 이렇다.

어느 날 아일랜드 더블린에서 열린 기업 행사에 갔다가 기술 기업 임원을 만났다. 그는 말했다. "저는 내성적인 사람입니다. 이런 콘퍼런스에 늘 참석하지만, 가볍게 대화하며 다니는 게 너무 불편해서 호텔 방에 숨을 때가 많아요. 게다가 제가 하는 일은 굉장히 어려워서 사람들이 알아듣게 설명할 수가 없어요. 너무 어색해서 차라리 환영 연회에 가지 않거나 복도에서 잡담하는 것도 피하고 싶습니다."

그곳에서 우리는 어떻게 하면 의미 있는 대화와 연결로 이어지는 자기소개를 할 수 있을지 브레인스토밍을 시작했다. 나는 그에게 물었다. "당신이 하는 일의 최종 결과물은 무엇인가요? 눈에 보이고 냄새 맡고 맛보고 만지는 느낌이 날 만큼 구체적으로 알려 주세요."

그는 신용카드, 온라인 구매, 금융소프트웨어 관련 일을 한다며 기술적인 답변만 내놓았다. 그때 불현듯 어떤 생각이 떠올랐다. "온라인에서 물건을 안전하게 사게 해 주는 소프트웨어를 만드세요?"

그는 환하게 웃었다. "네! 그게 바로 제가 하는 일입니다."

"잘됐네요. 하지만 사람들에게 그렇게 말하지는 마세요."

그는 이상하다는 표정으로 나를 쳐다봤다. "왜죠?"

"사람들에게 '저는 온라인에서 물건을 안전하게 사게 하는 소프트웨어를 만듭니다'라고 말하면 그 사람들은 '아, 그렇군요'라고 대답하고 그걸로 대화가 끝날 거예요. 대화를 끝내지 말고 대화를 만들어가야 해요."

"그럼 어떻게 해야 할까요?"

"'온라인에서 물건을 사 보셨죠?'라고 질문하세요. 분명히 '네'라고 대답할 겁니다. 이제 당신은 그 사람들이 당신이 하는 일을 경험했다는 걸 확실히 알았습니다. 이제, 당신이 하는 일과 조금 전 상대방의 대답을 관련지어서 연결 관계를 확실히 만드세요. '제가 다니는 회사는 온라인 구매를 안전하게 해 주는 소프트웨어를 만듭니다'라고요. 상대방 눈빛이 반짝반짝해지고 눈썹이 추켜 올라갈 거예요. 둘 다 흥미를 느낀다는 신호죠. 이제 사람들은 당신 그리고 당신이 하는 일과 자신이 관련 있다고 생각할 거예요. 대화를 계속 이어갈 적절한 연결고리가 생겼고, 대화를 계속하고 싶어 할 가능성이 커집니다. 이 모든 일이 60초 안에 이루어져요. 당신은 그들의 관심을 사로잡았고 서로 공감했기 때문이에요."

그가 감탄하며 말했다. "드디어 여덟 살 난 아들에게 제가 하는 일을 아이 눈높이에 맞춰 말해 줄 수 있겠어요."

그것이 바로 엘리베이터 스피치를 엘리베이터 연결로 바꾸는 힘이다.

당신은 어떤가? "무슨 일을 하세요?"라는 질문을 받으면 어떻게 대답하는가? 대답할 때 당황스러워서 나도 모르게 눈썹을 찡그리는가? 그렇다면 새로운 친구를 사귈 가능성은 닫히고, 당신과 조직을 위하여 대의를 실현할 기회를 잃을 것이다.

당신이 속한 그룹 사람들과 함께 브레인스토밍 세션을 계획해 서로 마음의 문을 열고 도움이 되는 대화를 나누게 할 양방향 소개의 말을 만들어 보면 어떨까? 자기소개에 능숙해지면 당신은 이젠 처음 보는 사람도 친구로 만드는 능력이 있으므로 언제 어디서나 누구를 만나든 자신감을 가질 것이다.

면접 볼 때 처음 2분 동안 무슨 말을 할지 미리 정해라

"마지막 인상을 남길 기회는 두 번 오지 않습니다."

_샘 혼

계약 체결이나 신규 고객 미팅, 취업 관련해서 중요한 면접을 준비하고 있는가? 일론 머스크의 조언을 참고하자.

2011년 나는 머스크가 내가 사는 집 근처의 내셔널프레스클럽에서 연설할 예정이라는 사실을 알았다. 곧장 NASA의 관제센터에서 일하던 아들 톰에게 전화를 걸어 물었다. "톰, 만약 엄마가 일론 머스크에게 질문한다면 뭘 물어보는 게 좋을까?"

톰이 대답했다. "저는 국제우주정거장 관련 업무를 해서 괜찮지만, 셔틀 관련 일을 하다 해고당한 친구들이 있어요. 그중에 스페이스엑스(SpaceX)에 입사 지원한 친구가 있는데, 일론에게 면접을 완벽하게 보는 방법을 물어보면 좋겠네요."

나는 머스크에게 실제로 그 질문을 했고, 그는 명쾌하게 한 문장으로 답변했다. "지금까지 어떤 직책을 맡았는지 말하지 말고, 어떤 문제를 해결했는지 말해 보세요."

바로 그거였다! 그것이 바로 의사 결정권자의 존중을 받는 방법이다. 다른 사람들과 비슷해 보이는 이전 직책을 줄줄이 나열하지 마라. 그보다는 "회사 웹사이트, 사명, 직무 설명을 검토해 봤습니다. 그걸 토대로 대표님 그리고 대표님의 조직과 관련 있는 문제들을 해결한 실제 사례를 설명해 드릴 수 있습니다"라고 말하는 편이 좋다.

성공적인 프레젠테이션을 위한 실전 팁 세 가지

"수많은 사람 앞에서 말하는 것은
사람들이 가장 두려워하는 일이라는 글을 어디선가 읽었어요.
놀랍게도 두 번째로 두려워하는 게 죽음이라고 하는군요!
그 말은 장례식에 참석해야 한다면 사람들 앞에서 추도사를 읽을 바엔
차라리 관 속에 누워 있겠다는 겁니다."

_제리 사인펠드(Jerry Seinfeld), 코미디언

당신은 어떻게 생각하는가? 대중 앞에서 편하게 말할 수 있는가? 아니면 제리의 이야기에 공감하는가?

처음 2분간 사람들의 마음을 내내 사로잡고 기분 좋게 놀라게 해서 자신감을 북돋고 경쟁 우위를 확보하고 싶은가? 그렇다면 이렇게 해 보자.

여성 기업가들의 사업 자금 조달을 도와주는 스프링보드 엔터프라이즈(Springboard Enterprises)의 발표 코치로 일할 기회가 있었다. 기업가들과 워크숍을 하던 중 파마젯(PharmaJet)의 캐슬린 칼렌더(Kathleen Callender)가 내게 말했다. "좋은 소식하고 나쁜 소식이 있어요."

"좋은 소식은 뭔가요?"

"수많은 투자자를 모시고 발표할 기회가 생겼어요."

"좋은 소식이네요. 나쁜 소식은 뭐죠?"

"2시 30분에 시작하는데 주어진 시간이 10분밖에 없어요. 고작 10분

갖고서는 아무 말도 할 수 없어요!"

나는 그녀에게 말했다. "사실은요, 캐슬린, 10분이 아니에요. 투자자들은 당신이 발표하기 전에 다른 사람들의 프레젠테이션을 16번은 들었을 거예요. 당신의 발표가 들을 만한 가치가 있다는 걸 60초 동안 증명해야 해요."

그래서 만들어 낸 것이 바로 '60초 오프닝'으로, 캐슬린이 투자금을 유치하고 〈비즈니스위크(BusinessWeek)〉가 선정한 2011년 가장 유망한 사회적 기업가 중 한 명으로 선정되는 데 결정적인 역할을 했다. 그 오프닝 멘트는 바로 다음과 같다.

> 매년 예방접종이 18억 회 이루어진다는 사실을 아셨습니까? 그중 최대 3분의 1이 재사용 바늘로 접종된다는 사실을 아셨습니까? 그래서 예방하고자 하는 그 질병을 오히려 퍼뜨리고 있다는 사실은요?
> 현재 드는 비용의 극히 일부만으로 통증이 없는 일회용 주삿바늘을 만들 수 있다고 상상해 보세요. 상상하실 필요가 없습니다. 저희가 이미 만들었습니다.

눈썹이 움직였는가? 더 알고 싶은가? 그렇다면 캐슬린이 그녀의 사업 아이디어를 당신의 마음속에 깊이 새겼다는 뜻이다.

전체적인 시각으로 보자. 우리가 이 오프닝을 만들기 전에 캐슬린은 파마젯이 '피하접종용 약물전달기기'라고 설명하며 발표를 시작했다.

그게 뭐지?! 사람들은 당황했다. 당황한 사람들은 예스라고 하지 않으므로 그건 좋은 소식이 아니다. 사람들의 호감을 얻고 주의를 끌고 싶다면 다음 세 단계를 활용하자.

1. "아셨습니까?" 질문 세 개로 시작하자.

당신이 해결하고 있는 문제, 처리하고 있는 이슈 또는 충족하고 있는 요구 사항에 대해 사람들이 "정말인가요?! 그게 그렇게 중요하고 심각하고 시급하고 커다란 문제인 줄 몰랐어요!"라고 반응하게 만드는 놀라운 통계치를 소개할 수 있는가?

사람들을 깜짝 놀라게 하고 호기심을 불러일으킬 만한 갑작스러운 트렌드 변화, 규모의 급격한 증가, 비용이나 인구 통계자료 또는 물류의 획기적인 변화에는 어떤 것이 있을까?

그런 놀라운 통계치는 구글을 조금만 검색해도 쉽게 찾을 수 있다. 그걸 보고 당신의 눈썹이 추켜 올라간다면 이해관계자들도 마찬가지일 것이다.

2. 사람들이 당신 말의 핵심을 마음속에 그려 보도록 "상상해 보세요"라고 말하자.

"상상해 보세요"라고 말하면 사람들은 당신이 말하는 것을 머릿속으로 그려 보면서 딴생각에서 벗어난다. 그들은 당신의 제안을 이미 받아들이기로 했다는 듯이 상상하게 된다.

이제 "상상해 보세요"라는 말을 그 제안의 세 가지 장점과 연결하자. 캐슬린의 의사 결정권자들은 무엇에 관심을 가졌을까? '고통스러운' 예방접종이었다. 그래서 우리는 그 말을 '통증이 없는'으로 바꿨다. '재사용' 주삿바늘을 '일회용'으로 바꿨다. 의사 결정권자들 대부분은 돈을 중요하게 생각하므로 우리는 그녀의 발명품이 '현재 드는 비용의 극히 일부'라는 점을 강조했다. 정보가 과하게 넘치는 세상에서 우리는 수익성을 '누가 원하지 않을까요?'라는 간결한 문장으로 요약했다.

3. "상상할 필요가 없습니다. 저희가 이미 만들었습니다"라고 말하자. 솔루션이 말도 안 되거나 모호한 게 아니라 이미 완성되었으며, 당신의 조직과 당신이 이를 전달할 준비가 되어 있음을 알려 주는 증거와 선례를 소개하자.

이 작업을 전에 성공적으로 수행한 사례를 인용하자. 그 결과를 확인해 줄 수 있는 업계에서 존경받는 리더의 추천서를 준비하는 것도 좋다.

이렇게 오프닝을 준비하자 수백 명의 고객이 스타트업 육성, 프로젝트 진행 또는 대의 실현을 위한 자금과 지원을 받는 데 큰 도움을 받았다. 왜 그렇게 효과가 있을까? 똑똑하지만 의심 많은 이들을 가장 빠르게 끌어당기는 방법은, 그들이 모르지만 알고 싶어 하는 정보를 소개하는 것이기 때문이다. 당신의 발표를 들으면 이제 그들은 조금 전보다 더 많이 알게 된다.

사람들에게 전달하고 싶은 내용을 바로 말하지 않고 질문으로 시작하면 사람들의 참여를 즉시 유도할 수 있으며, 그들은 들어야 하기 때문이 아니라 듣고 싶어서 경청하게 된다.

제너럴 일렉트릭(General Electric)의 최고경영자인 잭 웰치(Jack Welch)는 "경쟁 우위가 없다면 경쟁하지 말라"라는 말을 남겼다. 내가 그동안 20년 넘게 기업가와 조직의 프레젠테이션 기획을 도와 성공시키는 동안 알아낸 사실도 바로 경쟁 우위가 없으면 경쟁할 수 없다는 사실이다.

발표를 시작할 때 어떻게 말하느냐에 따라 거래가 성사될 수도 있고 깨질 수도 있다. 이렇게 오프닝을 준비하면 당신이 관심을 가진 대상과 당신에게 즉시 유리해진다. 다른 사람들은 전달하고 싶은 말을 여전히 줄줄 읊겠지만, 당신은 그 회의 자리에 있는 모든 사람의 호감과 관심을 이미 받고 있을 것이다.

협상에서 승낙을 이끌어내는 법

"묻지 않으면 대답은 항상 '아니오'입니다."

_노라 로버츠(Nora Roberts), 작가

노라의 말이 옳다. 더 수완 좋은 협상가가 되어 우리에게 중요한 것에 대해 승낙을 받아내려면 먼저 물어봐야 한다. 그리고 거절당할 가능성을 승낙으로 바꾸도록 질문해야 한다.

1분 안에 그렇게 한 어떤 사람의 예를 들어 보겠다.

몇 년 전 나는 전 세계적으로 유명한 사상가들이 강연하는 비즈니스 혁신 팩토리(Business Innovation Factory) 행사에 참석했다. 가장 인상적인 연사는 전혀 생각지도 않은 인물이었다. 그녀는 무대 중앙으로 걸어와 모두 조용해질 때까지 기다렸다가 객석을 향해 몸을 기울이며 활짝 웃는 얼굴로 입을 열었다. "여러분께서 어떤 생각을 하시는지 알아요. 겨우 열세 살짜리가 혁신에 대해 뭘 가르칠까? 이렇게 생각하실 거예요."

그녀는 잠시 말을 멈췄다가 눈을 반짝이며 말했다. "열세 살짜리 아이들도 잘 알아요." 그리고 자신이 지방, 기름, 윤활유를 현금으로 바꿔 저소득층 가정에 기부하는 비영리단체 TGIF를 어떻게 설립했는지 설명을 시작했다.

이 날 카산드라 린(Cassandra Lin)을 처음 본 순간부터 나는 감탄해 마지않았다. 왜 그랬을까? 그녀는 우리의 마음을 읽었기 때문이었다. 카산드라는 이 산전수전 다 겪은 노련한 경영진들에게 고작 10대 소녀가 가르쳐 줄 것이 있다고 나서면 모두가 조금 회의적으로 나오리라 예상했다. 그래서 그들의 거부감을 먼저 말로 꺼내 잠잠해지게 했다.

토론이나 협상에서 상대방이 당신의 요청을 거부하리라 예상하는가? 상대방이 저항하지 않고 수용하게 하는 방법은 다음과 같다.

• 먼저 질문한다.

"왜 사람들은 '안 돼!'라고 말할까요?" 라고 당신이 먼저 말한다. 값비싼 프로그램을 도입하자고 제안하면 상사는 "우리가 가진 예산으로는 어림도 없어"라고 회의적인 생각을 할 수도 있다. 이렇게 말문을 열자. "우리 예산으로는 이 프로그램을 살 여력이 없다고 생각하실 수도 있어요. 앞으로 3분만 집중해 주시면 그 돈을 어디서 확보할지, 그리고 첫 3개월 후 본전을 찾고 그 이후부터는 수익으로 전환할 방법을 말씀드릴게요." 이렇게 하면 상사의 관심을 끌 수 있다.

"…라고 생각하신다는 걸 알아요"라고 말하면 다소 주제넘게 보일 수 있으므로 "아마 …라고 생각하시는 것 같습니다"라고 말해서 상대방의 우려를 무시하지 말고 인정하자.

다음을 꼭 기억하자. 상대방의 반대 의견을 당신이 먼저 말하지 않으면 그들은 귀를 기울이지 않는다. 그들은 왜 이것이 효과가 없는지 말하려고 당신이 말을 멈추기만 기다릴 것이다.

• '그리고'로 문장을 연결한다. '그러나'로 연결하지 않는다.

이 내용은 앞에서 이미 소개했다. '그러나'라는 단어는 '당신에게 맞서는 나'라는 적대적인 분위기를 만든다. "전에는 실패했습니다. 그러나……"라고 말하지 말고 "맞습니다. 전에는 실패했습니다. 그리고 그때 무엇이 잘못되었는지 알아냈으니 이번에는 그런 일이 발생하지 않게 할 수 있습니다"라고 말하자.

• 예정된 시간보다 더 빨리 끝낸다.

상대방에게 좋은 인상을 남기고 싶은가? "바쁘시다는 걸 압니다. 그리고……"라는 마법의 문장으로 말을 시작하자. 다음으로는 예정된 시간보다 더 짧은 시간을 구체적으로 요청하고 그에 맞춰 말을 끝내자. "이 회의에 한 시간이 할당된 것으로 알고 있습니다. 그리고 저는 발표 자료를 10분짜리로 압축해서 준비했습니다"라고 말하면 사람들은 무척 기뻐할 것이다. 일찍 끝냈다고 화를 낼 사람은 아무도 없다.

당신의 미래는 당신 손에 달려 있다

"내일은 또 다른 날이지만 어제도 마찬가지였다."

_르네 리카드(Rene Ricard), 시인

앞으로 몇 주 안에 기회가 있을 것이다. 비즈니스 오찬이나 사교 행사에 초대받거나, 꿈꾸던 직장의 면접 기회를 얻거나, 대중 앞에서 연설 요청을 받거나, 중요한 협상을 진행해야 할 수도 있다.

과감하게 뛰어들자! 좋은 일은 기다리는 사람에게 찾아오지 않는다는 말과 반대로, 좋은 일은 시작하는 사람에게 찾아온다. 지금까지 소개한 모범 사례를 활용해서 긴장된 에너지를 자신감 넘치는 에너지로 바꾸고 상상하는 것보다 훨씬 더 성취감을 주는 미래를 시작하자.

핵심 요약

당신이 회사를 대표해 어떤 콘퍼런스에 참석한다고 가정해 보자. VIP가 많이 참석할 예정이라 주눅이 든다. 속이 울렁거리기 시작한다. 당신은 아예 빠져 버릴까 고민하고 있다.

하지 말아야 하는 말	해야 하는 말
의심한다 "이 일을 할 수 있을지 모르겠어. 너무 무서운걸."	**생각해 본다** "잘 생각해 보니 이건 엄청난 기회야. 난 이 기회를 잡을 거야."
긴장한다 "업계의 거물을 만났는데 머릿속이 하얘지면 어떡하지?"	**흥분한다** "업계의 아이콘들을 만난다니 정말 기대돼."
엘리베이터 스피치를 지루하게 한다 "음, 제 이름은 티모시고 XYZ 회사에서 일합니다."	**재빨리 연결점을 찾아낸다** "믿을 수 있고 가성비 좋은 컴퓨터를 찾고 싶어 하는 분을 아십니까?"
맡았던 직책을 열거한다 "그 회사에서는 팀장이었고, 다른 회사에서는 프로젝트매니저였습니다."	**해결한 문제를 소개한다** "출시 2주 전에 심각한 설계 결함을 찾아내 해결했습니다."
정보를 너무 많이 제공한다 "그것은 회로시스템을 온라인으로 자동화하는 플랫폼입니다."	**세 가지 "아셨습니까?"로 질문한다** "올해 컴퓨터 평균 판매가가 38퍼센트 하락했다는 사실을 아셨습니까?"
상대방의 이의를 무시하거나 가볍게 넘어간다 "네, 출시가 지연되긴 했어도……."	**상대방의 이의에 대처한다** "왜 출시가 지연되었는지 궁금하실 겁니다. 그 얘기를 꺼내셨으니 구체적으로 말씀드리겠습니다."

23장 제대로 화를 내면 달라지는 것들

"위험(Danger)에서 한 글자만 빼면 분노(Anger)가 됩니다."

_커피 머그잔 글귀

"친구한테 호숫가 제 별장을 공짜로 쓰게 해 줬어요. 그다음 주말에 별장에 가 보니 그 친구가 거길 엉망진창으로 만들어 버려서 그 상황을 도저히 믿을 수 없었어요. 청소는커녕 믹서기를 망가뜨렸는데도 미안하다는 말 한 마디도 없었어요. 전 너무 화가 나서 그 친구와 다시 잘 지낼 수 있을지 모르겠어요."

친구가 별장을 엉망으로 만들었다니 안타깝다. 중요한 것은 앞으로 어떻게 할 것이냐는 문제다. 분노를 참다가 속이 또 새카맣게 타들어가게 하려는가? 부처님 말씀 중에 "화를 잔뜩 품고 있으면 다른 사람에게 던질 뜨거운 석탄을 움켜쥐는 것과 같다. 결국 화상을 입는 사람은 바로 당신이다"라는 말이 있다.

어떤 사람이 우리의 친절을 악용하고 관대한 마음을 남용한다면 부글부글 끓어오르는 분노를 아무 말 없이 참지 말고 문제에 대처하는 자세가 중요하다. 분노는 우리의 권리가 침해당했을 때 나타나는 자연스러운 반응이다. 분노는 상대방이 선을 넘었다는 걸 알려 주는 독특한 경고 시스템이다.

문제는 논리적으로만 생각하려 해서 제대로 분노하지 못하는 사람들도 있다는 점이다. 그 사람들은 과거의 어느 순간에 분노는 미개한 감정이라고 배웠다. 그러나 나는 화를 내는 것이 적절하고, 심지어 중요할 때도 있다는 점을 알게 되었다. 당당하게 목소리를 높이지 않으면 오히려 더 슬퍼질 때가 있다.

이제는 분노에 관해 기존에 품었던 생각을 발전시킬 때다. 그리고 어떤 사람이 우리의 신체·정신 건강을 해치면 우리는 당당하고 건설적으로 말할 권리와 책임이 있음을 인정할 때이기도 하다. 그렇다고 해서 분노를 있는 그대로 쏟아 냈다가 나중에 사과하지 말고 책임감 있게 드러내야 한다.

별것 아닌 일에도 욱하고 화를 내라는 말이 아니다. 영화 〈네트워크(Network)〉를 보면 잔뜩 지친 방송 진행자가 "난 몹시 화났어. 이제 더는 참지 않을 거야!"라며 큰 소리로 외치는 유명한 장면이 있다. 기억에 남는 장면이었지만 소리를 지른다고 아무것도 해결되지 않는다. 그렇게 폭발하듯 분노하면 잠시 기분은 나아질 수도 있지만, 그건 반발하는 데서 나오는 분노이므로 원인 해결에 도움이 되지 않는다. 반발성 분노는 결과를 생각하지도, 상황을 개선하지도 않고 그동안 억눌린 분노를 터뜨릴 뿐이다. 책임감 있는 분노는 결과를 먼저 생각한 뒤에 감정을 분명히 표현하며, 상황을 개선할 수 있는 적극적인 방식으로 감정을 나타낸다.

감정을 행동으로 옮기는가?
아니면 감정에 따라 표현하는가?

"분노는 행동에 따라 자연스럽게 나타나야 합니다.
행동으로 옮기면 안 됩니다."

_줄리아 캐머런(Julia Cameron), 작가

분노를 행동으로 옮긴다는 말은 순간적으로 버럭 화를 내고 생각 없이 말을 내뱉는다는 뜻이다. 내가 여기서 제안하는 'A.N.G.E.R.'는 말하기 전에 생각하고 분노를 효과적으로 표현하는 방법이다. 그 방식을 소개하겠다.

• 무슨 일이 있었는지 파악(Assess)한다.

왜 화가 나는지 스스로에게 질문하자. 무슨 일로 이런 기분이 드는지 알도록 정확한 이유를 찾아내자. 누가 나를 배신했거나 중요한 약속을 어겼는가? 내 욕을 했는가? 앞에서 논의한 머리, 심장, 복부 접근법으로 돌아가 가능한 한 객관적으로 사실을 밝히고 당신이 화가 나게 한 사건을 명확하게 설명하자.

• **극단적인 단어 사용을 금지(Nix)한다.**

앞에서 언급했듯이 극단적인 단어는 극단적인 감정을 불러일으킨다. '양자택일'을 강요하는 말은 화를 부채질한다. "당신은 '항상' 막판에 취소하잖아요"라고 따지면 상대방은 당신의 주장을 부인하는 예외 사항을 하나 찾아서 강조할 것이다.

• **구체적인 사례를 제시(Give)한다.**

정확하게 예를 들수록 생산성이 좋아진다. "당신은 자기 혼자만 중요하지 다른 사람들은 절대 생각하지도 않아"라고 말하지 말고, 당신이 부적절하다고 생각하는 특정 행동을 찾아내자. "오늘 내가 차를 쓸 예정인지 묻지도 않고 차를 가져간 바람에 나는 발이 묶여 버렸어."

• **싫어하는 행동을 비판하지 말고, 해 줬으면 하는 행동을 말로 표현(Express)한다.**

상대방이 한 행동을 불평한다고 해서 없던 일로 되돌릴 수는 없다. 지금부터는 당신이 원하는 것을 명확히 하는 편이 더 효과적이다. "이제부터 차가 필요하면 미리 조율하도록 내 계획이 어떤지 물어봐 줘"라고 말할 수도 있다. 이 단계를 거치면 당신은 얼마나 불편했고 상대방이 배려심이 없었는지 일일이 따지고 설명할 필요가 없을 것이다.

• **핵심이 잘 전달되었는지 확인(Review)한다.**

"이런 일이 다시는 일어나지 않아야 해"라는 식의 마지막 말을 던지는 것은 주도권을 잡으려는 싸움이 되어 갈등을 더 많이 유발한다. 상대방이 행동을 변화시키겠다고 약속하게 하도록 앞으로 어떻게 다르게 행동할지 명확히 밝혀 달라고 하자.

분노를 억누르는 건 좋지 않다

"사랑이 더는 제공되지 않을 때 식탁을 떠나는 법을 배워야 해요."

_니나 시몬(Nina Simone), 가수

'사랑이 더는 제공되지 않을 때' 당신은 어떻게 하는가? 어떤 사람이 반복해서 마음에 상처를 줄 때 '다른 쪽 뺨도 내미는 행동'은 그 쪽 뺨도 때리라는 무언의 허락이 될 수 있다는 걸 알아 두자. 상대방이 당신의 믿음을 저버리거나 선을 넘어 버린다면 책임감 있게 'A.N.G.E.R.'를 표현하는 것은 당신의 권리를 존중받는 데 꼭 필요한 도구가 될 수 있다.

오랫동안 적극적으로 분노를 표현하는 방법을 가르치면서 알아낸 사실이 있다. 바로 사람들 대부분은 '버럭 화를 내지' 않고 주로 다음과 같은 방식으로 분노에 대처한다는 사실이다.

- 부정한다("난 화나지 않았어!").
- 화나지 않은 척한다("난 신경 안 써").
- 봐주고 넘어간다("그 남자는 일부러 못되게 군 게 아니야").

- 무시한다("화낼 이유가 없어").
- 마음속에서 떨치지 못한다("그 여자가 저지른 짓이 자꾸 생각나").
- 툭툭 털고 잊는다("그 사람들은 오늘 기분이 안 좋을 뿐이야").
- 먹는 것으로 때운다("아이스크림이나 먹어야겠다").
- 마음을 진정시킨다("술 좀 마셔야지").

그 결과, 분노가 몸에 쌓여 나중에는 생각을 지배하고 힘을 약하게 하며 마음의 평화를 파괴할 수 있다. 독일계 미국인 신학자인 폴 틸리히(Paul Tillich)는 이런 말을 남겼다. "지루함은 얇게 편 분노다."

당신도 만약 분노를 쌓아 두는 편이라면 위에서 소개한 5단계 절차를 통해 책임감 있게 분노를 표현해라. 그래서 다른 사람들이 이제더는 당신을 학대하지 않게 하고, 당신의 생명력인 에너지를 되살리길 바란다.

분노를 바꾸면 결말도 바뀐다

"과거로 돌아가 시작을 바꿀 수는 없지만,
현재 위치에서 시작해서 결말을 바꿀 수는 있다."

_C. S. 루이스(C. S. Lewis), 작가

어떤 건물 관리인이 반발했다. "샘, 이 방법은 화를 다스리는 무척 타당한 방법 같긴 합니다만, 감정은 주관적이지 않습니까? 어떤 사람이 저한테 욕을 퍼부을 때 어떻게 이성적으로 생각합니까? 지난주에 우리 회사가 관리하는 임대주택에 사는 사람이 전화해서 불같이 화를 냈습니다. 한밤중에 화재 경보가 울리는 바람에 가족들이 겁에 질려 죽는 줄 알았다더군요. 현장에 출동한 소방관들은 벌레가 연기 감지기에 들어가 잘못 작동시킨 걸 알아냈습니다. 하지만 그 여자는 저한테 고래고래 소리를 질렀어요. 저는 맞받아 고함치지 않고 꾹 참느라 힘들었고요."

"말씀 잘하셨어요. 네, 소리를 지르는 것은 화가 나면 보일 수 있는 자연스러운 행동이죠. 하지만 똑같이 화를 내며 응수하면 별로 도움이 안 돼요. 우리는 쉽게 빠지는 파괴적인 반응을 재치 있고 건설적인 반응으로 바꾸기 위해 정신적으로 성숙해져야 합니다."

우리는 '나한테 소릴 지르다니 당신은 정말 뻔뻔하군요!' 같은 머릿속에 떠오르는 생각을 통제할 수 없을지는 몰라도, 그 생각이 얼마나 오래가는지는 통제할 수 있다. 우리는 타오르는 분노를 익숙한 감정으로 바꿀 수 있다. 우리는 올바른 길을 택할 수 있고, 능숙하게 대응할 마음의 여유가 있다는 사실에 기뻐할 수 있다.

C. S. 루이스가 강조했듯이 우리는 이미 벌어진 일의 시작은 바꿀 수 없지만, 책임감 있는 'A.N.G.E.R.' 방식을 써서 대응하면 결말을 바꿀 수 있다.

상대가 뭐라 말하든 올바른 길로 가자

"그들이 수준 낮게 나온다고 해서
우리도 똑같이 수준을 낮추지 않겠습니다."

_ 미셸 오바마, 작가이자 전(前) 영부인

레이사 브루너(Raisa Bruner)는 2018년 타임닷컴(Time.com)에 쓴 기사에서 "좌절에 직면했을 때 미셸 오바마가 한 유명한 말이 자제력을 발휘하게 하는 일종의 슬로건이 되었다"라고 말한다. 미셸 오바마는 그 슬로건이 그녀에게 어떤 의미인지 명확하게 설명했다. "'수준을 낮추지 않는다'라는 말은 마음에 상처를 입거나 감정을 느끼지 말아야 한다는 뜻이 아닙니다. 당신이 보이는 반응에 해결책이 반영되어야 한다는 뜻이죠. 복수심에서 비롯되어서는 안 됩니다. 버락과 저는 그 사실을 알아냈어요. 분노하면 당장은 속이 시원할지 몰라도 앞으로 나아가게 해 주지 않아요."

그것이 바로 행동하는 '주체성(agency)'이다. 온라인 백과사전 인사이클로피디아닷컴(Encyclopedia.com)에서는 주체성을 "자신의 기능, 환경, 생활 형편, 운명에 의도적으로 영향을 끼치는 것"으로 정의한다. "환경의 힘에 반응하며 만들어지거나 숨겨진 내적 충동으로 움직이기보다는, 스스로 조직하고 조절하고 성찰한다"라는 뜻이다.

그렇다! 지금쯤이면 당신은 주체성이 이 책의 처음부터 끝까지 계속되는 주요 흐름이라는 사실을 눈치챘을 것이다. 나는 주체성이 정서적 성숙의 핵심이며, 우리가 지금까지 일어난 일에는 책임이 없다하더라도 다음에 일어날 일에 영향을 끼치기 위해 적극적인 호의를 베풀게 하는 열쇠라고 생각한다.

앞으로 나아가려면, 인생을 살아가려면 사람들이 수준 낮게 나오더라도 당신은 침착하게 행동하고 그 사람들처럼 수준을 낮추지 않는 편이 좋다.

다른 사람들이 화낼 때 개입하는 방법

"갑자기 분노를 터뜨리는 사람들은 항상 끝이 좋지 않아요."

_윌 로저스(Will Rogers), 유머 작가

만약 당신이 누군가가 몹시 화를 내며 서로 싸우는 상황에 개입해야 한다면, 그때는 어떻게 행동해야 할까? 몇 년 전 호놀룰루 경찰청에서 이러한 경우에 대해 언급한 조언을 몇 가지 소개하겠다.

자동차 사고가 났다고 해 보자. 아무도 다치지 않았지만, 차량 두 대가 파손되었고 운전자 둘은 갓길에서 서로 삿대질하며 싸운다.

1. 서로 마주 보지 않도록 두 사람을 떼어 놓는다.

"한 분은 여기에 서 있고, 다른 분은 저기 서세요"라고 말하자. 이렇게 하는 목적은 사람들이 마주 보지 않도록 각자의 공간에서 벗어나게 하기 위해서다. 이렇게 하면 '거리'도 확보할 수 있어서 두 사람이 마음을 가라앉히는 데 도움이 된다.

2. "한 사람씩 돌아가며 자초지종을 듣겠습니다"라고 말한다.

당신이 오기 전 이 두 사람은 '상대방의 기를 꺾으려고' 자기 할 말만 하며 고래고래 소리 지르고 있었을 것이다. 한 사람씩 말하게 하면 그들은 각자 하고 싶은 말을 할 수 있으리란 걸 알고 침착해진다.

3. 메모장을 꺼내서 "어떻게 사고가 났는지 처음부터 말씀해 주세요"라고 말한다.

메모하고 있다는 사실을 알면 미친 듯이 악을 쓰던 사람들도 자초지종을 설명하는 쪽으로 바뀐다. 그들은 서로에게 비난을 퍼붓지 않고, 실제로 무슨 일이 일어난 건지 되돌아보고 차분히 생각한다. 쉴 새 없이 말을 쏟아 내면 받아 적을 수 없으므로 두 사람은 천천히 말해야 하고, 그러면 조금씩 진정된다. 녹음하는 것도 좋다. 그들은 당신이 대화 내용을 녹음하고 있다는 사실을 알면 욕하거나 애매하게 얼버무릴 가능성이 줄어든다. 나중에 불리하게 작용할 수 있기 때문이다.

4. 상대방이 한 말을 소리 내 읽는다.

"제가 잘 이해했는지 확인차 말씀하신 내용을 다시 읽어 보겠습니다"라고 말하자. 다 읽고 나면 그들은 하고 싶은 말이 잘 전달되었다고 생각하고 "네!"라고 대답할 것이다. 그들은 이제 더는 같은 말을 반복할 필요가 없어진다.

어떤 상담 교사가 내게 말했다. "샘, 이 기술은 경찰에게만 통하지 않아요. 학생들끼리 문제가 생겨서 제 사무실로 올 때가 종종 있어요. 그 학생들은 서로를 비난하고 상대방이 먼저 '시작'했다며 저를 설득하려 들 때가 많아요. 저는 그 아이들에게 각각 3분씩 시간을 주고 각자의 생각을 말하라고 하죠. 만약 어떤 학생이 '그건 거짓말이에요. 그게 아니라고요'라며 끼어들면 '네 차례가 되면 말해'라고 한 다음 상대방 학생에게 시간이 얼마 남았는지 알려 줘요. 말할 시간을 제한하면 학생은 자기 말만 늘어놓지 않고 대화에 집중해요." 그 교사는 미소를 짓더니 말을 덧붙였다. "맞아요, 아이들이 한 말을 적었다가 제가 다시 읽어 주면 바로 '네' 해요."

이혼을 눈앞에 두고 있는 한 여성도 말을 보탰다. "절 학대했던 전 남편에게 이 방법을 썼어요. 그런데 저는 글로 적지 않고 휴대전화를 들고 이렇게 말했죠. '마크, 이 대화를 녹음하겠어. 방금 나한테 뭐라고 그랬어?' 그는 자신의 언어폭력이 이혼 변호사에게 전달될 것이고, 그러면 좋지 않을 것이니 이후로는 말조심하더군요."

자, 당신을 화나게 했던 상황 또는 어떤 사람이 당신에게 화풀이했을 때를 떠올려 보자. 그때 어떻게 대처했는가? 분노를 억누르거나 반발하듯 표출했는가? 아니면 책임감 있게 표현했는가? 그 상황을 다시 돌릴 수 있다면 이번에는 어떻게 다르게 대처하겠는가?

마지막으로 다음 사항을 잘 기억해 두자. 상대방이 그냥 화를 내는 정도가 아니라 신체적·정신적으로 위험하다는 직감이 들면 즉시 그 상황에서 벗어나자. 어떤 사람이 당신이나 다른 사람들에게 위험을 가한다는 느낌이 들 때 실행해야 할 구체적인 방법은 뒤에서 다시 다루겠다.

핵심 요약

이 장의 첫 부분에 나왔던 '호숫가 별장' 상황으로 돌아가 보자. 이 사건 때문에 친구 관계를 망치지 않고 적극적으로 대처하는 몇 가지 방법을 소개하겠다.

하지 말아야 하는 말

분노를 행동으로 옮긴다
"배려심 없는 짓 때문에 화가 나서 미치겠어."

분노를 억누른다
"친구를 잃고 싶지 않으니 그냥 넘어가야겠다."

당신을 화나게 한 친구를 비난한다
"내 별장을 엉망진창으로 만들다니 우리 우정은 아무것도 아니었어."

친구가 뭘 잘못했는지 말한다
"넌 청소하지도 않고 그냥 가 버렸어. 앞으로는 네 부탁을 들어주지 않을 거야."

해야 하는 말

분노를 표현한다
"오늘 밤 친구에게 전화해서 이 일을 제대로 처리하라고 해야겠어."

책임감 있게 분노를 나타낸다
"내 기분이 어떤지 알려 줘서 그 친구가 이 문제를 바로잡게 해야겠다."

화가 난 이유를 명확하게 설명한다
"별장에 가 보니 청소가 안 되어 있었고 믹서기도 고장나 있었어."

상황을 바로잡도록 요청한다.
"믹서기를 고치고 별장을 청소해 줬으면 해."

5부

그만, 그만 친절해라

"성공한 사람들 대부분은 미래가 현재보다 좋아질 수 있고,
나는 그렇게 만들 힘이 있다는 두 가지 믿음에서 시작합니다."

_ 데이비드 브룩스(David Brooks), 문화 평론가

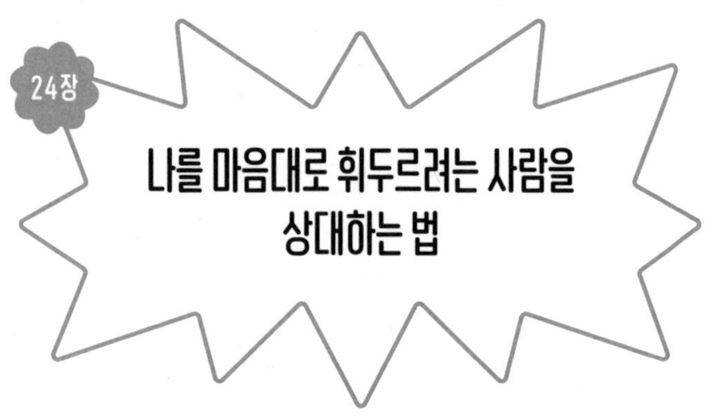

나를 마음대로 휘두르려는 사람을 상대하는 법

"난 잘난 척하고 싶지 않아요. 그건 깔보는 거예요."

_웬디 모건(Wendy Morgan), 배우

"엄마는 저를 확 열 받게 만드는 법을 정말 잘 알아요. 아주 뼛속까지 타고 난 사람이에요. 엄마는 자기가 희생자라도 된 척해요. 엄마가 저를 죄책감에 시달리게 만드는 걸 멈출 방법이 있을까요?"

나는 이 질문을 한 여성에게 답했다. "남을 조종하는 사람들은 상대방 감정의 치명적인 약점을 찾아 노린다는 점을 잘 알아 두세요. 당신이 어떤 주제에 예민하다면 그 부분을 집중적으로 공격할 거예요. 그러면 당신이 꼼짝하지 못한다는 걸 잘 알기 때문이에요."

그녀가 대답했다. "방금 깨달았어요. 이젠 엄마가 저를 왜 이기적이라고 욕하는지 알았어요. 저는 절대 이기적인 사람으로 여겨지고 싶지 않았어요. 그래서 엄마가 원하는 것을 주지 않으면 엄마는 대놓고 절 이기적이라 비난하고, 그러면 저는 어쩔 수 없이 굴복하고 말아요."

"남을 조종하는 사람들은 그렇게 행동해요. 그들은 당신의 약점을 파헤칠 뿐만 아니라 자신의 약점을 당신에게 투사할 때도 종종 있어요. 그건 '똥 묻은 개가 겨 묻은 개 나무란다'라는 말의 대표적인 사례예요."

"아, 흩어진 퍼즐 조각들이 제자리에 맞춰지는 듯해요. 엄마는 제가 아이들에게 나쁜 엄마라고 비난하지만, 엄마야말로 사사건건 트집 잡는 사람이에요. 제가 뭘 하든 엄마 눈에 차지 않아요."

내가 질문했다. "이 악순환을 끊고 싶어요? 그럼, 질문이 있어요. 다른 사람들도 당신을 이기적이라고 생각하나요?"

"정반대예요. 친구들은 제가 남들을 무척 아낀다고 해요."

"바로 그거예요. 남을 조종하는 사람들의 목표는 당신이 스스로에게 의문을 품게 만드는 것이거든요. 그들은 당신의 자신감을 약하게 만들어 쉽게 조종하고 싶어 해요. 만약 여러 사람이 비슷한 피드백을 주면 당신은 그 말에 동의하지 않더라도 그 피드백의 타당성을 검토해 볼 만해요. 하지만 어떤 사람의 피드백이 사람들 대부분의 생각과 정반대라면 그건 당신이 아니라 그 사람에게 더 어울리는 말이에요."

"오, 그거 말 되네요. 전 이제야 엄마가 자신의 성격 결함을 저에게 투사하고 있다는 걸 알았어요."

"좋아요. 그럼 이제 더는 엄마가 당신을 기분 나쁘게 하지 못하도록 엄마에게 어떻게 말할지 잘 생각해 봅시다."

당신이 이 상황이라면 어떻게 말하겠는가? 이건 어떨까. "엄마, 전에는 엄마가 저에게 말로 상처를 줬지만 이젠 끝이에요. 이제부터는 달라질 거예요. 이젠 욕하지 않기로 해요. 절대로요. 전 엄마를 비난하지 않을게요. 엄마도 저를 모욕하지 마세요. 어느 한쪽이 욕하면 대화는 끝이에요."

약속을 지키자. 만약 엄마가 "넌 뭐가 문제인지 아니? 넌 이기적이야……"라며 욕하기 시작하면 "엄마, 우리 동의했잖아요. 욕하지 말고 제게 하고 싶은 말이 있으세요?"라고 묻자.

만약 "어떻게 이런 것으로 날 비난할 수 있니?! 그러면 내 심장에 좋지 않아"라며 희생자인 척한다면 "엄마, 사랑해요, 내일 다시 얘기해요"라고 말하고 자리를 비우자. 그렇다. 식당에 있거나 가족 모임 중이더라도 마찬가지다. 통화 중이라면 "엄마, 우리가 한 약속을 지킬 준비가 되면 이번 주말에 다시 전화해도 돼요"라고 말하자.

앞에서 말했듯이 당신은 못되게 구는 게 아니라 진심을 말하고 있다. "우리는 서로를 존중할 것이고, 저는 우리 두 사람이 그 약속을 지키도록 하겠어요"라고 말해야 한다.

상처를 주는 사람에게 가지 마라

"의사에게 다리가 두 군데(two places) 부러졌다고 했어요.
의사는 '그런 장소(to those places)는 가지 마세요'라고 하더군요."

_헤니 영맨(Henny Youngman), 코미디언

해를 끼치는 사람들이 당신에게 계속 접근하고, 그걸 내버려 둘 때의 위험성을 알려 주는 유명한 이야기가 있다.

악어가 강을 건너려는데 지나가던 전갈이 등에 태워 달라고 부탁했다.
악어가 말했다. "농담이겠지. 내가 왜 태워 주겠냐? 너한테 쏘일 텐데."
전갈이 말했다. "내가 왜 너를 쏘겠어? 나도 너처럼 강을 건너고 싶어."
"절대 안 돼." 악어는 단칼에 거절했다. "널 못 믿겠어."
전갈은 악어를 안심하게 했다. "이봐, 내가 널 쏘면 우리 둘 다 물에 빠져 죽는다고. 내가 왜 그렇게 멍청한 짓을 하겠어?"
악어는 그 말이 옳다고 인정하고 마지못해 부탁을 들어주기로 했다.
"좋아, 어서 등에 타."
전갈은 악어 등에 올라탔고, 악어는 강으로 기어들어 갔다. 아니나 다를까, 강을 절반쯤 건넜는데 전갈이 악어를 독침으로 쐈다. 깜짝 놀란 악어가 외쳤다. "왜 그랬어? 이제 우린 둘 다 죽을 거야."
물에 빠져 허우적거리던 전갈이 말했다. "나는 전갈이야. 원래 그런 놈이라고."

"호랑이는 줄무늬를 바꾸지 않는다"라는 말을 들어 봤는가? 남을 조종하는 사람들은 호랑이나 전갈처럼 천성이 바뀌지 않는다. 그 사람들에게 조종당하는 걸 막을 수 있는 유일한 방법은 그들에게 허점을 보이지 않는 것이다. 이 장에서는 그렇게 할 방법을 몇 가지 소개하겠다.

내 프로그램에 참여했던 메이라는 여성이 내게 말했다.

> 몇 년 전에 이 워크숍에 참여했어야 했어요. 제 오빠는 조울증을 앓아요. 약을 먹거나 '우울'한 상태에 있는 때는 괜찮지만 조증 상태가 되면 굉장히 공격적인 모드로 변해요.
>
> 저는 부동산 중개인이어서 저녁과 주말에는 고객에게 집을 보여 드리느라 바쁠 때가 많아요. 저는 전문가로서 일을 잘하지만, 육아에 대해서는 그만큼 자신감이 없어요. 오빠는 제가 이 문제에 예민하다는 것을 알고 일부러 공격 대상으로 삼아요.
>
> 한번은 저한테 전화해서 제 아이들이 저를 싫어한다며 악의에 찬 욕설을 한바탕 쏟아 냈어요. 전화를 끊고 나자 여동생은 제 얼굴을 두 손으로 감싸고 저를 위로했죠. "내 눈을 봐. 이제부터 내가 하는 말을 잘 기억해. 오빠의 행동은 치료가 필요해. 언니 잘못이 아니야. 오빠가 더 나아지게 하려고 언니가 할 수 있는 일은 없어."
>
> 여동생은 도저히 말로 나타낼 수 없었던 제 감정을 표현해 줬어요. 저는 오빠가 '정신 차리고' 말을 할 수만 있다면 그동안 내게 얼마나 끔찍하게 굴었는지 마침내 깨닫고 사과하리라 늘 믿었거든요. 동생은 오빠가 변하지 않을 것이라며 저를 설득했고, 저도 이제 더는 오빠에게 저

를 파괴할 기회를 주지 않기로 했어요.

여동생은 커다란 투명 비닐이 저를 둥글게 둘러싼 모습을 머릿속에 그려 본 다음, 화살처럼 날아온 오빠의 욕설이 그 비닐 공에 맞고 그대로 튕겨 나가는 모습을 상상해 보라고 했어요. 이 방법은 대부분 효과가 있어요. 하지만 제가 조금이라도 방심하면 오빠가 또 괴롭혀요. 얼마 전 오빠는 저한테 차라리 부동산 일에만 신경 쓰고 육아는 능력 있는 다른 사람에게 맡기라며 비난하는 이메일을 보냈어요. 제가 울고 있을 때 마침 여동생이 전화해서 무슨 일이냐고 물었어요. 동생은 제 대답을 듣고 한마디 툭 던졌는데, 정신이 번쩍 들더군요. "언니, 그 이메일을 왜 읽었어? 오빠가 어떤 사람인지 알면서."

"좋은 질문이야. 오빤 지금 조증 상태인데 난 왜 그 이메일을 읽었지? 방심하고 말았어. 이번에도."

왜 우리는 스스로에게 이런 짓을 할까? 한 가지 이유는 우리는 어떻게 인간이 알면서도, 특히 전에 사랑했거나 사랑해야 할 사람에게 상처를 주는 행동이라는 사실을 알면서도 왜 일부러 잔인하게 구는지 이해할 수 없기 때문이다.

이제 우리는 그런 일이 벌어지는 장소에 가지 말아야 하고, 우리에게 끊임없이 상처를 주는 사람들에게 가지 말아야 한다.

언어폭력을 참을 필요가 없다. 언어폭력을 저지른 사람에게 앞으로는 그 징후가 또 보이면 전화를 끊거나 이메일을 읽지 않겠다고 알리자. 문자와 SNS 메시지를 화면 캡처하고 음성 메일과 이메일을 보관해서 부적절한 언행을 증거로 남기겠다고 그 사람에게 알리자.

사람들 앞에서 언어폭력을 당한다면

"관용은 존경스럽습니다.

언어폭력에 대처할 때는 무관용이 훨씬 더 존경스럽습니다."

_샘 혼

대화법 트레이너인 안젤라 테니슨(Angela Tennison)을 인터뷰할 기회가 있었다. 당시 안젤라는 버락 오바마 대통령과 그의 가족이 사는 백악관 대통령 중앙관저에서 수석매니저로 일하고 있었다. 그녀에게 물었다. "일하면서 힘든 상황을 겪었을 거예요. 어떤 사람이 도를 넘은 행동을 하면 어떻게 대처했나요?"

질문을 마치자마자 안젤라는 전에 백악관 이스트룸에서 어떤 사람이 대통령에게 야유를 퍼부었던 상황을 떠올렸다. "지금 거기서 일하는 중이야?"라고 묻는 친구들의 메시지가 쏟아져 휴대전화가 '폭발'할 지경이었다고 했다. 당시 그녀는 근무 중이 아니었고, 친구들은 이렇게 말했다. "네가 거기 있었더라면 뭔가 조치했을 테니 네가 근무 중이 아닐 거라고 생각했어!"

나는 안젤라에게 질문했다. "그 현장에 있었더라면 어떻게 했겠어요?"

"야유를 보내는 사람에게 가서 '때와 장소를 골라가며 하시죠. 지금 이곳은 아닙니다'라고 말했을 거예요."

완벽한 답변이다! "만약 그 사람이 당신 말을 무시하고 대통령을 계속 야유했다면요?"

"그러면 보안 요원에게 그 사람을 데리고 나가 달라고 요청했을 거예요. 다른 사람 집에 초대받았는데 그렇게 행동하다니 무례했고, 저는 가만두지 않았을 거예요."

당신은 이런 생각을 하고 있을지도 모른다. '잘했군, 하지만 나한테는 야유를 쏟아 내거나 폭언을 하는 사람을 내보낼 보안 요원이 없어.' 그렇다면 그 자리를 떠나자. 언어폭력을 행사하는 사람에게 마음대로 떠들 기회를 주지 말자. 그들이 이성적으로 말을 듣지 않고 당신 또는 다른 사람들을 해치려 한다면 다른 장소로 가야 한다. 어떤 사람이 야유를 보내거나 언어폭력을 가할 때 써 볼 만한 몇 가지 표현을 소개하겠다.

- "잘 못 들었어요. 다시 말씀해 주시죠."
- "그런 말은 다른 데 가서 하세요."
- "그렇게 말해도 되는지 잘 생각해 봐. 이 대화는 사람들이 듣고 있고, 또 녹음되는 중이야."
- "미안하지도 않아? 내 집(사무실)에선 그런 식으로 말하지 마."
- "우린 그렇게 말하지 않아요. 다시 말해 보세요."
- "부끄러운 줄 아세요. 이번에는 정중하게 말씀하시죠."
- "녹음할게요. 아까 한 말 다시 말해 볼래요?"

전에 공항 택시를 탔을 때 일이 생각난다. 택시 기사에게 근처 호텔까지 데려다 달라고 했다. 그러자 그 기사는 생각해 낼 수 있는 온갖 욕설을 마구 퍼부었다. 나는 그가 왜 화가 났는지 알았다. 공항에서 승객을 태우려고 몇 시간을 기다렸을 테고, 승차 요금이 10달러 말고 100달러는 나오길 기대했을 것이다. 생계를 위해 하루에 12시간에서 14시간씩 일할 때가 많은 택시 기사들을 생각하면 이해가 간다. 나는 짧은 거리에는 주로 팁을 많이 줘서 보상하지만, 기사가 내게 욕지거리를 쏟아 내면 그럴 생각이 없다.

나는 가방에서 펜과 종이를 꺼내 계기판에 있는 그의 면허증을 유심히 보며 공손하게 물었다. "실례합니다만, 기사님 이름 스펠링이 어떻게 되나요?" 그러자 그는 내가 내릴 때까지 입을 싹 다물었다. 호텔에 도착하자 그는 황급히 차에서 내려 뒷좌석으로 와 문을 열어 주며 부탁했다. "제발 신고하지 마세요."

어떤 사람에게 행동을 고치게 하려면 이름 스펠링을 물어보기만 하면 될 때가 가끔 있다. 그들은 자신의 행동이 기록되는 걸 원하지 않는다. 그리고 앞으로는 그런 행동을 하지 않을 것이다.

수동적 공격 성향의 사람을 대하는 방법

"날 경멸하는군, 그렇지?"

"글쎄, 내가 당신을 조금이라도 생각했다면 그랬을 거야."

_ 영화 〈카사블랑카(Casablanca)〉에서

세미나에 참석한 어떤 리더가 말했다. "제가 직장에서 대하는 사람은 이보다 더 비열해요. 그 여자는 드러내 놓고 못되게 굴지는 않지만,

말로 상대방을 비꼬는 데 선수예요."

내가 물었다. "어떻게 말하는데요?"

"음, 전 아이들을 병원에 데려가려고 휴가를 내고 일찍 퇴근할 때가 있어요. 그러면 그 여자는 '아이들이 있으면 일찍 퇴근할 핑곗거리가 늘 있으니 좋겠어요'라며 빈정대요."

나는 그 리더에게 말했다. "네, 그건 '수동적 공격 성향(Passive-Aggressive)'에 해당해요. 수동적 공격 성향은 겉으로는 악의 없거나 우발적이거나 중립적인 듯하지만, 무의식에 깔린 공격적인 동기를 간접적으로 드러내 보이는 행동입니다."

여기서 핵심 단어는 '간접적으로'다. 수동적 공격 성향이 있는 사람들은 생각을 솔직히 말하지 않고 이른바 '양의 탈을 쓴 늑대'처럼 말한다. 양의 탈을 쓴 늑대처럼 말하는 것은 당신을 불편하게 하려는 목적이지만, 당신은 이유를 모른다. 말 자체만 보면 악의 없어 보일 수 있지만 그 속에는 당신을 모욕하려는 암시가 담겨 있다. 그 말을 들으면 당신은 어쩐지 기분이 나쁜데 왜 나쁜지 그 이유를 정확히 집어낼 수 없다. 내 말이 무슨 뜻인지 알 것이다.

- "줄무늬 옷을 더 자주 입도록 해. 정말 날씬해 보이거든."
- "멋진 생일 파티를 열어 주다니 고마워요."(생일 파티를 열어 주지 않은 상황일 때)
- "예의 없게 굴고 싶지 않지만……"(예의 없게 굴려는 뜻이 분명할 때)
- "이런 말 하기 싫지만……"("사실은 이 말 꼭 하고 싶었어"라고 에둘러 말할 때)

수동적 공격 성향의 사람들은 감정에 상해를 입히는 뺑소니 운전자들이다. 그들은 감정을 치고 나서 "누구, 내가?"라며 모른 체한다. 그렇다면 수동적 공격 성향의 사람들과 같이 있을 때 그들의 눈치만 보며 조심조심 말하지 말고 어떻게 반응해야 할까?

• 그들의 숨겨진 의도는 무엇인지 생각해 본다.

그들이 직접 말로 전달할 용기가 없어서 당신이 알아차리길 바라는 것은 무엇인가? 그들은 당신이 어떤 것에 기분 나빠하길 바라는가?

• 어느 부분에서 상대방의 이중적인 태도가 느껴지는지 질문한다.

상대방의 말과 몸짓이 서로 모순되는가? 태연한 척하려고 하지만 드디어 한 방 먹였다며 눈빛으로는 웃고 있는가? 뭔가 달콤한 이야기를 하지만, 어쩐지 귀에 거슬리고 솔직하지 않다는 느낌이 드는가?

• 상대방의 본심을 공개한다.

"저한테 빨리 결정하라고 재촉하는 건 아니겠죠, 그렇죠?", "월터, 이 일에 날 끌어들이지 마"라고 말해서 그들의 은밀한 전략을 드러내자. 상대방은 그게 아니라고 종종 부인하거나 심지어 "과민하게 반응한다", "이야기를 꾸며 낸다"라며 오히려 당신을 비난할 수도 있다. 상대방이 당신에게 더러운 진흙을 던지는 것은 그들이 피하고 싶어서 하는 행동이라는 점을 잘 알아 두자.

• 그들이 짜놓은 각본에 휘말리지 않는다.

무슨 일이 있어도《이상한 나라의 앨리스》에 등장하는 침착한 체셔 고양이처럼 행동하자. "줄무늬 옷을 더 자주 입도록 해"라는 말은 당신이 체중에 민감할 때만 가시 돋친 말로 들릴 것이다. 살이 찐 당신을 기분 나쁘게 하려고 하는 말이라면 그저 웃으며 "고마워. 나도 이 옷이 마음에 들어"라고 대꾸하자. 일찍 퇴근한다고 빈정대는 여성에게는 "맞아. 아이들을 낳아서 참 좋아"라고 말하고 그걸로 끝내자.

• 핵심 사실을 인정한다.

상대방의 말이 부분적으로 사실이라면 그 부분을 인정하고 그에 따라 행동하자. 생일 파티를 깜박했다며 거듭 사과하거나 "난 사람 마음을 읽을 수 없어. 생일 파티를 원했다면 미리 말했어야지"라며 반박하지 마라. "베라, 생일 파티를 열어 줄까? 그렇다면 누구를 초대하고 언제 어디서 할까?"라고 물어보자.

수동적 공격 성향의 사람들을 대하는 방법, 그리고 똑같이 비꼬고 싶은 유혹에 넘어가지 않는 방법은 그들에게 진실을 말하고 있는지 묻는 것이다. 뭔가 비열하다는 느낌이 들면 상대방의 눈을 쳐다보고 이름을 부르며 질문하자. "조지, 무슨 말을 하려는 건가요?"

상대방은 무슨 소릴 하냐며, "아무것도 아니에요"라며 대수롭지 않게 넘기려 할 수도 있다. 그냥 넘어가지 말자.

영화배우 헬렌 미렌(Helen Mirren)은 젊은 시절에 한 텔레비전 인터뷰에서 상대방의 부적절한 언행을 그냥 넘어가지 않는 훌륭한 사례를 보여 줬다. 당시 진행자였던 마이클 파킨슨(Michael Parkinson)은 그녀의 '부품' 때문에 여배우로서 진지하게 받아들여지기 어렵지 않은지 음흉한 질문을 던지며 그녀의 가슴을 가리켰다.

헬렌 미렌은 그 말을 듣고 그냥 봐줄 사람이 아니었다. 그녀가 물었다. "내 손가락을 말하는 건가요?"

마이클 파킨슨은 멈칫하더니 집요하게 달라붙었다. "아닙니다. 당신의 신체 특징을 말하는 겁니다."

그녀가 답했다. "진지한 여배우는 가슴이 커서는 안 된다. 그런 뜻인가요?"

그의 성차별 발언을 듣고 가만히 넘어가지 않은 그녀에게 찬사를 보낸다.

당신 주변에도 은근히 헐뜯는 발언을 하고도 슬쩍 넘어가려는 사람이 있는가? 확실히 지적하자. "죄책감을 심으려 하다니. 그런 건 나한테 통하지 않아요. 또 뭐라고 할 건가요?" 또는 "에둘러 말하지 마세요. 숨은 뜻을 알아내기 싫으니 당신 생각이 진짜 어떤지 말하세요"라고 말하자.

상대방은 아니라며 시치미를 떼겠지만, 당신이 그들의 수법을 언급하면 무력화시킬 수 있다.

누군가 당신을 가스라이팅한다는 생각이 든다면

"가스라이팅은 우리 자신의 기억과 인식, 판단을 의심하게 하고

정신적인 균형을 잃게 만듭니다.

마치 중간 지대에 들어와 있는 상태와 같습니다."

_데이나 아르쿠리(Dana Arcuri), 작가

가장 은밀하게 진행되는 조종 유형 중 하나는 가스라이팅이다. 가스라이팅을 겪었거나 어떤 사람이 가스라이팅을 당하는 것을 본 적이 있다면, 이 교활하고 기만적인 전략은 사람을 뒤죽박죽 혼란스럽게 만들어 이제 더는 무슨 일이 벌어지고 있는지 알 수 없도록 설계되었다는 사실을 알 것이다.

가스라이팅이란 용어는 1938년 패트릭 해밀턴(Patrick Hamilton)의 희곡 〈가스등(Gas Light)〉에서 유래했으며, 여기서 아내를 교묘히 조종하는 남편은 아내의 정신 상태를 매번 의심하게 만들어 결국 그녀를 미치게 한다.

가스라이팅을 하는 사람들은 바로 그런 식이다. 그들은 말로 교묘한 속임수를 부리고, 상대방이 틀렸다고 인정하게 만들고, 혼란스럽게 하며, 사람을 지치게 만드는 거짓말을 일삼고, 사실을 왜곡하여 현실 감각을 일부러 서서히 무너뜨린다.

어떤 상담사가 이야기를 하나 들려줬다.

대학 다닐 때 제 룸메이트는 겉으로 보기에 완벽한 남자와 결혼했어요.

그 남자는 믿을 수 없을 만큼 잘생긴 데다 그 친구를 데리고 깜짝 여행도 다니고 비싼 선물도 사줬어요. 그런데 결혼 후 얼마 되지 않아 그 친구는 남편이 바람을 피운다는 의심이 들었어요. 문제는, 그 얘기를 꺼낼 때마다 남편은 버럭 화를 내고, 자기를 그런 식으로 비난하다니 믿을 수 없다며 고래고래 소리를 지른다는 거예요. 그 남자는 아내가 자신을 바람피울 수 있는 남자라고 생각했다는 사실 자체만으로 마음 깊이 상처를 입었다고 했어요. 그리고 자신의 사랑을 어떻게 의심할 수 있냐며 자기가 얼마나 기분 나빴는지 난리를 피우는 통에 친구는 더 따져 묻는 걸 포기했어요.

두 사람은 마침내 부부 상담을 받기로 했지만, 그 남자는 상담사에게 무척 매력적으로 설득력 있게 말해서 제 친구는 자기가 잘못 안 것으로 하기로 했지요.

그런데 이런 일이 몇 년 더 계속되다가, 하루는 남편의 휴대전화에 문자가 온 걸 친구가 확인했어요. 그동안 의심했던 게 결국은 전부 사실이었음을 확인하는 문자였어요. 친구의 남편은 바람을 피우고 있었어요. 그런데 친구가 증거물을 손에 들고 남편에게 따졌을 때도 남편은 이런저런 변명을 대며 빠져나가려고 했다는 거예요.

그 친구가 이런 것에 넘어갈 수밖에 없었던 이유 중 하나는, 자기를 사랑한다는 사람이 일부러 자기를 속이며 동시에 자기가 '미쳤다'라는 생각을 교묘하게 심었다는 사실을 도저히 이해할 수 없었기 때문이에요.

만약 누군가가 당신을 조종하고 있다는 '의심'이 들 때를 대비해서 그들이 즐겨 사용하는 가스라이팅 표현을 몇 가지 알려 주겠다.

- “또 지어내고 있군.”
- “와, 상상이 지나치잖아.”
- “얼마나 크게 착각하고 있는지 알아?”
- “넌 그냥 질투하는 거야.”
- “넌 과민 반응을 하고 있어. 절대로 그런 일은 없었어.”
- “너무 과장하지 마.”
- “아주 피해망상에 빠졌군.”

위의 공격적인 표현들은 당신을 수세에 몰리게 하려고 만들어졌다. 9장에서 다룬 내용을 기억하는가? 9장에서 사람들이 헛소문을 퍼뜨릴 때 대응하는 방법에 대해 이야기했다. 상대방이 내뱉은 부정적인 단어를 반복해 말하지 말자. “난 피해망상이 아니야”라고 반박하면 당신을 비난하는 그들에게 힘을 실어 주고 보상을 줄 것이다.

상대방의 심리 게임은 당신에게 평정심을 잃게 해서 혼란스럽고 당황하게 만든다는 점을 기억하자. 그들의 목표는 그들 자신 말고 당신에게로 주의를 돌리려는 것이다. 그들은 당신이 그들의 행동에 집중하지 못하고 그들이 던진 말을 반박하느라 정신없게 만들 만큼 언어폭력을 행사해서 목표를 달성한다.

“지어내는 게 아니거든!”이라고 감정적으로 반응하지 말고 낮은 목소리로 천천히 “아담, 증거가 전화기에 남아 있어” 또는 “수잔, 당신이 저지른 일에 책임을 지세요”라고 말하자.

두려워하며 살고 있다면 어떻게 해야 할까?

"두려워하며 사느라 꿈을 이루지 못하는 사람들이 너무 많습니다."

_레스 브라운(Les Brown), 작가

잘 알아 두자. 당신을 조종하려는 사람들은 당신이 꿈을 추구하지 못하도록 두려워하며 살기를 원한다. 당신을 그들의 노예로 삼기 위해 별 볼 일 없는 존재로 만들고 싶어 한다. 그들에게 의문을 제기할 용기를 갖지 못하도록 당신 자신에게 의문을 품게 만들고 싶어 한다. 그들의 목표는 당신이 그들을 무서워하고 그들에게 자신 있게 도전하지 못하도록 눈치를 보며 조심조심 걷고 말하게 만드는 것이다.

짐작하다시피, 이 복잡한 주제를 이 장에 충분히 담을 수는 없다.

당신을 조종하려는 사람을 상대해야 한다면, 혹은 누군가 그런 상황에 처해 있어서 도움이 필요하다면 전문적인 조언을 해 줄 수 있는 상담사나 책의 도움을 받길 바란다.

조종하려는 자들의 입장에서는 이 상황은 일종의 게임과 같다. 그들의 게임에 휘말리지 않을 대응책을 찾아 그들이 이제 더는 당신에게 상처를 주지 못하도록 하자.

핵심 요약

처남이 금전적인 어려움을 또 겪고 있다고 가정해 보자. 돈을 빌려 달라고 찾아온 것이 벌써 세 번째다. 처남은 반드시 갚겠다고 약속하지만, 돌려받지 못하리란 걸 당신은 안다.

하지 말아야 하는 말	해야 하는 말
압박에 굴복한다 "난 돈을 많이 버니까 구두쇠처럼 굴지 말아야겠다."	**적극적으로 행동한다** "돈이 필요한 건 알겠어. 그리고 난 이제 더는 가족에게 돈을 빌려주지 않아."
가스라이팅하는 상대방의 말을 듣고 불같이 화낸다 "전에도 돈을 빌려줬는데 어떻게 내가 이기적이라고 말할 수 있어?"	**가스라이팅 하는 상대방의 힘을 뺀다** "마일스, 지난번에는 그렇게 해서 돈을 빌려 갔지만 이번에는 안 될 거야."
극적인 상황에 빠져든다 "나도 나보다 다른 사람들을 더 많이 생각해."	**극적인 상황과 거리를 둔다** "내 최종 대답은 안 된다는 거야, 마일스."
언어폭력을 당해도 참는다 "날 그렇게 욕하다니 믿을 수 없군."	**언어폭력을 당하면 참지 않는다** "마일스, 내 집에서 나가. 지금 당장."

25장

괴롭히는 사람에게 계속 친절할 필요가 없는 이유

"고등학교에서는 루저 같은 애들만 괴롭힘을 당하지 않아요. 집적거리고 괴롭히는 건 워낙 다양한 형태로 나타나니까요."

_레이디 가가(Lady Gaga), 뮤지션

"흔히 말하는 윈-윈 기법들은 사람들 대부분에게 효과가 있을 거예요. 하지만 저는 이 모든 걸 무시하는 사람을 상대해요. 그 남자는 사람들이 자기에게 방해된다 싶으면 억지로 밀어붙여요. 그래서 우린 그 사람이 화를 내지 않게 하려고 조심조심 눈치 보고 다녀요. 말씀하신 모든 방법을 시도했는데도 효과가 없다면 어떻게 해야 할까요?"

서로에게 이득이 되는 윈-윈 기법들은 다른 사람들과 잘 지내고 싶어 하는 사람들에게는 정말 효과가 있다. 그런데 안타깝게도 자기 혼자만 이기고 싶어 하는 사람들도 있다.

당신이 어떤 일을 하는 사람이든 다른 사람들을 계속 불쾌하게 만드는 사람과 같이 일하거나 살아야 하는 불행을 겪고 있다면, 곧 소개할 2분짜리 퀴즈를 풀어 보길 바란다. 당신이 대하는 사람이 이른바 '5퍼센트'에 해당하는지 판단하는 데 도움이 될 수 있다.

대수롭지 않게 남을 괴롭히는 '5퍼센트의 사람들'

"이 공간에 가져오는 에너지에 책임감을 가지세요."

_ **질 볼트 테일러(Jill Bolte Taylor), 신경해부학자**

남을 괴롭히는 사람들은 자신이 어떤 공간으로 가져오는 에너지에 책임을 지지 않는다는 사실을 잘 알아 두자. 그들의 목표는 당신의 공간에 침입하여 그 공간을 소유하는 것이다. 그들은 목적을 달성하려고 무슨 짓이든 할 것이다.

미국언어청각협회는 내게 연례 콘퍼런스에서 이 주제에 대해 강연해 달라고 요청했다. 너무 많은 참석자들이 2분 퀴즈를 풀기 전까지는 자신이 남을 괴롭히는 사람을 상대하고 있었다는 사실을 꿈에도 몰랐다고 대답해서 나는 무척 놀랐다.

참석자들은 남을 괴롭히는 사람들의 특징과 패턴을 알아내는 방법을 가르쳐 준 사람이 아무도 없어서 자신이 그런 사람들을 상대하고 있었다는 사실을 몰랐다고 했다. 또한, 다른 사람들을 지적하거나 꼬리표를 붙이지 말라고 배웠으므로 '내가 뭘 잘못했지?', '내가 이 일에 무슨 책임이 있지?', '나는 왜 이 일을 내 삶에 끌어들이는 걸까?', '어떻게 하면 더 공감할 수 있을까?' 같은 질문만 스스로에게 던질 수밖에 없었다.

자신의 잘못된 행동을 인정하는 일은 아름답지만, 남을 괴롭히는 사람들에게는 역효과를 불러일으킨다. 이들은 바로 '5퍼센트의 사람들'로 다음과 같은 특징을 가지고 있다.

95퍼센트의 사람들	5퍼센트의 사람들
가끔 까다롭다.	일부러 까다롭게 군다.
잘못된 것을 고치려 한다.	당신이 잘못한 것처럼 만들려고 한다.
협력하고 싶어 한다.	통제하고 싶어 한다.
규칙을 따른다.	자기만의 규칙을 만든다.
양심이 있다.	양심이 없다.
잘못을 인정하고 책임을 진다.	다른 모든 사람의 잘못으로 돌린다.
자기반성을 하고 말과 행동을 스스로 고친다.	자기반성을 하지 않거나 말과 행동을 스스로 고치지 않는다.

이 중에서 익숙한 내용이 있는가? 당신을 정말 힘들게 하는 사람이 이런 행동을 가끔 하지 않고 일부러 한다는 사실을 알겠는가? 이 사람들은 바라는 것을 얻어 내기 위해 남들을 통제하고 조종하고 학대하는 성향과 패턴을 가지고 있다는 사실을 알고 있는가?

과연 이들을 어떻게 알아볼 수 있을까? '5퍼센트의 사람들'을 구별하기 위한 퀴즈가 있다.

당신의 마음을 끊임없이 심란하게 하거나 혼란스럽게 하고, 당신이 틀렸다거나 잘못했다거나 보잘것없다거나 '충분치 않다'라고 생각하게 만드는 사람을 떠올려 보자.

문항마다 1점부터 5점까지 중에서 점수를 매기자(1점=거의 없음, 5점=거의 항상).

- **퀴즈: "당신은 5퍼센트에 해당하는 사람을 상대하고 있는가?"**

1. 당신은 그 사람이 왜 버럭 화를 내는지 몰라서 그 사람만 있으면 '눈치를 보며 조심조심 말하고' 무슨 말을 하든 걱정부터 하는가?
2. 그 사람은 자신을 제외한 다른 모든 사람을 탓하는가? 어떤 일이 잘못되면 자신이 해명하거나 책임을 지거나 행동을 바꾸지 않고 다른 사람들만 비난하는가?
3. 그는 거만하거나 똑똑한 척하는 사람인가? 항상 자신이 옳아야 하는가? 잘난 체하거나 우월감에 젖어 행동하고 다른 사람을 깎아내리는가?
4. 그 사람은 '지킬박사와 하이드 씨' 같은 성격, 그러니까 한순간은 매력적이지만 돌연 잔인하게 변하는가? 언제 어떤 성격을 드러낼지 전혀 알 수 없는가?

5. 그 사람은 말로 사람을 바보로 만들기 좋아하지만 "농담이야", "농담도 못 해?", "왜 그렇게 예민해?"라며 시치미를 뚝 떼는가?
6. 그 사람은 자기가 반드시 대장 노릇을 하려 드는가? 상황을 전부 통제하려 하고 자신의 판단, 지식, 권위 또는 발언에 의문을 제기하는 사람을 집요하게 공격하는가?
7. 그 사람은 순교자 또는 희생자를 자처하는가? 기분 나쁘거나 외롭거나 버림받거나 화가 나거나 인정받지 못하면 그 이유를 당신 탓으로 돌려서 미안함, 죄책감 또는 책임감을 느끼게 하는가?
8. 그 사람은 당신이 당당하게 말하거나 맞서는 걸 무서워하게 하려고 당신보다 더 감정적으로 목소리를 높이고 폭력을 행사하거나 언어폭력을 써서 위협하여 포기하게 하는가?
9. 그 사람은 당신을 자신이 한 말을 부인하거나 사실을 왜곡하는 행동 등 '미친 사람으로 만드는' 행동에 빠져 있는가? 당신이 항의하면 오히려 과잉 반응한다느니 피해망상에 빠졌다느니 하며 비난하는가?
10. 그 사람과 같이 있지 않으면 더 행복한가?

각 문항의 점수를 합산했을 때 점수가 25점 이하로 나온다면 당신은 괴롭힘을 당하는 게 아니다. 그 사람은 잠시 기분이 나빴거나 그날따라 일이 잘 풀리지 않았을 수도 있다. 하지만 보통 때는 말과 행동에 거짓이 없고 서로에게 이익이 되는 해결 방안을 내놓고 싶어 한다. 나중에는 조언을 받아들이고 성실하게 행동할 수 있다.

지금 상대하는 그 사람의 점수가 25점이 넘는다면, 당신은 남을 괴롭히는 사람, 이른바 5퍼센트에 해당하는 사람을 상대하고 있을 것이다. 남을 괴롭히는 사람들은 상황을 통제하고 주도권을 잡고 싶어 한다는 사실을 잘 알아 두자. 그들은 자기반성을 하지 않고 말과 행동을 스스로 고치지 않는다. '제정신'을 차리고 사과하고 상황을 바로잡기 위해 노력하지도 않을 것이다. 협력 말고 통제하고 싶어 하므로 계속해서 모든 걸 당신 잘못으로 몰고 갈 것이다.

그들은 당신을 파괴할 작정이란 걸 잊지마라

"사람들은 당신의 힘을 인지하고서 당신을 파괴하려 들 때가 있습니다.
당신의 힘을 보지 못해서가 아니라,
그 힘을 보고 그게 존재하기를 원치 않기 때문입니다."

_ **벨 훅스(Bell Hooks), 작가**

이 말을 하자니 마음이 아프다. 하지만 당신을 파괴하기로 마음먹은 사람에게 계속 친절하게 대한다면 헛수고만 할 뿐이다. 이상적인 세상에서라면, 상대방에게 합리적이고 이성적이며 공손하게 대하면 그들 모두 당신에게 똑같이 대할 것이다. 다행히 대부분은 그런 사람들이다. 그래서 이 책은 상대가 합리적이고 이성적이며 공손하게 반응하게 하는 접근법을 주로 다뤘다.

5퍼센트의 사람들은 그 원칙에서 예외다. 5퍼센트의 사람들은 평화가 아닌 권력을 원하므로, 적극적인 경청과 공감, 서로에게 도움이 되는 결과 창출 등 사람들 대부분에게 통하는 양심적인 기술이 효과가 없을 것이다.

따라서 5퍼센트의 사람들이 하는 행동은 당신 잘못이 아니지만, 당신을 보호하는 일은 당신 책임이다. 남을 괴롭히는 사람들은 자신이 위에 군림하고 당신이 밑에서 복종하는 지금 이대로의 상황을 좋아하기 때문이다. 당신은 남을 괴롭힐 필요가 없고 끊임없이 괴롭힘을 당할 필요도 없다. 하지만 그들이 당신을 더는 '위협'할 수 없다는 걸 알도록 지배와 복종 역학 관계를 바꿔야 한다. 다음은 그 몇 가지 방법이다.

침묵하지 말고 당신의 '훌라후프 공간'을 지키자

"참는 대로 거두리라."

_위즈 칼리파, 래퍼이자 작곡가

위의 인용문은 무척 설득력 있는 말이니 다시 읽어 보자. 당신을 괴롭히는 행동이 자연스럽게 '사라지기'를 순진하게 바라며 '참아 내고' 있다면, 오히려 그와 정반대의 일이 벌어질 것을 잘 알아 두길 바란다.

예를 들어, 어떤 80세의 여성이 모임에 나갈 때마다 친한 친구의 남편이 입을 맞추고 몸을 쓰다듬는데 어떻게 해야 하느냐고 조언을 구하는 신문 칼럼을 읽은 적이 있다. 그녀는 친구의 남편에게 이제 그만하라는 내용의 이메일을 보내기도 했다. 하지만 그 남자는 이메일을 무시했고, 그녀가 원치 않아도 계속 접근했다.

그녀는 그가 다른 여자들에게도 똑같은 짓을 한다는 사실을 알았고, 칼럼니스트에게 이럴 땐 어떻게 해야 할지 물었다. 그녀는 남편이 세상을 떠났어도 그 모임에 계속 갈 수 있어서 운이 좋다고 생각했으므로 모임 사람들에게 괜히 따돌림당하고 싶지 않다고도 했다.

칼럼니스트는 비난받지 않고 조용히 이 일을 처리하고 싶다는 그녀의 바람을 존중한다고 했다. 그리고 제안하기를, 사람들이 많은 곳에서 그 남자를 만나면 신체 접촉을 피하고 그냥 미소지으며 인사하라고 했다. 그렇게 하면 어색할 수도 있지만 생각만큼 다른 사람들에게 눈에 띄지 않을 것이라 덧붙였다. "그냥 미소 지으며 인사하세요." 칼럼니스트는 또 그 남자가 두 팔을 벌리고 그녀를 끌어안으려 하거나 몸을 더듬으려 하면 휙 지나가라고 조언했다.

남들에게 비난받지 않도록 나를 괴롭히는 행동과 원치 않는 신체 접촉을 '조용하고 눈에 띄지 않게' 처리하라니. 요즘 같은 시대에 왜 우리는 여전히 이렇게 말하는 걸까? 이제는 가해자의 부적절한 행동을 묵인하고 쉬쉬하면서 언젠가는 그만둘 거라 바라지 말고 책임을 물어야 한다.

그보다는 그녀에게 그녀의 '훌라후프 공간'에 사람들이 들어오지 못하게 할 권리가 있다고 알려 줬더라면 더 좋은 대답이 되었을 것이다. 두 팔을 앞으로, 양쪽 옆과 뒤로 쭉 뻗어 보자. 사방으로 약 90센티미터 정도 공간이 생긴다. 그것이 당신의 훌라후프 공간이다. 당신은 이 공간을 지킬 권리, 또 허락 없이 누구도 그 안에 들어오지 못하게 할 권리가 있다.

어떤 사람이 당신에게 바짝 붙어서 이 경계를 침범한다면 아무 저항 없이 받아들이지 말고, 그 사람이 또 그렇게 하지 않길 바라지만 말고, 즉시 문제 해결에 나서자. 당신이 공손하게 나오면 괴롭히는 당사자는 계속해도 된다는 허락으로 해석한다. 가해자들은 침묵을 승낙으로 받아들인다.

당신은 이렇게 물을 수도 있다. "지하철과 열차, 비행기 안에 있다면 어떻게 해야 할까요? 그런 데는 사람들로 가득해요.", "콘퍼런스와 콘서트, 스포츠 경기처럼 사람들로 꽉 들어찬 행사에 있다면요?" 많은 공공장소에서 훌라후프 공간을 꼭 확보해야겠다고 강제할 방법은 없다. 그건 사실이다. 그래도 사람들이 허락 없이 당신의 개인적인 공간을 침범한다면 "뒤로 조금 물러나 주세요"라고 말할 권리가 있는 건 당연하다.

괴롭히는 사람에게 그만두라고 말해야 하는 이유

"괴롭히는 아이를 상대하는 방법은 공을 들고 집으로 가 버리는 것입니다. 처음 한 번, 매번 그렇게 하세요. 공이 없으면 놀지 못합니다."

_세스 고딘(Seth Godin), 작가

괴롭히는 사람들을 당신만의 공간에서 어떻게 나가게 하냐고? 직접 말하자. 길게 말할 필요가 없다. 사실, "밥, 그만둬", "그만해", "얼, 됐거든!" 또는 "타이라, 손 떼"처럼 그만하라는 명령은 짧을수록 더 좋다.

당신의 공간을 침범한 자들이 당신을 가만히 두길 순진하게 바라지 말고, 그들이 부적절하게 행동한다면 공개적으로 의사 표시를 해서 그만두게 하겠다는 목표를 설정할 수 있다. 포착하기 어려운 미묘한 신호만 주면 효과가 없을 것이다. 가해자들은 마음씨 좋은 사람들이 '야단법석을 떨길' 꺼린다고 생각하므로 그런 사람들을 목표로 삼는다.

남을 괴롭히는 사람들은 부적절한 말이나 행동으로 당신의 한계를 시험한다. 그들은 대놓고 당신의 화를 돋우거나 공간을 침범할 것이다. 확실하게 지적하지 않으면 그들은 아무런 반응이 없는 걸 보고 계속 괴롭힌다. 이제 그들은 당신이 문제를 일으키길 두려워하며, 다른 사람들이 주목하게 만들지 않으리란 걸 잘 안다. 이제 그들은 당신을 '소유'한다고 생각한다. 어떤 의미에서 당신의 침묵은 그들을 보호하는 셈이다.

문제를 일으키는 사람은 당신이 아니라 괴롭히는 사람이라는 걸 잘 알아 두자. 당신이 멈추게 하지 않는 한 계속해서 괴롭힐 것이므로, 괴롭히는 사람이 문제를 일으킨 당사자이며 책임져야 한다. 누가 나를 부적절하게 만지거나 불쾌하게 하면 계속 상냥하게 대하지 말자. 그냥 지나치거나 아무 일도 없었다는 듯 행동하지도 말자. 이런 행동은 일종의 복종이며, 그들의 부적절한 행동에 보상을 준다. 그리고 보상받으려는 행동은 계속된다.

상대에게 선을 그어 다가오지 못하게 만드는 법

"나한테 못되게 굴면 그걸 주제로 노래를 만들 거야.
당신은 그 노랠 좋아하지 않을 테니."

_ 테일러 스위프트(Taylor Swift), 싱어송라이터

1. '나는'이라고 말하지 말고 '당신'을 강조한다.

원치 않는데도 어떤 사람이 당신에게 달라붙거나 만지는 등 억지로 신체 접촉을 반복하며 강요한다면 이젠 미리 차단하자. 상대방이 가까이 다가온다면 '미소지으며 인사하지' 말자. 교통경찰처럼 손을 내밀어 강하게 제지하고 너무 가까이 오지 않도록 막자.

그리고 "나는 키스 받고 싶지 않아요"처럼 '나는'이라는 단어를 쓰지 말자. 우리는 감정을 나타낼 때 '나는'을 써서 말하도록 배우긴 했지만, 그건 공정한 것을 중요하게 생각하는 사람에게나 쓰기 적절한 표현이다. 하지만 남을 괴롭히는 사람들은 자신이 원하는 것에만 신경 쓰지, 당신이 원하는 것은 개의치 않는다. 그들은 당신을 불편하게 만들고 싶어 하는데, 그렇게 하면 자신이 원하는 것을 얻을 가능성이 더 크기 때문이다. 그러므로 당신의 반응에 주목하는 '나는'이라는 단어 말고 상대방의 이름(모른다면 '당신'이라는 단어)을 써서 그들의 부적절한 행동에 주의를 집중시켜야 한다. 예를 들면 이렇게 말하자.

- "딘, 꿈도 꾸지 마."

- "스티븐, 내 어깨에서 손 떼."
- "당신, 나한테서 떨어져."

2. 시선의 우위를 확보한다.

어떤 라디오 DJ가 이 주제와 관련된 '성공 스토리'를 들려줬다. 성인이 된 이후 대부분 휠체어를 타고 다닌 DJ는 직원을 해고하며 겪었던 무서운 일을 떠올렸다. "그 남자는 제 쪽으로 몸을 기울여 얼굴을 향해 주먹을 휘두를 태세였어요. 하지만 저는 물러서지 않고 그의 눈을 똑바로 보며 말했죠. '저 의자에 가서 앉아야만 당신과 대화할 겁니다.' 놀랍게도 그 남자는 의자에 앉았어요. '난 당신이 소리 지르는 게 싫어요'라고 말했더라면 그는 '난 해고당하는 게 싫다고요!'라고 소리 지르며 계속 공격했을 겁니다."

이 DJ의 말이 맞았다. "난 당신이 소리 지르는 게 싫어요"라고 했더라면 그 직원은 입을 다물지 않고 계속 소리만 질러댔을 것이다.

남을 괴롭히는 사람들은 자신은 서 있고 상대방이 앉아 있을 때 괴롭히길 좋아한다는 걸 아는가? 그들은 키와 덩치가 커 보이게 함으로써 상대방은 작아 보이게 한다.

DJ는 본능적으로 그 사실을 잘 알았을 것이다. 그는 일어나지 못하므로 직원이 자신을 '내려다보지' 않고, 그도 직원을 '올려다보지' 않도록 '공평한 분위기'를 조성하는 것이 중요했다. 그렇게 한 사람은 내려다보고 다른 사람은 올려다보는 관계는 해고당한 그 직원의 지배 의식과 우월감에 불을 지폈을 것이다.

책상에 앉아 있는데 괴롭히는 사람이 다가와 시비를 걸면 자리에서 일어나자. 똑바로 일어나는 행동은 신체적·심리적 패턴 차단이다. 더는 넘어오지 못하도록 선을 긋는 것이며 "가만히 앉아서 당하지 않겠어"라고 말하는 방식이다. 어떤 이유가 있어서 그렇게 할 수 없으면 상대방에게 "자리에 앉아야만 대화할 수 있어"라고 말하자.

괴롭히는 사람들에게 친절하게 대해서 그들도 당신에게 친절하게 대하도록 절대 설득할 수 없다는 사실을 꼭 알아 두자. 당신이 '평화를 유지'하려고 애쓰는 동안 그들은 당신의 친절을 기대한다. 괴롭히는 사람들에 대처하는 방법을 지난 20년 동안 가르치면서 배운 것이 있다면 바로 우리가 받아들이는 걸 보고 상대방은 배운다는 점이다.

나는 당신을 잘 모른다. 하지만 내 추측에 당신은 이렇게 괴롭힘을 당하는 상황을 먼저 바라거나 시작하지 않았고, 이런 일이 일어나지 않으면 좋겠다고 생각할 것이다. 그건 당신의 잘못이 아니라 당신이 책임지고 할 일이다. 가해자들이 '아무 일 없이 그냥 넘어갈 수 있다'라고 생각하는 한, 아무도 책임을 묻지 않는 한, 괴롭힘을 멈추지 않을 것이기 때문이다.

무슨 일이 있어도 당신을 존중하는 사람들에게는 계속 정중하게 대하자. 양심이 있는 사람들에게는 계속해서 '나는'을 주어로 써서 말하자. 하지만 어떤 사람이 당신의 한계를 반복해서 침범할 때 그 사람에게 책임을 묻는 것은 절대 비열하지 않다. 단지 누가 당신을 이용하려 한다면 당신의 공간을 보호하고 목소리를 높이겠다는 뜻일 뿐이다.

기억하자. 친절하고 상대를 배려하는 표현, 상대방이 나를 공감하고 이해해 줄거라고 믿는 답변들은 95퍼센트의 사람들과 소통하는 데 적절한 방법이다. 그런 답변들은 당신에게 상처 주고 기분 나쁘게 하려는 5퍼센트의 사람들에게는 역효과를 불러일으킨다. 당신을 괴롭히는 사람에게 그의 행동이 마음에 들지 않는다고 말한다고 해서 이제 변해야겠다는 동기가 부여되지 않는다. 오히려 '잘 됐다! 이거 효과 있네'란 생각만 들게 할 뿐이다.

아이가 괴롭힘을 당할 때 부모의 대처법

"학교에서는 기본 과목을 학습하긴 하지만,

엄청나게 복잡한 서열 관계에서 내 위치는 어디인지를 훨씬 많이 배웁니다."

_바바라 킹솔버, 작가

괴롭힘 대응 방법에 관한 내 프로그램을 들었던 한 여성이 말했다. "괴롭힘을 당하는 사람은 제가 아니에요. 여덟 살 된 제 딸 에이미예요. 에이미는 학교에 가길 무서워해요. 자기를 괴롭히는 못된 여자애들 때문이죠. 저는 딸에게 그 애들을 피하면 걔들도 널 내버려둘 거라고 말했지만, 아직도 끈질기게 괴롭힌다고 해요."

나는 그 엄마에게 말했다. "첫째, 두 사람에게 진심으로 위로의 말씀을 드려요. 둘째, 에이미에게 그 애들을 피하라고 하지 마세요. 그렇게 하면 본의 아니게 학습된 무력감만 심해져서 에이미는 그 애들을 계속 두려워하며 살아야 합니다."

그리고 그 엄마에게 질문했다. "집에서 개나 고양이를 키우세요?"

그녀는 의아한 표정이었다. "둘 다 키워요. 하지만 그게 무슨 관련이 있죠?"

나는 또 질문했다. "누가 대장인가요?"

그녀는 소리 내 웃었다. "고양이요! 우리 도베르만 핀셔는 몸무게가 36킬로그램이나 나가고 고양이는 고작 3.6킬로그램 정도인데 아이러니하게도 고양이가 대장이에요."

"고양이는 도베르만에게 누가 대장인지 확실히 하려고 '허튼 생각하지도 마'라는 태도를 보이겠네요?"

"네, 하지만 그게 에이미한테 어떻게 도움이 되지요?"

"그 사례를 들어서 개는 자신이 누군지 아는 고양이를 괴롭히지 않는다는 걸 딸에게 알려 주세요. 도망치지 말고요. 그건 자기를 괴롭히는 아이들을 무서워한다는 신호예요. 에이미는 자기를 괴롭히는 아이들을 상대하는 법을 배울 수 있어요. 그러면 에이미가 물러서지 않겠다는 걸 알릴 수 있고, 그 아이들은 괴롭힘을 그만둘 거예요."

"좋은 생각인데요, 그런 자신감은 어떻게 얻나요?"

"무술을 배우게 하세요. 에이미는 자신감을 내보이는 법을 배울 거예요. 말로 하지 않아도 '나는 나 자신을 지킬 수 있어'라는 메시지를 보내는 거죠. 제발 나를 괴롭히지 말라는 자세 말고, 움츠리지 않고 당당해지는 법을 배울 거예요. 축구를 배우는 것도 좋아요. 웅크리지 않고 자신만만하게 서 있는 법을 연습할 수 있어요. 여기서 운동이 무슨 상관이냐고 할 수도 있겠지만 의외로 어릴수록 신체의 자신감이 마음으로 이어진답니다."

"아, 정말 생각지도 못한 방법이에요"

"그리고 엄마가 할 수 있는 또 다른 방법이 있어요. 에이미에게 '못된 여자애들'이 무슨 말을 하는지 물어본 다음, 이제는 무방비로 당하지 않도록 대응하는 연습을 하는 거죠. 그 애들을 봐도 움찔하지 않고 한숨을 푹 쉬며 '네 기분이 좋아지겠다고 이렇게까지 해야 하니?'라고 대꾸한 뒤 어깨를 쭉 펴고 고개를 똑바로 들고 편안한 자세로 자리를 뜨는 거죠. 그건 '네가 하려는 게 뭐든 이젠 통하지 않아'라는 뜻이에요."

비양심적인 괴롭힘 방식을 잘 알아 두고 타인에게도 알리자.

"상황이 나아지리라 생각했어요.
아니면 적어도 더 나빠지지는 않을 것 같아 가만히 있었어요."

_ 애나 퀸들런(Anna Quindlen), 작가

나는 '괴롭힘 예방의 달'인 10월에 '다시는 괴롭힘을 당하지 않는 법' 프로그램을 많이 소개한다. 하지만 다른 사람의 괴롭힘 때문에 몇 달, 심지어 몇 년 동안 정신 건강을 망쳤다는 가슴 아픈 이야기들을 듣자, 10월만 하지 말고 1월부터 12월 모두 괴롭힘 예방의 달이 되어야 한다는 생각이 들었다.

괴롭힘 예방은 1년에 한 달만 관심을 둬야 하는 문제가 아니다. 괴롭힘은 누구에게나 악몽처럼 끔찍한 일이므로 계속 경각심을 갖고 경계해야 할 문제다. 2021년 미국 직장 내 괴롭힘에 관한 설문에 따르면 "4860만 명의 미국인이 직장에서 괴롭힘을 당하고 있으며" 그 상황은 개선은커녕 점점 더 악화하고 있다고 추정된다.

주제를 심도있게 다룬 전문 서적은 물론이고, 괴롭힘을 당하지 않는 실질적인 조언을 담은 자료들이 유튜브에도 많이 올라와 있다. 적극적으로 방법을 찾아보면 좋겠다.

지금까지 논한 여러 기법을 활용해 규칙을 따르지 않는 5퍼센트의 사람들로부터 당신과 당신 동료들이 스스로를 보호할 수 있기를 바란다. 그리고 남을 괴롭히는 사람들이 이제 더는 당신의 삶을 지배하고 망치지 못하도록 당신과 소중한 사람들을 위해 힘차게 일어나 목소리를 낼 수 있기를 바란다.

다음 장에서는 어떤 조치를 해도 당신에게 해를 끼치는 사람과의 상황이 나아지지 않을 때 대처 방법을 다루겠다.

핵심 요약

회사의 영업관리자가 폭언을 일삼는다고 가정해 보자. 그는 직접 얼굴을 마주하든 아니든 자리를 가리지 않고 동료들에게 험한 말을 쏟아낸다. 하지만 회사는 그의 영업 실적이 좋아서 그냥 넘어간다.

하지 말아야 하는 말	해야 하는 말
피하고 무시한다 "그냥 조용히 숨어서 날 공격하지 않기만 바라야겠어."	**주체적으로 행동한다** "나를 괴롭히면 가만히 당하지 않고 말을 끊겠어."
'나'를 주어로 대답한다 "나는 당신이 내게 말하는 방식이 마음에 들지 않아요."	**'당신'을 주어로 대답한다** "타일러, 그만 하세요. 정중하게 말씀하시죠."
학습된 무력감을 보인다 "그가 복도를 걸어오는 게 보이면 난 반대 방향으로 돌아가야지."	**훌라후프 공간을 확보한다** "그가 날 괴롭히면 나는 손을 들고 '타일러, 그만 하세요'라고 말할 거야."
움츠린다 "몸을 움츠리면 그의 눈에 띄지 않을 거야."	**당당하게 일어선다** "자신만만하게 어깨를 똑바로 펴고 고개를 빳빳이 들고 힘차게 걷겠어."
방관자가 된다 "그는 오늘 베브를 너무 심하게 공격해서 울게 했어."	**나서서 행동하는 사람이 된다** "오늘 회의와 이전 회의에서 일어난 일을 문서로 만들었고, 반드시 보고하겠어."

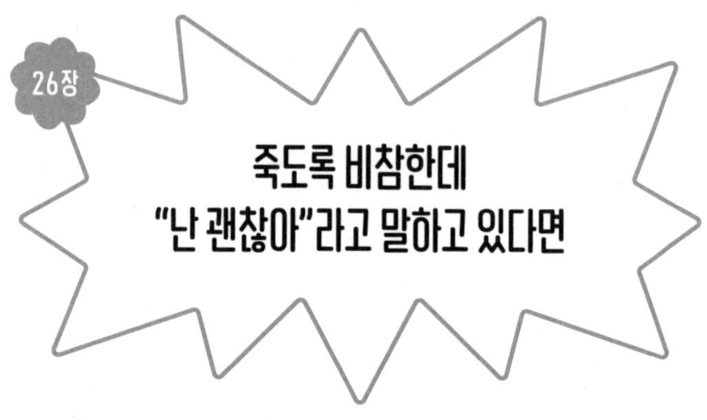

26장 죽도록 비참한데 "난 괜찮아"라고 말하고 있다면

"당신의 동의 없이는
아무도 당신이 열등하다고 생각하게 만들지 못합니다."
_엘리노어 루스벨트

"저는 동네 푸드뱅크에서 자원봉사를 합니다. 한 동료에게 음주 문제가 있는데 정말 못된 놈이에요. 관리자에게 그 사람의 행실을 알렸지만, 아무것도 바뀌지 않았습니다. 어떻게 하면 좋을까요?"

이 이야기에 공감하는가? 당신은 정말 못된 사람과 같이 일하거나, 그 사람을 위해 일하거나, 그 사람 주위에서 일하는가?

이 책에서 다룬 여러 기법을 통해 상황을 개선하기 위한 적극적인 조치 방법을 다양하게 알아냈기를 바란다. 이제는 다른 사람에게 마음의 평화를 빼앗기지 않고 기분을 조절하는 사고방식과 당신에 관해 이야기할 때다.

나는 워크숍이 끝날 무렵이면 엘리노어 루스벨트의 명언을 살짝 수정한 파워포인트 슬라이드를 띄운다. "우리의 동의 없이는 아무도 우리를 화나게 하거나 비참하게 만들 수 없습니다."

한번은 어떤 무뚝뚝한 건설 현장 반장이 그 말에 예외가 있다고 주장했다. 그가 말했다. "내 생각은 달라요. 누가 나한테 욕설을 해도 화를 내면 안 된다는 겁니까?"

그러자 어떤 한 여성이 자리에서 일어나 말했다.

> 저는 이 교훈을 굉장히 어렵게 깨달았기 때문에 그 말에 동의해요. 저는 외과 간호사고, 지금껏 만난 사람 중 가장 불쾌한 신경외과 의사와 일해요. 그 사람은 대단히 뛰어난 의사이지만 인간관계 기술이 전혀 없어요. 얼마 전 수술 중에 그 의사에게 수술 도구를 살짝 늦게 건넸어요. 그러자 그는 동료들 앞에서 저를 호되게 꾸짖었습니다. 저는 자리를 박차고 나가고 싶었지만, 사명감 때문에 끝까지 버텼어요.
>
> 집으로 차를 몰고 오면서 그 의사가 한 말을 곱씹어 생각했어요. 동료들 앞에서 날 얼마나 창피를 줬는지 생각할수록 화가 더 치밀었어요. 집에 도착해서 식탁에 앉아 남편에게 오늘 무슨 일이 있었는지 말했죠. 이렇게요. "아, 그 의사 때문에 진짜 미치겠어!"
>
> 남편은 전에도 제가 그 의사 때문에 화가 나서 하는 말을 여러 번 들은 적이 있었어요. 날 쳐다보며 묻더군요.
>
> "주디, 지금 몇 시야?"
>
> "오후 7시."

"'그 일은 언제 일어났는데?'

"오늘 오전 9시."

"주디, 당신을 하루 종일, 지금 이 시간까지 화나게 하는 게 그 의사야? 이게 옳은 상황이라고 생각해?"

남편은 그 말을 하고 자리에서 일어나 다른 데로 갔어요.

저는 거기 그대로 앉아 곰곰이 생각해 봤어요. 저를 화나게 하는 건 그 의사가 아니라는 사실을 마침내 깨달았죠. 그 사람은 우리 집 주방에 앉아 있지도 않은데! 제가 그 사람을 차에 태우고 집에 데려온 거나 다름없었어요. 저녁 식탁에 그 사람 자리도 마련해 준 셈이었죠. 그가 한 일에 집착해서 우리 부부의 기분을 망친 건 바로 저였더라고요.

그날 밤, 저는 다시는 그 의사를 내 집이나 내 머릿속에 받아들이지 않기로 마음먹었어요. 제가 병원을 떠나면 그 의사는 병원에 그대로 남아 있는 거예요. 전 다시는 그가 제 개인적인 삶에 나쁜 영향을 끼치지 못하게 하기로 했어요.

머릿속에 누굴 담아 두는가?

"우리가 알아야 할 것을 가르치기 전에는
그 어떤 것도 사라지지 않습니다."

_페마 초드론, 승려이자 작가

차를 몰고 가면서 누구를 끊임없이 떠올리는가? 식탁에 앉아 저녁 식사를 하면서 누구를 계속 떠올리는가? 다시는 머릿속에 그 사람 생각을 담아 두지 않겠다고 약속할 수 있는가? 이제 더는 그 사람에게 당신의 삶을 망칠 힘을 주지 않겠다고 약속할 수 있는가?

그 간호사의 현명한 조언을 듣고 수강생들과 나는 열렬한 박수를 보냈다. 나도 한 마디 덧붙였다. "방금 하신 말씀은 정신 건강을 지키기 위해 우리가 배울 수 있는 무척 중요한 교훈이군요. 그 의사가 당신의 삶에 해를 끼치지 못하게 한 방법을 알려 주시면 정말 도움이 될 거예요."

간호사가 설명했다. "매일 남편과 저는 퇴근하고 집에 오면 15분 동안 서로의 하루가 어땠는지 이야기해요. 누가 누구에게 어떻게 했고 무슨 일로 힘들었는지 등등 그날 있었던 모든 일을 쏟아내죠. 그리고 다른 주제로 넘어가요. 우린 할 얘기가 무척 많으니까요. 어른이 된 우리 아이들, 이번 주말에 보고 싶은 영화, 휴가 장소를 이야기하죠. 이제 우리는 저녁 시간을 즐겨요. 그 의사 얘기가 우리 부부의 대화와 삶을 지배하게 내버려 두지 않으니까요." 요즘 나는 워크숍 때마다 그 간호사의 이야기를 꼭 들려주고 그녀처럼 불평불만 터뜨리기를 '중단'해 보라고 권한다.

또 다른 워크숍에 참여한 어떤 남성이 그 간호사의 이야기를 듣고 나서 큰 소리로 말했다.

> 저도 직원에게 폭언을 서슴지 않는 것으로 악명 높은 의사와 같이 일합니다. 그 의사가 유명하다는 이유로 병원은 아무런 조치도 하지 않았어요. 그 사람은 전공 분야에서 최고이기 때문에 전국 각지에서 환자들이

찾아왔고 그래서 '건드릴 수 없는' 존재였죠.

저와 제 파트너는 '불평불만 터뜨리기'를 15분으로 제한하려고 애썼습니다. 도움은 되었지만, 문제가 해결되지는 않았지요. 샘은 저희에게 마음에 들지 않는 것에 대해 불평하거나 원하는 것을 만들어 낼 수 있다고 말씀하셨잖아요. 어떻게 행동하면 좋을지 구체적으로 알려 주시면 좋겠어요.

물론이다. 방법이 있다. 다음의 이야기를 들어 보자. 어떤 미용실 직원의 이야기다.

동료를 모아라,
숫자에 힘이 있다는 사실을 기억해라

"극도로 불쾌한 짓을 일삼는 직원이
단 한 명이라도 조직에서 중요한 위치에 있다면
직원들은 퇴사하고 고객들은 이탈하며 생산성은 하락해서
수백만 달러의 비용이 발생할 수 있습니다."

_크리스틴 포래스, 크리스틴 피어슨(Christine Porath, Christine Pearson), 작가

미용실 직원은 다음 이야기를 들려줬다. "우리 미용실에는 다른 모든 직원의 삶을 비참하게 만들어 버리는 미용사가 있어요. 문제는 그 미용사가 사장님을 너무 잘 구워삶는 바람에 사장님은 그 여자가 늘 문제를 일으킨다는 걸 전혀 모르고 계세요. 사람들은 그 사람을 견딜 수 없어서 거의 다 그만뒀어요. 저도 그만두고 싶지만, 저는 돈이 필요하고 다른 데서 처음부터 다시 시작하고 싶지 않아요. 어떻게 해야 할까요?"

나는 그녀에게 말했다. "도움이 될지 모르겠지만 이런 이야기는 수백 번 들어 봤어요. 남을 괴롭히는 사람 한 명이 얼마나 큰 피해를 주는지 알면 정말 충격적이죠. 지적하셨듯이 그 미용사는 당신만 괴롭히는 게 아니라 '위계질서 아래쪽'으로 여기는 사람 모두를 괴롭힐 거예요."

"하지만 어떻게 할 수 있죠? 아까 말했듯이 제 직업을 잃고 싶지 않아요."

"이 문제 직원 한 명 때문에 수천 달러의 손실이 발생하고 있으니 그 사람을 해고해야 장기적으로 가장 이익이 된다는 핵심 내용을 담아 비즈니스 사례를 만들어 보세요. 전설적인 비즈니스 저술가인 하비 맥케이에게 '그동안 얻은 교훈 중에 가장 값진 조언이 하나 있다면 무엇인가요?'라고 물어본 적이 있어요. 그는 망설이지도 않고 대답하더군요. '심각한 문제를 일으킨 사람들은 내가 해고한 사람들이 아닙니다. 진작 해고했어야 했는데 해고하지 않은 사람들입니다'라고요"

"좋아요. 맞는 말이에요. 다만 어떻게 시작해야 할지 알고 싶어요."

"기록하고 문서로 만들어서 증명하세요. 감정 말고 사실 위주로 작성하세요. 같이 일했던 미용사들에게 그 여자가 어디서 언제 누구에게 무슨 말을 했는지 증언해 달라고 부탁해서 그녀의 잘못을 입증할 증거를 확보하세요. 새로운 미용사를 찾는 광고를 내고 면접하고 교육하고 같이 일하는데 드는 비용을 조사해서 그 여자 때문에 생긴 피해 금액과 자세히 비교도 하시고요. 다른 미용사들에게 청원서에 서명해 달라고 요청해서 이런 일이 당신에게만 일어난 게 아니고 우발적인 일탈 행동도 아님을 확인하세요. 이건 그 미용실의 성공을 오랫동안 방해해 온 심각한 행동 패턴이에요. 이렇게 하면 계속해서 '못 본 척하는 것'이 사업상 나쁜 결정이란 걸 사장님에게 분명히 알려 줄 수 있어요. 그러면 뭔가 조치할 생각을 하실 거예요."

그녀에게 알려 준 방법을 정리하면 다음과 같다.

1. 악명 높은 행동 사례를 자세하게 문서로 만든다.

누가 뭐라고 말했는가? 언제? 어디서? 얼마나 자주? 누가 목격했는가? '서로 자기 말이 옳다고 주장하는 상황'으로 취급되지 않고 다르게 해석될 여지가 없도록 객관성을 유지하자.

2. 그 사람의 해로운 행동이 조직에 어떻게 부정적인 영향을 끼치는지 보여 주는 자료를 수집한다.

당신의 주장을 뒷받침하려면 그 사람의 행동 때문에 다른 직원들이 얼마나 병가를 내는지, 업무 평가 점수가 낮아지는 경향이 정말 있는지, 비용이 많이 드는 실수를 얼마나 하는지 제시해라. 그 사람의 행동이 직원들의 근무 의욕과 팀 문화를 해치고 조직의 수익에 영향을 미친다는 점을 명확히 하자.

3. 숫자로 힘을 모은다.

그 사람의 용납할 수 없는 행동 패턴을 누가 입증할 것인가? 이를 증명하는 사람이 많을수록 당신의 주장이 그 사람과의 '성격 차이'로 치부될 가능성이 줄어든다.

4. 의사 결정권자와 약속을 잡는다.

이 심각한 내용의 대화를 나누기 위해 의사 결정권자의 사무실에 아무 때나 들르지 말자. 당신의 요구 사항이 실행되게 하려면 절차를 공식화하고, 그들이 고충 사항에 대해 법적으로 책임지고 후속 조치를 하도록 절차를 기록으로 남겨 달라고 요청하자.

존 포스터 덜레스(John Foster Dulles) 전(前) 미국 국무장관은 이런 말을 했다. "성공하는 조직의 특징은 문제가 있느냐 없느냐가 아니라, 작년과 같은 문제가 또 있느냐 없느냐입니다." 덜레스의 말을 조금 바꿔 보자. "성공하는 개인의 특징은 어려운 문제가 있느냐 없느냐가 아니라, 작년과 같은 어려운 문제가 또 있느냐 없느냐입니다."

이 장을 시작할 때 던진 질문으로 돌아가자. 누가 당신을 비참하게 만드는가? 이런 상황이 얼마나 계속되었는가? 일시적인 상황이고 상대방이 힘든 시기를 겪어서 그럴 수도 있다. 하지만 시간이 지나도 계속 반복된다면 또 다른 얘기다.

앞서 이야기한 병원 관계자는 과연 어떻게 했을까? 그는 내 조언에 따라 행동에 옮겼고, 그 결과 병원 경영진은 조치를 내렸다. 나중에 병원 매니저가 이렇게 말했다고 한다. "인사팀에서 그 의사에게 뭐라고 말했는지는 솔직히 잘 모르겠어요. 제가 아는 건, 그 사람의 행동이 완전히 달라졌다는 거예요."

당신이 이 책에서 배운 것이 있다면, 해로운 상황은 저절로 나아지지 않는다는 점일 것이다. 이런 상황이 당신을 오랫동안 비참하게 만들었다면 이제는 도움을 요청해야 할 때다.

괜찮은 척, 태연한 척하고 있는가?

"취약하다고 해서 약해지지 않습니다. 오히려 접근성을 높여 줍니다."

_ 키이스 페라지(Keith Ferrazzi), 비즈니스 저술가

나는 어떤 일이 부정적인 영향을 끼치면 솔직히 말해야 하고, 완강히 버티려 애쓰지 말고 누군가에게 털어놓는 일이 중요하다는 사실을 알았다.

내 아들 앤드루는 호프만연구소(The Hoffman Institute)에서 교육받을 기회가 있었다. 이곳에서는 양육 환경이 사람들에게 좋든 나쁘든 어떤 영향을 끼쳤는지에 대해 깊이 탐색한다. 나는 앤드루에게 뭔가 새롭게 알아낸 게 있냐고 했더니 아들이 물었다. "정말 알고 싶으세요?" 나는 그러고 싶다고 했다.

아들은 내가 항상 매사를 '긍정적으로 보기 때문에' 가끔은 진심을 말하지 않는다는 느낌이 든다고 했다. 내게 진짜 어떤 일이 일어나는지 거의 이야기하지 않아서 아들은 내가 진실하지 않다고 느꼈다는 얘기였다.

아아, 마음이 너무 아팠다.

아들과 그 대화를 나누기 전에는 난 내 인생에서 벌어지는 힘든 일을 아들이 알지 못하게 하는 것이 엄마로서 해야 할 일이라 잘못 생각하고 있었다. 앤드루는 내가 어떻게 그런 생각을 하게 되었는지 알고 싶어 했다. 엄마인 나를 제대로 알지 못한다고 생각했기 때문이었다.

그래서 우리는 속마음을 털어놓았다. 나는 내 엄마가 돌아가시기 전 10년 동안 뇌종양으로 고통스러워하셨다고 앤드루에게 말했다. 우리가 도와드리겠다고 하면 엄마는 '부담'이 되고 싶지 않으셔서인지 "아니다. 괜찮다"라고 말씀하시곤 하셨다. 안부를 여쭈면 '태연한 척' 하시며 "괜찮다"라고 하셨다.

아빠가 욕하는 모습을 본 건 어렸을 때 말을 가둬 둘 목장 울타리를 고치며 망치질을 하다 엄지손가락을 다치셨을 때뿐이었던 것 같다. 아버지는 "젠장!" 하고 욕하셨지만, 그걸로 끝이었다. 뭔가 잘못되었을 때 어떠신지 여쭈면 아빠도 "괜찮다"라고 하셨다.

그때 여동생과 오빠, 내가 마음속에 새긴 교훈은 아무리 힘들더라도 절대 '불평'하지 말고 기분이 어떤지 말하지도 않아야 품위 있고 옳은 일이라는 생각이었다.

그 당시 적어도 앤드루의 눈에는 내가 힘든 상황에도 불평하지 않는 모습이 '진실하지 않아' 보였다는 사실을 알고 의기소침해진 것은 사실이다. 그러나 좋은 의도로 했던 일이 크게 역효과를 냈다는 사실을 깨닫는 것은 나를 겸손하게 만드는 경험이었다.

극단적인 강인함은 우리의 아킬레스건과 같다.

긍정은 좋은 것 아닌가? 하지만 긍정도 너무 지나치면 좋지 않다. 지나친 긍정은 해를 끼치는 긍정이 되어 다른 사람들과 거리를 두게 만들고 우리의 진정한 모습이 보이지 않게 한다.

'완강히 버티기'보다 진실한 모습을 보여 주는 것이 더 낫다는 사실을 깨닫게 해 준 앤드루가 고맙다. 항상 긍정적으로 보는 것 말고 지금 일어나는 모든 일에 대해 솔직하게 말하는 편이 더 낫다. 이제 나는 사랑하는 사람들에게 진실을 말하고 그들도 내게 진실을 말한다. 그러면 내 인간관계는 확실히 더 진실로 느껴진다.

도움을 요청한다는 건 힘이 있다는 표시다

"때로는 도움을 요청하는 것은
도움을 주는 것만큼이나 영웅 같은 일이기도 해요."

_크리스 콜퍼(Chris Colfer), 배우

내 이야기에 공감하는 부분이 있는가? 당신을 비참하게 만드는 사람 주변에서 조심조심 눈치 보며 지내고 있는데 감정을 있는 그대로 느끼는 게 가능한가? 혹은 '꾹 참고' 혼자 이 모든 걸 해결하려고 애쓰는가?

수잔 데이비드 박사(Dr. Susan David)는 테드(TED) 강연에서 이런 말을 했다.

저는 10대 때 아버지를 잃고 깊은 우울증에 빠졌어요. 주변 어른들은 슬픔을 드러내지 않았기 때문에 저도 슬퍼해서는 안 된다고 생각한 거죠. 저는 결국 아무 말도 하지 못하고 혼자 힘들어 했어요.

그러던 어느 날 제 고통을 눈치챈 선생님이 학급에 과제를 내주셨어요. 선생님은 작은 검은색 공책을 나눠 주고 저에게 조용히 말씀하셨어요.

"아무도 읽지 않는다고 생각하고 글을 써 보렴."

선생님의 세심하고 친절한 행동은 제 속마음을 털어놓게 했고, 저는 그동안 다른 사람들 그리고 진정한 나 자신에게서 얼마나 멀어졌는지 깨달았어요.

제가 어른이 되어 심리학자가 된 뒤 저는 좋은 감정 또는 나쁜 감정만 있다고 믿는 사람들이 많다는 사실을 알아냈어요. 그러니까 첫째, 행복감 같은 '좋은' 감정이 있고 둘째, 불행감 같은 '나쁜' 감정이 있다는 거지요. 만약 여러분이 그 말을 믿는다면, 슬프다고 느낄 때 그건 나쁘다고 생각해서 슬픔을 느끼는 것 자체에 대해 기분이 나빠져요. 슬퍼하고 있는데 그게 좋지 않다고 생각하면 죄책감을 느끼게 돼요.

감정 민첩성의 핵심은 감정이란 좋거나 나쁜 것만 있는 게 아니라 그저 감정일 뿐이라는 사실을 이해하는 겁니다. 그리고 감정을 무시하지 않고 있는 그대로 인정하고 표현하는 일이야말로 중요해요.

당신은 어떤가? 좋은 감정과 나쁜 감정이 있다고 생각하는가? 기분이 좋지 않으면 기분이 나빠지는가? 숨기거나 극복하려 하는가? 이제부터는 "용기란 두려움이 없는 상태가 아니라 두려움과 함께 살아가는 것"이라는 수잔 데이비드 박사의 말을 잘 알아 두자.

믿을 수 있는 사람에게 가서 이야기할 시간이 있는지 물어보면 어떨까? 시간이 된다고 하면 찰스 디킨스(Charles Dickens)가 남긴 "인생의 비상 상황에서 참다운 진실만큼 강력하거나 안전한 것은 없다"라는 조언을 따르자. 진실, 모든 진실, 오직 진실만을 말하자. 그러면 당신은 완전히 자유롭게 되지는 않더라도 상대방과 더 가까워지고 당신은 기분이 나아질 것이다. 당신은 부담스러운 존재가 아니다. 당신의 부담을 서로 나누게 되므로 이제 더는 혼자 짊어지고 다니지 않아도 된다.

절망이 최후의 승자가 되게 하지 마라

"희망이란, 절망이 결코 최후의 승자가 될 수 없다는 적극적인 신념입니다."

_코리 부커(Cory Booker), 정치인

자, 이 장의 요점은 무엇일까? 바로 이것이다. "절망이 최후의 승자가 되게 하지 말자."

솔직한 생각을 말해 준 앤드루에게 나는 항상 고마워할 것이다. 그 말을 듣고 처음에는 깜짝 놀랐지만, 그 덕분에 지금은 거의 모든 사람과의 관계가 풍요로워졌다. 누군가와 솔직한 대화를 나누며 속마음을 터놓을 때가 되었는가? 다음 방법을 꼭 기억해 두자.

• **감정을 있는 그대로 느낀다.**

좋은 쪽으로 꾸미지 말자. 긍정적으로 느끼려 애쓰지 말고 진실한 감정을 느끼자. 지금 느끼는 감정을 속이지 말자.

• **해로운 사람이나 상황이 끼치는 영향을 분명히 파악한다.**

당신의 건강, 수면, 자존감, 업무 성과, 삶의 의욕에 정확히 어떤 영향을 미쳤는가?

• **혼자서 해결하지 말고 함께 해결한다.**

사람들에게 당신의 말을 들어 달라고, 어깨에 기대어 울게 해 달라고 부탁하자. 나쁜 사건들이 머릿속에서 소용돌이치면 빙글빙글 도는 느낌이 들 수 있다. 그때 당신 편이 되어 주는 사람들과 함께하면 '1+1=11' 효과를 낼 수 있다.

• **기분은 몸의 움직임을 따라간다는 사실을 기억한다.**

시드니 J. 해리스(Sydney J. Harris) 저널리스트는 "긴장을 풀 시간은 그렇게 할 시간이 없을 때다"라고 말했다. 운동도 마찬가지다. 헬스장에 가서 운동한 후에 후회한 적이 있는가? 자리에서 일어나 밖에 나가 움직이고 나면 기분이 항상 더 좋아진다. 그렇지만 비참하다는 생각이 들면 몸을 움직이고 싶은 생각부터 사라질 때가 많다. 우리는 움직일 에너지가 없다고 생각하는데, 그것이야말로 운동을 맨 마지막으로 미루지 말고 가장 우선순위에 둬야 한다는 신호다.

이 방법을 다 시도했는데도 스트레스 상황이 계속 나아지지 않으면 어떻게 해야 할까? 그 답에 대해서는 다음 장에서 다루겠다.

핵심 요약

룸메이트가 드라마 같은 인생을 산다고 가정해 보자. 그녀는 당신이 집에 오기만 하면 최근 있었던 불행한 이야기를 마구 쏟아낸다. 당신은 그녀에게 동정심을 가지려 애썼다. 그렇지만 고단한 하루를 마치고 퇴근하면 혼자만의 공간이 필요하다는 걸 알려 주려고 해도, 룸메이트는 "네가 들어 주지 않으면 난 누구와 이야기해야 해?"라며 슬퍼한다.

하지 말아야 하는 말	해야 하는 말
감정을 부정한다 "룸메이트는 친구가 없어. 내가 있어 줘야 해. 나는 이런 사소한 일 가지고 너무 신경 쓰고 있어."	**감정에 솔직해진다** "룸메이트의 불행이 나를 비참하게 만들기 때문에 난 내 집에 있는 게 두려워."
혼자 대처한다 "그냥 받아들여. 잘 처리해 봐."	**도움을 받는다** "엄마에게 전화해서 조언을 구해 봐야겠다."
꾹 참는다 "세계 평화를 지키는 것도 아니고 하소연을 들어 주는 것쯤이야 뭐."	**행동한다** "하소연을 딱 15분만 들어 줘야겠어. 그걸로 끝이야."
우울해한다 "룸메이트가 밖에 있으니 방에서 나가기 싫어."	**움직인다** "달리기하러 가야겠다. 그러면 항상 기분이 좋아져."

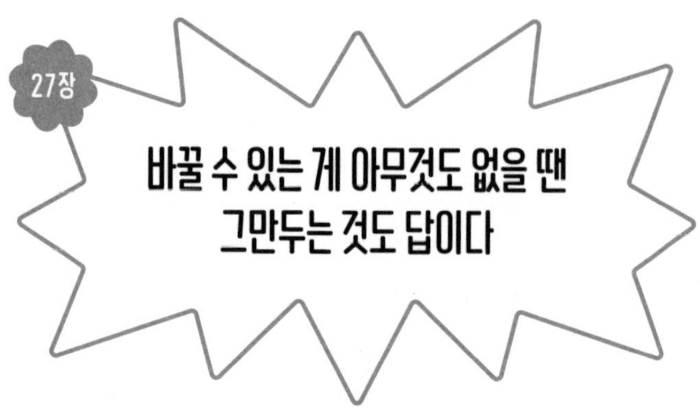

바꿀 수 있는 게 아무것도 없을 땐 그만두는 것도 답이다

"사람들은 늘 자신의 환경 때문에 지금 신세가 이렇다고 탓한다.
나는 환경을 믿지 않는다. 이 세상에서 성공하는 사람들은
자리에서 일어나 자신이 원하는 환경을 찾고,
찾지 못하면 만들어 내는 사람들이다."

_조지 버나드 쇼, 극작가

"할 수 있는 모든 방안을 시도해 봤지만 문제가 해결되지 않는다면 어떡하죠? 상사에게 문제가 되는 사람에 대해 이야기했지만, 회사는 대체 인력을 채용하는 데 어려움을 겪어서 변하는 게 없습니다. 계속 목소리를 냈다가는 골칫덩이로 낙인찍혀서 회사에서 쫓겨날 겁니다. 어쩌죠?"

혹시 당신도 이와 비슷하게 힘든 상황에 있다면 안타깝다. 슬프게도 우리가 여러 노력을 해도 해결되지 않는 문제는 분명 있다. 대부분은 이럴 때 이 상황에서 벗어나는 것밖에는 답이 없다는 결론에 이르게 된다. 그러나 성급하게 말고 현명하게 결정하도록 모든 각도에서 이

문제를 생각하는 데 도움이 될 질문들을 곧 알려 주겠다.

먼저, 불행하다고 느낄 때 할 수 있는 일이 세 가지 있다는 걸 알아 두자.

1. 당신은 상대방을 바꿀 수 있다(가능성이 낮은 편이다!).
2. 당신은 상황을 바꿀 수 있다(불가능할 수도 있다).
3. 당신은 스스로를 바꿀 수 있다(언제든지 시도할 수 있다).

이 세 가지 선택지는 역순으로 즉, 3번부터 시도해야 한다는 점에 유의하자. 상대방을 바꾸려고 애쓰는 것은 부질없는 짓이다. 또 우리는 상황을 바꿀 권한이나 자율성이 없을 수도 있다. 하지만 우리에게는 스스로를 변화시킨다는 선택지가 항상 있다. 좋은 소식도 하나 있다. 스스로 변화하면 상황을 개선할 수 있고, 상대방이 우리를 대하는 방식을 더 좋게 바꿀 수 있다는 사실이다.

하지만 이미 우려를 나타냈고 노동조합에 불만을 제기하는 등 상황을 개선하려고 애썼어도 아무것도 바뀐 게 없다면 이제 곧 소개할 질문들을 스스로에게 해 봐야 한다. 그리고 믿을 수 있는 조언자와 상의해서 그다음 할 일을 결정하면 좋을 것이다. 이 질문들이 완벽한 결정을 내리는 데 도움이 된다는 보장은 없다. 아니, 세상에 완벽한 결정 같은 건 없다. 하지만 이 질문들은 선택 전략을 짜고, 성급하게 결정했다가 후회할 가능성을 줄이는 데 도움이 될 수 있다.

"남아야 할까, 떠나야 할까?"를 결정하기 위한 열 가지 질문

"겨울엔 절대로 나무를 베지 마십시오.

침울할 땐 절대 부정적인 결정을 내리지 마십시오.

기분이 최악일 땐 가장 중요한 결정을 내리지 마십시오."

_로버트 H. 슐러(Robert H. Schuller), 전도사

슐러의 말이 옳다. 화가 났을 때 중요한 결정을 내리면 현명하지 못하다. 아프리카 속담에 "오직 바보만이 두 발로 물의 깊이를 잰다"라는 말이 있다. 다음 질문들은 두 발로 물속에 뛰어들기 전에 '물의 깊이를 재는' 방법이다.

1. 무슨 일이 일어나고 있는가?

누가 어디서 언제 무엇을 말했고 또 무슨 일을 했는지 더 확실한 사례를 제시할 수 있다면 주관적이지 않고 객관적인 사실이 된다. 그동안 있었던 일을 문서로 만들어 단순한 의견이 아니라 확실한 증거가 되게 하자. 구체적으로 무엇이 불공정하거나 불친절하거나 불편하거나 부적절하거나 불공평한가?

2. 이 사람(조직)은 자신의 행동이나 지금 벌어지는 일이 나를 괴롭힌다는 사실을 아는가?

그들의 행동은 의도적인가, 아니면 전혀 악의가 없는가? 이 사람 또

는 조직의 의사 결정권자는 자신의 행동이나 말이 무례하거나 선을 넘거나 달갑지 않다는 걸 모르는가? 혹은 알아도 신경 쓰지 않는가?

3. 일회성 사건인가 혹은 계속되는 문제인가?

이 사람(부서)은 특히 더 힘든 시기를 겪고 있는가? 지금 일어나는 일이 늘 있었던 게 아니라 예외 상황인가? 어떤 패턴이 계속되어 우려를 낳는가? 아니면 스트레스가 많고 보기 드문 사건으로 벌어진 일시적인 일탈인가? 정상 참작할 만한 상황이 영향을 미친 것이거나 원인일 수 있는데 당신은 그걸 고려하지 않는가? 아니면 이런 일이 일상인가?

4. 이 사람(파트너, 상사, 이웃, 동료)에게 내 기분이 어떤지 알리기 위해 합리적인 시도를 이미 했는가?

불만 사항뿐만 아니라 필요 사항과 희망 사항도 전달했는가? 상대방은 상황을 개선하기 위해 노력했는가? 아니면 당신의 요청을 무시했거나, 변하겠다는 약속만 하고 지키지 않았는가? 더 심하게는 자신에게 도전해서 이런 상황을 초래했다며 당신을 심하게 비난했는가?

5. 이 사람의 행동은 내게 어떤 영향을 주는가?

당신은 스트레스를 받거나 탈진했거나 불안한가? 잠을 못 자고 지치거나 두통이나 복통이 생겼는가? 집중할 수 없는가? 이로 인해 건강, 삶의 질, 생산성, 업무 성과가 어떻게 저하되고 있는가? 이미 들은 말 또는 처리된 일을 똑같이 반복하는 데 얼마나 오래 걸리는가?

6. 나는 아무것도 하지 않았는데 상대방의 행동이 계속되면 어떻게 될까?

먼저 예측하자. 이 상황은 저절로 나아질까? 아니면 계속 나빠질까? 이 사람에게 다가갈 적당한 시기가 오길 기다리면 좋은 점이 있을까? 전보다 더 힘 있고 당당하게 말하지 않아도 만족하며 살 수 있을까, 또는 당신의 권리와 필요 사항, 우선순위를 지키기 위해 행동하지 않은 걸 후회할까?

7. 나는 이 문제를 다시 다뤄서 무엇을 얻고자 하는가?

당신의 필요 사항과 희망 사항은 무엇인가? 마음에 들지 않는 것에 대해 불평하지 말고, 어떻게 원하는 것을 요청하거나 권고할 수 있는가? 상대방이 당신의 감정을 받아들이게 하려면 언제(타이밍이 중요하다), 어디서, 어떻게 당신의 감정을 전달하겠는가? 당신 자신을 옹호한 결과, 또 관련된 모든 사람을 위해 상황이 더 좋은 쪽으로 바뀌게 도와준다면 무엇이 개선되겠는가?

8. 내가 행동한다면 발생할 수 있는 부정적인 결과와 위험은 무엇인가?

직업이 불안정해지거나 수입이 끊길 위험에 처하는가? 그 행동 때문에 배우자와 별거, 이혼하거나 연인과 결별할 수 있는가? 이 사람과 맞설 때 문제점은 무엇인가? 결과를 기꺼이 감수할 생각이 있는가? 이 문제를 해결해서 얻는 장점보다 단점이 더 많은가? 떠난 이후의 삶이 불안정하더라도 지금 겪는 상황보다 낫다고 생각하는가? 현재 상황이 그대로 유지된다면 계속 견디기보다는 이 어려움을 극복할 준비가 되어 있고 기꺼이 인내할 생각이 있는가?

9. 현실적으로 그 사람이 변화할 가능성이 있는가?

그 사람 또는 조직은 기꺼이 다르게 행동할 것인가? '전혀 변하지 않고' 당신을 무시하거나 없는 사람 취급하거나 보복할 가능성이 있는가? 아니면 그 사람은 불편한 대화를 하더라도 서로에게 더 이익이 되는 관계를 맺는 방법을 당신이 구상한 걸 알고 마음에 들어 할 것인가? 당신이 용기를 내어 시도했으니 그 사람은 고마워할까?

10. 내 결정에 영향을 받을 사람들과 이 골치 아픈 문제에 대해 논의했는가?

다른 사람들이 균형 잡힌 시각으로 중요한 의견을 제시할 수 있을까? 그게 꽤 고려해 볼 만하지는 않은가? 이 상황을 중재해 줄 객관적인 제삼자가 있는가? 이 상황을 더 좋은 쪽으로 바꾸는 방법에 대해 획기적이면서 실행 가능한 통찰력을 가진 상담사와 이 문제를 논의했는가? 이 상황을 새로운 시각으로 바라보고, 실행할 수 있고 서로 이익이 되는 해결책과 다양한 선택지를 만들어 내는 데 외부 의견이 도움이 되는가?

때론 솔직히 대화하는 게 답일 수도 있다

"작별 인사를 할 만큼 용감하다면,

인생은 새로운 인사로 보답할 것이다."

_파울로 코엘료(Paulo Coelho), 소설가

어떤 관계가 됐든 관계 자체에 아예 작별을 고할 필요가 없을 때도 있다. 이젠 작동하지 않는 특정 요소에만 작별을 고하면 된다. 더 나은 미래로 이끌어 줄 가능한 선택지를 탐색하는 대화를 시작해서 뜻밖의 새로운 전환점을 찾을 수 있다.

한 가지 예를 들겠다. 친구의 딸인 에밀리가 체인 레스토랑에서 올해의 직원으로 선정되었다. 기쁜 소식이었지만, 에밀리는 임신 사실을 이제 막 알았으므로 딜레마에 빠졌다. 에밀리는 이 상을 받는 게 옳지 않다는 생각이 들어 수상을 거절하고 곧 퇴사하겠다고 경영진에게 말하기로 했다.

고맙게도 경력개발코치인 브렌다 압딜라(Brenda Abdilla)가 에밀리에게 물었다. "그만두는 것만이 유일한 해결 방법이라고 벌써 정하지 말고, 상사에게 상황을 알리고 의논할 수 있나요? 일방적으로 결정하지 말고 솔직하게 대화할 수 있어요? 모두에게 도움이 되는 그다음 계획을 브레인스토밍할 기회를 갖는 것은 어때요?"

에밀리는 브렌다의 조언을 따랐다. 그러자 어떤 일이 일어났을까? 상사는 임신을 진심으로 축하해 주었으며, 회사는 에밀리를 무척 소중히 여기므로 그녀가 재택근무를 하도록 새로운 파트타임 직책을 만들고 싶다고 했다. 결국, 모두가 행복해졌다.

경영전문가인 피터 드러커(Peter Drucker)는 "모든 성공 사례에는 용기 있는 결정을 내린 사람이 있습니다"라고 말했다. 현실에 체념하지 말고 원하는 것을 얻기 위해 용기를 내자.

문제는, 다른 선택지가 없다고 미리 추정하지 말고 당신이 원하는 것을 제안할 방법이 있느냐는 것이다. 원하는 대로 되지 않더라도 적어도 당신은 최선을 다했다는 사실이 중요하다.

그만두기로 결정했다면 마지막으로 확인할 것들

"갈 곳이 딱히 정해지지 않아도 떠날 때가 있다."

_ 테네시 윌리엄스(Tennessee Williams), 극작가이자 각본가

윌리엄스가 한 말은 당신 그리고 당신이 사랑하는 사람의 안전이 위험에 처한 심각한 상황에서는 사실일지도 모른다. 하지만 대부분 상황에서는 당신의 다음 행로가 지금보다 나아지도록 어디로 갈 것인지, 무엇을 할 것인지 미리 정하는 편이 현명하다.

어떤 여성이 데이트 앱에서 자신의 '짝'을 만났다. 그녀가 말했다.

마치 운명 같았어요. 우린 둘 다 작은 마을에서 자랐고 같은 음악을 좋아했고 소매업에 종사했고 대학 소프트볼을 광적으로 좋아했죠. 우린 3개월 동안 거의 끊임없이 문자를 주고받고 이야기를 나눴어요. 그녀가 저한테 같이 살자고 했고, 저는 생각해 볼 필요도 없었어요. 바로 직장을 그만뒀고 아파트를 비운다고 통보했죠. 그녀와 함께하고 싶어서 후다닥 정리하고 아주 멀리 떠났어요.

그런데 일주일도 안 돼서 실수했다는 걸 깨달았어요. 온라인과 전화로 소통할 때는 몰랐는데, 알고 보니 그녀는 코카인 중독자였어요. 저는 예전에 약물 중독자와 사귄 적이 있었기 때문에 결국 우리 관계는 그걸로 끝이었어요. 제 인생을 망쳐 버리기 전에 샘이 알려 주신 질문들을 알았더라면 좋았을 거예요. 저는 사랑에 눈이 멀어 제대로 생각하지 못했어요.

직장을 그만두거나 파트너와 헤어질 생각이라면, 특히 그것이 해로운 관계일 때 아래의 질문들을 던져 보면 그 결과가 어떨지 냉정하게 생각해 보는 데 도움이 된다.

1. 회사를 그만두면 어떤 자원이 필요할까?

퇴사한다면 돈, 시간, 정신적 피해, 법적인 문제, 에너지, 지적 능력 또는 구직 현황 측면에서 비용이 얼마나 들까? 이 질문의 대답은 측정해서 숫자로 나타낼 수 있다. 직장을 그만두거나 배우자, 연인과 이별처럼 중요한 결정은 감정과 관련이 있고 많은 고민을 거쳐야 하는 결정일 뿐만 아니라 돈에 관련된 결정이기도 하다. 미리 준비되어 있도록 관련 비용이 얼마나 발생할지 계산하자. 그렇지 않으면 금전적으로 큰 타격을 입는 일이 발생할 수 있으며, 고통은 두 배가 된다.

2. 내가 왜 떠나는지 그 사람에게 내가 알려 줘야 할까? 누군가가 그 사람에게 잘못된 일의 책임을 지게 나서야 하는데 내가 그 '누군가'가 되어야 하는가?

다른 사람이 메신저 역할을 해 줘야 하는 게 아닌가? 지위가 더 높거나 존경받는 사람이 이 문제에 대해 더 효과적으로 목소리를 내 줄 수 있는가? 그러면 긍정적인 결과가 나올 가능성이 커진다. 당신 말고 다른 사람이 대신 전달한다면, 이 사람은 전달받은 정보를 그 자리에서 무시하는 대신 잘 듣고 받아들일 수 있을까?

3. 내가 회사를 떠난다면 사랑하는 사람들에게 어떤 영향을 주는가? 그들은 내게 어떻게 하라고 제안하는가?

당신의 결정으로 영향을 받게 될 사람들과 이 힘든 문제에 어떻게 대처할지 논의했는가? 그들을 걱정하게 하려는 게 아니라 의견을 구할 목적이었는가? 당신 가족은 당신이 일에 시달려 탈진하고 번아웃이 와서 가족과 시간을 거의 같이 보내지 못할 바엔 지금 직장을 그만두길 더 원할 수도 있다. 친구들은 어쩌면 당신이 차라리 퇴사하길 속으로 오랫동안 바랐지만, 당신이 아직 준비되지 않은 듯하다고 생각했을 수도 있다.

4. 시간이 흐르면 이 상처가 치유될까?

내 이모는 이모부를 매우 사랑했고 거의 60년 동안 결혼 생활을 유지했다. 이모가 젊고 임신했을 때 이모부가 자동차 정비소에서 일주일 내내 일했던 시절의 추억을 말씀하신 적이 있다. 이모는 "정말 견디기 힘든 7년이었어"라고 하셨다. 7년씩이나? 다른 사람들이라면 그보다 훨씬 전에 그 일을 그만뒀겠지만, 두 분은 수많은 손자와 증손자를 뒀고 보람 있게 사셨다. 상황을 장기적으로 보고 싶은가? 지금은 힘들긴 하지만 꿋꿋이 버틸 만한 가치가 있을까? 여느 인간관계가 다 그러하듯이 올라갔다 내려갔다 반복하는 롤러코스터처럼 지금은 내려오는 도중에 있는 건 아닐까? 그게 아니면 롤러코스터처럼 불안한 이 관계를 끝낼 준비가 되었는가?

5. 늦추면 불이익이나 장점이 있는가?

사람들은 타이밍이 가장 중요하다고 한다. 타이밍이 전부는 아닐지몰라도 분명 중요한 요소다. 어떤 여성은 화상 통화 중에 이런 말을 했다.

> 코로나 19에 걸렸는데, 하필이면 심한 폐렴이 와서 병이 악화됐어요. 다행히 몸이 회복해서 두 달 만에 직장에 복귀할 수 있었죠. 복귀한 지 일주일이 지났을 때 남자 동료들이 급여를 놓고 불평하는 걸 우연히 들었어요. 알고 보니 그 동료들의 월급은 저보다 거의 두 배나 많았어요. 우린 직급도 비슷했는데도요. 저는 너무 화가 나서 상사의 사무실로 급히 들어가 이 문제를 바로잡아 달라고 요구하려고 했죠. 그런데 한 친구가 물었어요. "지금이 좋은 타이밍이야?"
>
> 좋은 타이밍이 아니란 걸 깨달았어요. 저는 두 달 동안 사무실을 비웠고, 그 사람들은 제 업무까지 처리하느라 눈코 뜰 새 없이 바빴으니까요. 제 가치를 다시 확실히 만든 다음, 의사 결정권자들이 요구 사항을

더 잘 받아들이는 새해에 연봉 협상을 시작하는 편이 더 효과적인 전략이었어요.

그렇다면 당신은 어떤가? 회사의 의사 결정권자들은 지금 더 시급히 처리해야 할 우선순위가 있는가? 몇 달 뒤에 이 얘기를 꺼내는 게 더 좋은 타이밍일까? 상황이 그렇다면 기다린다는 결정은 어영부영 미루고 있다는 뜻이 아니다. 상황을 더 멀리 보고 있다는 뜻이다. 그들이 당신의 요구 사항을 받아들일 만한 시기에 대화를 시작하면 유리할 것이다.

6. 공정하게 조율해 줄 객관적인 제삼자가 있는가?

중재자는 전문가로서 기술을 써서 공정한 대화를 끌어갈 수 있는가? 관련된 사람 모두의 이익을 확보하기 위해 행동하는 공정한 제삼자라면 모든 사람이 할 말을 하도록 할 수 있다. 이혼 소송 시 법원은 부모 중 어느 한쪽 편을 들지 않고 자녀를 대변할 소송 후견인을 지정할 때가 종종 있다. 마찬가지로 당신이 처한 상황에서 더 많은 사람의 이익을 대변할 수 있는 제삼자가 있는가?

내 친구 드니스와 루스는 함께 사업을 하다 각자의 길을 가기로 했다. 이때 드니스는 오랫동안 중재자로 일해 온 지인에게 연락해서 협상 준비를 도와 달라고 했다. 중재자에게 유료로 한두 시간 도움을 받고 나자 드니스는 자신이 원하는 것이 무엇인지, 어떻게 요구해야 하는지 명확히 알 수 있었다. 그래서 두 파트너는 빠르고 또 원만하게 각자의 길을 갔고 친구로 남을 수 있었다. 협상 과정에서 변호사,

코치, 중재자 등 경험이 풍부한 서비스 제공자와 대화를 나누면 만족스러운 결과를 얻는 데 크게 도움이 될 수 있다.

상황을 어떻게 볼지는 내가 결정할 수 있다

"당신에게 행복을 가져다주는 여권을 가지고 다니세요."

_다이앤 폰 퍼스텐버그(Diane von Fürstenberg), 패션 디자이너

다이앤 폰 퍼스텐버그는 참으로 흥미로운 명언을 남겼다. 그렇지 않은가? 그 말은 당신에게 어떤 의미일까? 내게는 작가 에스더 힉스의 말처럼 "내 행복은 내가 어떻게 하느냐에 달려 있으니 당신은 관련 없어요"라는 의미다.

내 친구 글레나 솔즈베리(Glenna Salsbury)가 그에 관한 멋진 이야기를 들려줬다. 글레나는 미식축구 선수였던 짐과 결혼했다. 짐은 호숫가에서 시간을 보내길 무척 좋아해서 수상스키를 타려고 진짜 커다란 보트를 샀는데, 도저히 주차장에 둘 수 없어서 뒷마당에 뒀다.

보트는 온종일 거기 놓여 있었다. 몇 달, 몇 년 동안 그대로 놓여 있었다. 그는 여러 이유로 보트를 타지 않았다. 글레나는 뒷마당으로 나갈 때마다 그 보기 싫은 보트를 마주쳐야 했다. 부엌 창밖을 내다볼 때마다 그 짜증 나는 보트가 보였다. 마침내 어느 날 글레나는 "참을 만큼 참았다." 그녀는 몹시 화가 나서 외쳤다. "나와 저 보트 둘 중에서 하나가 이 집을 나가야겠어."

짐은 글레나를 쳐다보며 간단한 질문을 했다. "글레나, 당신은 우리 관계의 몇 퍼센트가 긍정적으로 작동하고 있다고 생각해?"

글레나는 곰곰이 생각했다. "80퍼센트."

"나도 같은 생각이야. 작동하지 못하는 20퍼센트 말고, 작동하는 80퍼센트에 집중하자고. 어때?"

글레나는 그렇게 하기로 했다. 그리고 밖에 나가 무척 커다란 장미 덤불을 샀다.

이렇게 쉽게 해결하다니. 글레나는 보트 말고 아름다운 장미꽃들을 바라보기로 하고 문제를 해결했다. 글레나와 짐 부부는 오랫동안, 대부분 행복하게 지냈다.

당신은 어떠한가? 아름다운 꽃들을 바라보는가? 아니면 보기 싫은 보트를 노려보는가? 이 질문들을 해 보면 인간관계의 80퍼센트는 잘 풀리지 않고 더 나아지지 않으며, 이제는 미련을 버릴 때라는 사실을 명확히 깨닫는 데 도움이 될지도 모른다. 그리고 어떤 결정을 내리든, 당신은 적어도 머릿속으로 미리 살펴봤으니 받아들일 만한 결정을 현명하게 내릴 수 있을 것이다.

핵심 요약

당신은 의대에 다닌다. 의사인 부모님은 당신도 의사가 되리라 늘 '가정'하셨다. 그런데 당신은 의학을 공부하고 싶지 않고 사진 작가가 되고 싶다. 하지만 부모님은 "사진 촬영은 직업이 아니라 취미"라며 무시한다. 학자금 대출이 불어나는 상황이니 곧 결정을 내려야 한다.

하지 말아야 하는 말	해야 하는 말
성급하게 행동한다 "그만둘래. 처음부터 의대 공부는 하고 싶지 않았어."	**현명하게 행동한다** "모든 측면에서 충분히 생각하고 현명하게 결정을 내려야겠어."
학업을 중단한다 "월요일 수업에 빠져야겠다."	**충분히 고민한다** "이 질문들에 대한 답을 적어 보고 진로 담당 선생님과 같이 이야기해 봐야겠어."
혼자 결정한다 "이 이야길 상의하자니 좀 부끄러워. 내 생각을 아무도 이해 못할 거야."	**다른 사람들의 조언을 듣고 결정한다** "친구의 조언처럼 아무것도 없는 상태에서 시작하지 않도록 6개월 동안 사진 포트폴리오를 만들어야겠어."
그만둔다 "등록금이니 학자금 대출이니 신경 안 써. 난 여길 그만둘 거야."	**본격적으로 뛰어들기 전에 테스트한다** "생활비를 벌고 좋아하는 일을 하려면 재정 계획부터 세워야 해."

28장 그럼에도 우리가 대화해야 하는 이유

"당신의 인생을 바꿔 줄 단 한 사람을 아직도 찾고 있다면 거울을 들여다보세요."

_로만 프라이스(Roman Price), 블로거

"저는 힘들게 하루하루를 보내고 있어요. 사람들이 좋아하지도 않고 동의하지도 않는 정책이지만 일이니까 어쩔 수 없이 시행하고 있는데 그들은 하루도 빠짐없이 화를 내요. 긍정적으로 살려고 노력하지만, 최선을 다하고 있는데 사람들이 계속 제게 화풀이를 하면 너무 힘들어요. 도와주세요!"

윗글은 텍사스의 어떤 교장 선생님이 한 말이다. 그녀의 부모님은 모두 교육자였다. 그녀도 학생들을 위해 변화를 일으키고 싶어서 교육자가 되었지만, 거의 매일같이 그저 급한 불부터 끄며 지낼 뿐이다.

이 이야기에 공감하는가? 그렇다면 이제 소개할 이야기를 통해 우리는 누가 우릴 주시하고 있는지, 우리의 친절과 성실한 행동에 누가 영향을 받을지 결코 알 수 없다는 사실을 되새기는 계기가 되길 바란다.

디니 트리니다드(Dinny Trinidad)는 하와이 프린스호텔의 임원으로 지역사회 봉사 차원에서 그 지역 고등학교에서 강연했다. 가족 중 처음으로 대학을 졸업한 그녀는 젊은이들이 꿈을 갖고 교육을 받는 것이 얼마나 중요한지 알게 하고 싶었다.

하지만 디니는 어느 고등학교 체육관에서 열린 강연회에서 강연 내용을 제대로 전달하지 못했다. 아이들 절반은 휴대전화만 들여다봤고, 나머지 절반은 잡담하고 소란을 피우며 딴짓을 했다. 강연을 마친 디니는 주차장으로 가면서 이제 더는 자신의 메시지가 아이들에게 적절하거나 의미가 없다는 결론을 내렸고, 학교 강의는 이걸로 끝내겠다고 마음먹었다.

그때 누가 뒤에서 뛰어오는 소리가 들렸다. 뒤를 돌아보자 두 눈에 눈물이 가득 고인 어떤 소녀가 다가와서 디니의 재킷을 붙잡고 물었다. "디니 씨, 저한테도 기회가 있을까요?"

디니는 열심히 공부하고 자신을 믿는다면 더 나은 삶을 살아갈 기회가 정말 있다며 그 소녀를 안심시켰다.

열정이 식어 가고 이게 그만한 가치가 있는지 고민하고 있다면, 디니의 이야기를 생각해 보면 좋을 것이다. 누가 우릴 주시하고 있는지 우리는 절대 알 수 없다. 우리가 하는 말에 누가 영향을 받는지도 절대 알 수 없다. 우리가 아는 것은, 우리는 변화를 만들어 내기 위해 할 수 있는 일을 매일 선택할 수 있다는 것이 전부다. 그 사실이 중요하다.

친절은 친절을 낳는다

"낙천적인 마음을 잃지 않으면 힘이 몇 배로 늘어납니다."

_콜린 파월(Colin Powell), 장군

최근 나는 낙천적인 마음이 힘을 몇 배로 늘어나게 한다는 내 믿음을 한층 더 강화하는 뜻깊은 경험을 했다. '데이즈 포 걸스 인터내셔널(Days for Girls International)'의 설립자인 셀레스트 머겐스(Celeste Mergens)는 20년 전 한 콘퍼런스에서 내가 한 말을 듣고 갈등에 대처하는 접근법을 확연히 바꿨다며 고마움을 표했다.

셀레스트는 우간다의 한 작은 마을에서 열린 '절단사' 모임에 초대받았다고 했다. 잘 모르는 분들을 위해 설명하자면, 유니세프(UNICEF)는 전 세계 30개국에서 약 2억 명의 여성이 이른바 할례, 즉 여성 성기 절단 시술을 받았다고 추정하며, 이는 세계 여러 마을의 '절단사'들이 시술한다.

처음 초대를 받았을 때 셀레스트는 그쪽 사람들과 엮이고 싶지 않았다. 그러다 '같은 공간에 있지 않으면 그들의 행동을 바꿀 수 없다'라는 생각이 들어서 승낙하기로 했다.

하지만 셀레스트가 그들의 전통에 얼마나 동의하지 않는지와는 상관없이 그걸 비판하면 마을 지도자들은 그녀를 거부하고 어떤 말을 해도 듣지 않을 터였다. 셀레스트가 내게 말했다.

샘이 사람들에게 "틀렸다"라고 하지 말고 "…라면 어떻게 될까요?"라고 물어보라던 말씀이 생각났어요. '하지만'이라는 단어 말고 '그리고'를 쓰면 사람들의 믿음이 틀렸다고 말싸움하지 않고 인정하게 된다고 하셨죠. 그래서 저는 그 사람들에게 "왜 이 전통을 지키시나요?"라고 물었어요.

그들은 할례가 일종의 통과의례라고 대답하더라고요. 그래서 저는 이렇게 말했어요.

"이 전통이 왜 여러분에게 중요한지 알겠습니다. 통과의례 관습은 지키고, 그리고 할례는 그만둔다면 어떻게 될까요?"

그 사람들은 처음에는 팔짱을 낀 채 눈을 찌푸렸지만, 전 그들의 관습을 공격하지 않고 침착하게 계속 질문했어요. 그 결과 이 시술을 받는 어린 여자아이들의 수가 몇 달 만에 거의 30퍼센트나 줄어들었어요.

논쟁을 벌이는 대신 질문했고, 부족 지도자들을 나쁜 사람으로 몰아붙이는 대신 "…라면 어떻게 될까요?"라는 질문을 던졌으며, '하지만'이라는 반대 의견 대신 '그리고'라는 옵션을 제시했기 때문이었죠.

이것이 바로 적극적인 호의의 강력한 파급 효과이자 힘을 몇 배로 늘리는 영향력이다. 셀레스트의 결단력 덕분에 얼마나 많은 소녀가 더 건강하고 행복하게 살게 되었는지 누가 알 수 있을까? 셀레스트가 여성경제포럼이 선정하는 뛰어난 여성 중 한 명으로 뽑힌 것은 당연했다.

아멜리아 에어하트(Amelia Earhart) 비행사는 "한 번의 친절한 행동이 사방으로 뿌리를 내리고, 그 뿌리가 솟아나 새로운 숲을 만듭니다"라는 말을 남겼다.

당신의 친절한 말과 행동이 언제 어디서 어떻게 사람들에게 영향을 미칠지 결코 알 수 없을 것이다. 그렇게 되리라는 사실만 알아 두자. 지금까지 논한 기법이 어떤 상황에서든 모든 사람에게 언제든지 효과가 있을까? 대답은 "아니오"다. 그렇다면 상황이 나아지게 할까? 대답은 "네"이다. 하루를 마칠 무렵이면 당신은 친절이라는 뿌리를 심고 존중의 파급 효과를 일으키기 위해 당신이 해야 할 일을 마쳤다는 사실을 알 것이다. 그건 모두에게 이로운 일이다.

비영리벤처재단인 엑스프라이즈(XPRIZE) 창립자인 피터 디아만디스(Peter Diamandis)가 유엔에서 연설하는 모습을 본 적이 있다. 그가 말했다. "세상에는 레드 케이퍼(red-capers)와 블루 케이퍼(blue-capers)라는 두 종류의 사람들이 있습니다. 레드 케이퍼는 악과 불평등에 맞서 싸우는 슈퍼 히어로입니다. 블루 케이퍼는 인간이 처한 상황을 개선하는 선의 세력입니다."

나는 여기에 덧붙여 '그레이 케이퍼(gray-capers)'도 있다고 생각했다. 그레이 케이퍼는 악과 불평등에 맞서 싸우지 않으며 선의 세력도 아니다. 그들은 뭐든지 불평만 늘어놓고 아무것도 하지 않는다.

레드 케이퍼, 즉 슈퍼 히어로는 소수다. 내가 혹은 당신이 영웅이 되기는 어려울지도 모르겠다. 아니, 그렇게까지 할 필요도 없다. 그러나 블루 케이퍼는 평범한 사람 누구나 될 수 있다. 우리 모두 블루 케이퍼가 되기를 바란다.

기회는 아직 남아 있다

"기회를 다 써 버렸다고 생각해도 이 사실을 기억하십시오.

기회는 아직 남아 있습니다."

_토머스 에디슨(Thomas Edison), 발명가

이 장의 첫 부분에 나온 어떤 교장 선생님의 질문을 기억하는가? 그건 내 며느리의 언니인 레베카 카사스(Rebecca Casas)가 한 질문이었다. 이 책을 그녀의 이야기로 마무리하고 싶다. 그녀는 우리가 친절하게 살아갈 가치가 있는 이유를 직접 생생하게 보여 주기 때문이다.

나는 과달루페강 주립공원에서 며느리 가족과 함께 즐겁게 하루를 보낸 적이 있다. 그때 레베카는 교장 선생님으로서 평범한 일상을 이야기해 주었다.

레베카는 싱글맘이다. 그녀는 새벽 4시 30분에 일어나 헬스장에 가서(!) 운동하고 돌아와 세 아들을 학교에 보낸다. 오전 7시까지 학교에 도착하면 교문 앞에 서서 학부모와 학생들을 맞이할 준비를 한다. 학부모 중에는 격리 조치와 마스크, 예방접종 정책에 대해 불만을 품고 그녀에게 불평하는 사람들도 있다.

레베카는 복도를 걸어가며 아이들에게 특별히 관심을 기울인다. 배고파하거나 무서워하거나 외롭거나 슬퍼 보이는 아이가 있는가? 급식실 직원, 교직원, 행정팀, 통학버스 운전사와 교감 선생님을 만나 안부를 묻는다. 교장실에 들어와 이메일 수신함을 확인하면 교육위원회 회의, 특수교육 서류, 커리큘럼 및 시험 요건, 결재해야 하는 법률 및 재정 문서, 현장 학습 준비 등등과 관련된 수백 개의 메시지로 가득하다. 이 모든 것은 오전 9시가 되기 전에 있는 일이다.

레베카는 그중에서도 특히 힘들었던 상황을 말해 줬다.

> 어떤 할머니가 특별한 도움이 필요한 초등학교 3학년 손자를 제발 도와 달라고 간곡히 부탁하는 전화를 여러 번 하셨어요. 이 아이는 척추를 다쳤지만, 엘리베이터가 고장 나서 혼자 힘으로 교실에 갈 수 없었거든요. 할머니는 밤낮으로 손자를 돌보느라 기진맥진해서 제발 좀 뭔가 조치를 취해 달라고 간청했어요.
>
> 이 일을 해결하기 위해 몇 주 동안 노력했어요. 엘리베이터 회사에 몇 번이고 전화를 걸었지만 그 회사는 일손이 부족했고 대기자 명단도 길었어요. 근처 소방서에 연락해 도움을 받을 방법이 있는지도 알아봤지요. 하지만 그들이 할 수 있는 일이 없다더군요.
>
> 그런데 어느 날 갑자기 우리가 할 수 있는 일을 생각해 냈어요. 바로 그 아이의 반 교실을 1층으로 옮기면 되는 거였어요! 모두가 그 결정을 마음에 들어 하지는 않았어요. 그 아이의 선생님은 처음엔 기분이 상했죠. 동료 교사들 말고 유치부 교사들과 1층에 있어야 했으니까요. 하지만 저는 확실히 알아요. 제게 가장 중요한 책임은 학생들이 우선이에요. 그건 옳은 일이었죠.

레베카에게 찬사를 보낸다. 그녀는 지칠 대로 지쳤어도 모든 가능성마저 다 써 버렸다고 생각하지 않았다. 이렇게 아름다운 해결 방안을 만들어 내면서 자신의 영혼을 회복했고, 포기하지 않고 계속 베풀고자 하는 그녀의 의지에 긍정적인 영향을 받은 주변 사람들의 영혼도 회복했다.

당신은 활기를 잃어 가고 있는가? 빅터 프랭클(Viktor Frankl)이 《빅터 프랭클의 죽음의 수용소에서》에서 한 말이 생각난다. “인간에게서 모든 것을 빼앗아 가더라도 단 한 가지, 주어진 상황에서 자신의 태도 그리고 자신만의 방식을 선택할 수 있는 인간의 마지막 자유는 빼앗을 수 없다.”

그의 말이 옳다. 어떤 상황에 직면했든 당신은 되고 싶은 사람의 자질을 갖출 자유, 주변 사람들이 당신에게 되길 원하는 사람의 자질을 갖출 자유가 있다. 그것이 바로 당신의 유산이다. 그것은 당신이 통제할 수 있는 유일한 것이며 당신의 손과 마음, 말에 달려 있다.

그리고 중요하다.

핵심 요약

어머니가 치매에 걸렸다고 가정해 보자. 당신은 똑똑하고 재주 많은 어머니가 치매에 걸린 모습을 보자니 고통스럽다. 어머니가 이제 더는 당신을 알아보시지도 못하는데 계속 찾아와야 할지 고민이다.

하지 말아야 하는 말	해야 하는 말
무력감을 느낀다 "아무리 기억을 되살리려 해도 어머니는 내가 누군지 모르셔."	**도와드린다** "오늘은 어머니 머리를 빗겨 드려야겠어. 어머니가 좋아하시니까."
포기한다 "날 몰라보시는데 왜 방문해야 하지?"	**계속 베푼다** "나를 키워 주신 그 많은 세월을 기억해. 이 정도는 내가 할 수 있어."
세상이 잔인하다고 불평한다 "어머니는 늘 건강하고 씩씩하셨어. 이건 너무 불공평해."	**세상이 친절하다고 여긴다** "나는 어머니를 계속 보살피고 친절하게 대할 거야. 어머니와 나를 위해서."
불평만 늘어놓는다 "의사가 치매 징후를 더 빨리 발견했더라면 좋았을 텐데."	**상황을 개선하려고 노력한다** "다른 치매 환자 가족들에게 연락해서 지원 단체를 만들어야겠어."
문제만 생각한다 "어머니의 이런 모습을 보니 가슴이 너무 아파."	**가능성을 생각한다** "오늘은 어머니가 좋아하시는 밴드들의 노래를 들려 드려야겠어. 그러면 기억을 조금 되살리실지도 몰라."

자, 당신의 꿈은 무엇인가? 인생, 직장 생활, 인간관계에서 어디로 가고 있는가? 이 책 전체에 걸쳐 설명한 인간관계 기술은 당신이 원하는 곳으로 가는 데 도움이 된다.

그건 나 혼자만의 생각이 아니다. 링크드인의 상품관리담당 임원인 로한 라지브(Rohan Rajiv)은 이렇게 말했다. "원격 근무가 증가하면서 소프트 스킬, 그러니까 대인관계 기술이 더욱 중요해졌으며, 산업 전체에 걸쳐 그 중요성이 커지고 있습니다. 실제로 소프트 스킬은 2022년 전 세계에 게시된 채용 공고의 78퍼센트에 자격 요건으로 포함되었습니다. 실제 업무에 필요한 기술인 하드 스킬은 채용 담당자의 관심을 끌 수 있지만, 소프트 스킬은 채용되는 데 도움이 됩니다."

2015년 사라 케하울라니 구(Sara Kehaulani Goo) 기자가 쓴 글은 어떤 연구 결과를 언급한다. 그 연구에서는 성인들에게 "오늘날 아이들이 이 세상에서 앞서 나가기 위해 가장 중요한 기술은 무엇이라고 생각하십니까?"라는 질문을 했고, 대답은 명확했다. 전반적으로 응답자들은 "의사소통 능력이 가장 중요하며, 다음으로는 읽기, 수학, 팀

워크, 논리력"이라고 답했다.

마지막으로, 컨설턴트 토마스 오퐁(Thomas Oppong)은 한 칼럼에서 "바람직한 사회적 관계는 행복한 삶으로 이끌어 주는 가장 변함없는 예측 변수"라고 말했다.

이 모든 결론은 당신에게 어떤 의미일까?

이 책에서 배운 내용을 인생의 우선순위로 삼자. 그리고 당신의 인생과 유산이 뭔가 의미 있는 것이 되길 바란다면, 풍요로운 삶을 누리고 싶다면 기다리지 말자. 당신이 하고 싶었던 바로 그 말을 해서 인생을 바꾸자. 적극적인 호의를 실천에 옮기자. 바로 오늘, 지금 당장 시작하면 된다.

두고두고 봐야 할 단호한 대화법 요약표

이 요약표는 '하지 말아야 하는 말'을 '해야 하는 말'로 대체해서 갈등을 협력으로 바꾸는 방법을 알려 준다. 냉장고, 컴퓨터나 책상 옆처럼 잘 보이는 곳에 붙여서 수시로 보자. 배운 내용을 실천하고 말투를 바꾸자. 당신은 변화할 수 있다.

	상황	변화하기 전	변화한 후
1	눈치를 보며 조심조심 말한다	회피한다	단호하게 말한다
2	대인관계 상황을 인식한다	문제를 무시한다	문제를 파악하고 해결에 앞장선다
3	적극적인 호의를 베푼다	경멸한다	동정심을 느낀다
4	껄끄러운 대화를 앞두고 있다	운에 맡긴다	미리 계획(P.L.A.N)한다
5	사람들이 무례하다	'…않았으니까 … 할 수 없어'	'…하면 …할 수 있어'
6	사람들이 논쟁을 벌인다	'하지만'이라고 말한다	'그리고'라고 말한다
7	사람들이 비난한다	잘잘못을 따진다	해결책을 찾는다
8	사람들이 놀린다	당황한다	재치 있는 농담으로 받아넘긴다
9	사람들이 헛소문을 퍼뜨린다	부인한다	비난의 화살을 돌린다
10	사람들이 불평한다	해명한다	AAA 설명 방식(동의, 사과, 행동)을 쓴다
11	사람들이 끊임없이 수다를 떤다	계속 혼자 말하게 내버려둔다	요령 있게 끝내는 방법을 쓴다
12	사람들이 나를 압박한다	마지못해 받아들인다	거절한다

13	사람들이 실수한다	제대로 하지 않았다고 나무란다	새로운 행동 수칙을 만든다
14	사람들이 협조하지 않는다	그만하게 한다	새로 시작하게 한다
15	사람들이 변명한다	이유를 듣는다	결과를 요구한다
16	사람들이 슬퍼한다	조언한다	공감한다
17	사람들이 내 말에 귀 기울이지 않는다	잔소리한다	바라보고 몸을 기울이고 눈썹을 추켜세우고 눈높이를 맞춘다
18	사람들이 앙심을 품는다	부당하다는 생각에 사로잡힌다	새롭게 출발한다
19	사람들이 규칙을 무시한다	규칙이 없다	규칙을 만들고 지키게 한다
20	다른 사람들 눈에 띄지 않는 것 같다	우연한 브랜드를 만든다	의도적인 브랜드를 만든다
21	당당하게 말하기 두렵다	스토리에 한계를 둔다	스토리에 한계를 두지 않는다
22	앞으로 다가올 일로 긴장된다	의심한다	생각해 본다
23	화가 난다	분노를 억누른다	책임감 있게 분노를 표현한다
24	어떤 사람이 나를 조종한다	극적인 상황에 빠져든다	극적인 상황과 거리를 둔다
25	어떤 사람이 나를 괴롭힌다	'나'를 주어로 대답한다	'당신'을 주어로 대답한다
26	어떤 사람이 내 삶을 비참하게 만든다	혼자 대처한다	도움을 받는다
27	어떤 사람이 절대 바뀌지 않는다	성급하게 행동한다	현명하게 결정한다
28	계속 친절해야 할지 고민이다	불평만 늘어놓는다	상황을 개선하려고 노력한다

감사의 글

책을 써 본 사람이라면 작가가 왜 감사의 글에 수많은 사람들을 언급하는지 이해할 것이다.

친구와 가족, 동료는 원고를 완성하는 데 걸리는 몇 달 동안 글쓰기가 수월하게 비행하게 도와주는 바람이었다. 그래서 집필이 끝나면 그들의 격려와 의견이 얼마나 큰 의미가 있는지 알려 주고 싶어진다.

다음 분들께 진심으로 감사드린다. 당신을 알게 되어 정말 감사하고 당신이 내 삶에 있어서 얼마나 기쁜지 모릅니다.

내 여동생이자 오랜 사업 파트너인 체리 그림은 적극적인 호의를 베풀어 주었다. 내가 절대적으로 믿는 사람과 함께 일하고 삶을 나누는 것이 어떤 의미인지 설명하기가 어렵다.

내 아들 톰과 앤드류, 그리고 그들의 가족들이 나의 선생님이 되어 주었고, 중요한 일에서 풍요를 느끼는 것이 어떤 느낌인지 알려 주었다.

이 책의 편집장인 조지아 휴즈(Georgia Hughes), 우리가 몇 년 전 작가 콘퍼런스에서 만났을 때 함께 책을 쓰는 기쁨과 특권을 누리게 될 거라고 누가 예측이나 했을까요? 이 작업을 지지하고 세상에 알리는 데 도움을 준 편집장 크리스틴 캐슈먼(Kristen Cashman), 홍보이사 모니크 뮤레캄프(Monique Muhlenkamp)와 나머지 팀원들에게 감사드린다.

작가들은 늘 "너 없이는 이 일을 할 수 없었을 것이다"라고 말하는데, 사실이다. 이 프로젝트와 '1+1=11' 파트너십에 쏟은 모든 노력에 대해 하이디 주스토(Heidi Giusto), 데니즈 브로소(Denise Brosseau), 주디 그레이, 셰리 코미어(Sherry Cormier) 켄드라 레이(Kendra Wray)와 메리 로베르데 콜론(Mary LoVerde Coln)에게 진심으로 감사를 보낸다. 여러분들의 통찰력, 다양한 관점, 떠오르는 세계관, 편집에 대한 훌륭한 제안 모두가 이 책을 더 나은 책으로 만들었다.

에이전트 로리 리스(Laurie Liss)는 오랜 세월 동안 나를 대표하고, 내 일을 위해 챔피언이 되어 주었다.

여러분의 이야기와 통찰력을 아낌없이 공유해 주신 프로그램 참가자들과 이 책을 위해 제가 인터뷰한 전문가들에게 감사드린다. 여러분의 기여에 대한 감사의 표시로 주석에 출처를 남겨 두었다. 사람들이 언제 어디서나 누구와도 더 잘 지낼 수 있는 방법에 대해 알고 싶을 때 여러분의 작업으로부터 도움을 받기를 바란다.

주석

본문의 몇몇 인용문과 아이디어는 사상가들의 연설, 팟캐스트, 혹은 그들과 나눈 개인적인 대화에서 나온 것이다. 그외에 참고 자료만 여기에 정리했다.

들어가는 글

- 맥킨지 컨설팅이 2021년 발표한 보고서에 따르면: "Rudeness on the Rise," McKinsey Quarterly Five Fifty, McKinsey & Company, 2021, https://www.mckinsey.com/capabilities/people-and-organizational-performance/our-insights/five-fifty-rudeness-on-the-rise.
- 힘든 상황에서는 물로 불을 끄는 걸: Barry Nalebuff, interview by Guy Kawasaki, Remarkable People, podcast, 51:33, August 10, 2022, https://podcasts.apple.com/us/podcast/barry-nalebuff-the-only-negotiation-guide-youll-ever-need/id1483081827?i=1000577215033.

1장

- 고정형 사고방식 또는 성장형 사고방식: Carol S. Dweck, Mindset: The New Psychology of Success (New York: Ballantine Books, 2007).

2장

- 어떤 일이 일어나는지 알아차리지 못하면: Daniel Goleman, "Why Aren't We More Compassionate?" TED: Ideas Worth Spreading, video, 13:01, https://www.ted.com/talks/daniel_goleman_why_aren_t_we_more_compassionate?language=en.

3장

- 상대방을 역겨워하고 윗사람이라도: John Gottman, "How Do You Know Whether a Couple Will Divorce?," Gottman Institute, YouTube video, 1:06, May 2, 2018, https://www.youtube.com/watch?v=VUPL9jFj-Jg&list=PL62C8B1A0C0B678C2&index=1.
- 경멸은 인간관계를 파괴하는 요인: Ellie Lisitsa, "The Four Horsemen: Contempt," Gottman Institute, accessed January 24, 2023, https://www.gottman.com/blog/the-four-horsemen-contempt.

5장

- 익명성이 보장되면: Joe Dawson, "Who Is That? The Study of Anonymity and Behavior," Association for Psychological Science Observer, March 30, 2018, https://www.psychologicalscience.org/observer/who-is-that-the-study-of-anonymity-and-behavior.
- 직장 내 무례함은 불쾌할: University of Florida study, cited in "It's Official: Workplace

Rudeness Is Contagious," ScienceDaily, July 16, 2015, https://www.sciencedaily.com/releases/2015/07/150716092017.htm.

6장

- <CBS 선데이 모닝>에서: CBS Sunday Morning, "Remembering RBG," YouTube video, 10:52, September 20, 2020, https://www.youtube.com/watch?v=dbEui7DSBCY.
- 그들은 서로의 차이점보다는 유사점에 : "Barack Obama and Bruce Springsteen on Race, Friendship and the Influence of Fathers," interview by Anthony Mason, CBS Sunday Morning, October 24, 2021, https://www.cbsnews.com/news/barack-obama-and-bruce-springsteen-on-race-friendship-and-the-influence-of-fathers.
- 후회에는 기본적으로 네 가지 유형이: Daniel H. Pink, The Power of Regret:How Looking Backward Moves Us Forward (New York: Riverhead Books, 2022).

8장

- 난 겉보기보다 훨씬 젊어요: Lan Nguyen Chaplin, "How to Disrupt a System That Was Built to Hold You Back," Harvard Business Review, March 8, 2021, https://hbr.org/2021/03/how-to-disrupt-a-system-that-was-built-to-hold-you-back.
- 웃으면 '산소가 풍부한 공기'를: "Stress Relief from Laughter? It's No Joke," Healthy Lifestyle, Mayo Clinic, July 29, 2021, https://www.mayoclinic.org/healthy-lifestyle/stress-management/in-depth/stress-relief/art-20044456.

9장

- 해로운 사람들이 조직에 합류하기 전에: Christine Porath, "How to Avoid Hiring a Toxic Employee," Harvard Business Review, February 3, 2016, https://hbr.org/2016/02/how-to-avoid-hiring-a-toxic-employee.

10장

- 불평에 쏟는 에너지의 10분의 1을: Randy Pausch, "Achieving Your Childhood Dreams," lecture, Carnegie Mellon University, September18, 2007, https://www.youtube.com/watch?v=ji5_MqicxSo.

12장

- 마이크 도미트르츠를 인터뷰했다: See Mike Domitrz, Center for Respect, https://www.centerforrespect.com/about-the-center-for-respect.

13장

- 에린 위드가 만들어 제안하는: Erin Weed, originator of Head, Heart, Core approach, www.erinweed.com.

17장

- 휴대전화를 테이블 위에: Sherry Turkle, Reclaiming Conversation:The Power of Talk in a

Digital Age (New York: Penguin Books, 2016).
- 기술은 주의 집중 시간의 단축: Rachel Lerman, "Q&A: Ex-Googler Harris on How Tech 'Downgrades' Humans," AP News, August 10, 2019, https://apnews.com/article/technology-business-data-privacy-apple-inc-dea7f32d16364c6093f19b938370d600.
- 세상에 유일하게 존재하는: Nicholas Thompson, "Our Minds Have Been Hijacked by Our Phones. Tristan Harris Wants to Rescue Them," Wired, July 26, 2017, https://www.wired.com/story/our-minds-have-been-hijacked-by-our-phones-tristan-harris-wants-to-rescue-them/.
- 인간 본성은 압도당하고: Tristan Harris in The Social Dilemma, Netflix Original Documentary, directed by Jeff OrlowskiYang,2020.
- 이 놀라운 통계치를 보면: Trevor Wheelwright, "Usage Statistics: How Obsessed Are We?," Reviews.org, January 24, 2022, https://www.reviews.org/mobile/cell-phone-addiction.

18장

- 클리블랜드에 계속 있어요: The Holderness Family, "Our Biggest Fight: The Battle of the Bra," Holderness Family Laughs, YouTube video, 7:17, April 24, 2018, https://www.youtube.com/watch?v=Ru0dj3ImLwM.
- 관심이 식었다는 걸 설명할 방법을: Hinge, "Ghosting," Medium.com, September 3, 2020, https://medium.com/@hingeapp/ghosting-d3248b07bc5f.

19장

- 열 가지 규칙을 만들었다: Larry Harvey, "The 10 Principles of Burning Man," Burning Man Project, https://burningman.org/about/10-principles.
- 미국에서는 매주 회의가: "28 Incredible Meeting Statistics[2022]: Virtual, Zoom, In-Person Meetings and Productivity," Zippia.com, September 21, 2022, https://www.zippia.com/advice/meeting-statistics.

20장

- 59퍼센트의 사람들은: "Survey: 59% of People Have NEVER Had a Boss Who 'Truly Appreciates' Their Work," Workplace News, Study Finds, March 5, 2022, https://studyfinds.org/workers-feel-underappreciated-by-boss.
- 바로 여깁니다. 당신은 여기 있습니다: Jennifer Palmieri, quoted in Juliet Eilperin, "White House Women Want to Be in the Room Where It Happens," Washington Post, September 13, 2016, https://www.washingtonpost.com/news/powerpost/wp/2016/09/13/white-house-women-are-now-in-the-room-where-it-happens.

21장

- 우리는 지금도 윈도우 95를 사용하는: Adam Grant, interviewed by Rich Roll, "Argue Like You're Right, Listen Like You're Wrong," Rich Roll Podcast, YouTubevideo, 1:53:59, February 15, 2021, https://www.youtube.com/watch?v=hQHlvXha4d0.

- 시청자들은 제가 오른손을 주머니에: Carson Daly, quoted in Jenna Ryu,"Carson Daly Says He's Suffered from Anxiety, Panic Attacks on 'The Voice,'" USA TODAY, May 31, 2022, https://www.usatoday.com/story/life/health-wellness/2022/05/31/carson-daly-today-show-mental-health-series-anxiety-the-voice/9906476002.

23장

- '수준을 낮추지 않는다'라는 말은: Michelle Obama, quoted in Raisa Bruner, "Michelle Obama Explains What 'Going High' Really Means," Time, November 20, 2018, https://time.com/5459984/michelle-obama-go-high.

24장

- 헬렌 미렌은 젊은 시절에 한 텔레비전: Vikram Murthi, "Watch Helen Mirren Take Down Sexist Interviewer Back in 1975," IndieWire, two videos, 7:29 and 7:33, August 23, 2016, https://www.indiewire.com/2016/08/helen-mirren-sexist-interviewer-1975-michael-parkinson-1201719445.

25장

- 4860만 명의 미국인이 직장에서 괴롭힘을: "2021 WBI U.S. WorkplaceBullying Survey," Workplace Bullying Institute (WBI), accessed January 24, 2023, https://workplacebullying.org/2021-wbi-survey.

26장

- 수잔 데이비드 박사는 테드(TED) 강연에서: Susan David, "The Gift and Power of Emotional Courage," TED: Ideas Worth Spreading, video, 16:39, https://www.ted.com/talks/susan_david_the_gift_and_power_of_emotional_courage?language=en.

나오는 글

- 원격 근무가 증가하면서 소프트 스킬: Rohan Rajiv, quoted in Caroline Castrillon, "Why Soft Skills Are More in Demand Than Ever," Forbes, September 18, 2022, https://www.forbes.com/sites/carolinecastrillon/2022/09/18/why-soft-skills-are-more-in-demand-thanever/?sh=514135515c6f.
- 의사소통 능력이 가장 중요하며: Sara Kehaulani Goo, "The Skills Americans Say Kids Need to Succeed in Life," Pew Research Center, February 19, 2015, https://www.pewresearch.org/fact-tank/2015/02/19/skills-for-success.
- 바람직한 사회적 관계는 행복한 삶으로: Thomas Oppong, "Good Social Relationships Are the Most Consistent Predictor of a Happy Life," Center for Compassion and Altruism Research and Education, Stanford Medicine, October 18, 2019, http://ccare.stanford.edu/press_posts/good-social-relationships-are-the-most-consistent-predictor-of-a-happy-life.

옮 긴 이
서은경

이화여자대학교 영어영문학과를 졸업했으며 뉴욕주립대학교 버펄로 캠퍼스에서 ELI 과정을 마쳤다. 졸업 후 금융회사에서 국제정산, 정보기획, 신사업 개발업무를 담당했다. 바른번역의 글밥아카데미 출판번역 과정을 수료하고 번역가로 활동 중이다. 원문 의도를 최대한 살려 정확하고 깔끔하게 번역하는 전문 출판번역가가 되려고 노력하고 있다. 옮긴 책으로는 《갈까마귀 살인사건》, 《입 닥치기의 힘》, 《정말 잘 지내고 있나요?》, 《세컨드 브레인》, 《아이의 진짜 마음도 모르고 혼내고 말았다》, 《미소를 잃어버린 소녀》 등이 있다.

말하지 않으면 인생은 바뀌지 않는다

초판 1쇄 발행 2024년 5월 16일
초판 22쇄 발행 2024년 8월 30일

지은이 샘 혼
옮긴이 서은경

책임 편집 오민정
마케팅 이주형
경영지원 홍성택, 강신우, 이윤재
제작 357 제작소

펴낸이 이정아
펴낸곳 (주)서삼독
출판신고 2023년 10월 25일 제2023-000261호
주소 서울시 마포구 월드컵북로 361, 14층
이메일 info@seosamdok.kr

ISBN 979-11-93904-04-6 (03190)

서삼독은 작가분들의 소중한 원고를 기다립니다. 주제, 분야에 제한 없이 문을 두드려주세요.
info@seosamdok.kr로 보내주시면 성실히 검토한 후 연락드리겠습니다.